STEUERERKLÄRUNG FÜR ARBEITNEHMER
2011/2012

D1735788

STEUERERKLÄRUNG FÜR ARBEITNEHMER 2011/2012

Hans W. Fröhlich

Stiftung
Warentest

LIEBE LESERIN, LIEBER LESER!

Arbeitnehmer haben hierzulande die Spendierhosen an. Sie leihen der Staatskasse unfreiwillig und zinslos viele Milliarden Euro, weil sie Monat für Monat in der Regel mehr Lohnsteuer zahlen, als dem Finanzamt eigentlich zusteht. Geld zurück gibt es später per Steuererklärung – im Schnitt 882 Euro pro Erklärung, hat das Statistische Bundesamt kürzlich ermittelt.

Arbeitnehmer, die keine Steuererklärung abgeben, verborgen ihr Geld nicht nur auf Zeit, sondern machen dem Finanzamt sogar Dauergeschenke. Warum eigentlich? Klar: Niemand füllt gern eine Steuererklärung aus. Die Formulare, der Wust an kaum verständlichen Steuergesetzen, Gerichtsurteilen und Verwaltungsanweisungen – das alles empfinden viele Menschen völlig zu Recht als Zumutung.

Aber Abhilfe „von oben" ist nicht in Sicht, Arbeitnehmer kommen nur mit Selbsthilfe an ihr Geld. Die bietet dieser Ratgeber. Er erklärt die wichtigsten Zusammenhänge auch für Steuerlaien verständlich, kommt ohne „Steuerchinesisch" aus, führt Schritt für Schritt nachvollziehbar durch die Formulare. Er enthält die Steuertipps, die Arbeitnehmer wirklich brauchen, und konzentriert sich auf das, womit sie sich am häufigsten herumschlagen müssen. So vermeidet er, jeden Winkel des hoch verzwickten deutschen Steuerrechts auszuleuchten und damit die Gefahr, die Übersicht zu verlieren und sich zwischen tausenden von Steuertipps zu verlaufen. Weniger ist hier manchmal mehr.

Der Ratgeber wendet sich an Arbeitnehmer, die jedes Jahr eine Steuererklärung abgeben müssen, oder die das bereits freiwillig tun. Für Arbeitnehmer, die bisher, aus welchem Grund auch immer, keine Erklärung abgeben, will er Anstoß sein, ihre Zurückhaltung zu überdenken. Die Aussicht auf eine lohnende Steuererstattung mit überschaubarem Aufwand sollte helfen, den „inneren Schweinehund" zu überwinden und den Weg durch die Formulare zu wagen.

INHALT

GRUNDKURS LOHNSTEUER

Mit diesem kleinen Grundkurs können Sie einschätzen, ob das Finanzamt Ihnen etwas zurückzahlen muss oder nicht. Er erleichtert das Ausfüllen der Steuererklärung und den Umgang mit dem Finanzamt. Wer sich mit Begriffen, Terminen, Fristen und den wichtigsten Anforderungen an seine Steuererklärung besser auskennt, vermeidet Fallstricke und hat in der Regel mehr Netto vom Brutto.

Steuerchinesisch leicht gemacht

Haben Sie jemals versucht, ein Steuergesetz, eine Anweisung der Finanzverwaltung, ein Finanzgerichtsurteil oder einen Fachbeitrag zum Steuerrecht zu lesen? Wenn ja, kennen Sie das Problem: Steuerchinesisch, Juristendeutsch – und dann diese abschreckende bürokratische Sprache. Versteht da nicht fast jeder Normalsteuerzahler nur noch Bahnhof? Selbst ganz einfache Zusammenhänge verschwinden hinter Wortungetümen. Unser Ratgeber versucht, diese Knoten zu lösen und steuerliche Fachbegriffe so weit wie möglich zu vermeiden. Dort wo sie unverzichtbar sind, werden sie so erklärt, dass auch Steuerlaien mitkommen.

Die ersten wichtigen Begriffe – sozusagen die Grundausstattung – erläutern wir gleich hier in diesem Kapitel und machen sie begreiflich. Sie erleichtern die Einsicht in viele Zusammenhänge, und sie tauchen an verschiedenen Stellen dieses Ratgebers wieder auf. Die gute Nachricht: Arbeitnehmer müssen sich mit nur wenigen Fachbegriffen plagen, und die sind noch dazu vergleichsweise übersichtlich. Die schlechte Nachricht: Manche Fachbegriffe sind in der Alltagssprache verwurzelt und stehen dort für allgemeine Sachverhalte. In der Steuersprache bedeuten sie etwas ganz anderes. So werden beispielsweise Begriffe wie „Einkommen" oder „Einkünfte" in der Alltagssprache ziemlich gleich verwendet. In der Steuersprache liegen dazwischen Welten, noch dazu ganz klar abgegrenzte. Darüber hinaus gibt es Spezialbegriffe, unter denen sich kein Mensch etwas vorstellen kann, es sei denn, er verfügt über steuerliches Fachwissen. Eine dieser Perlen der Sprachschöpfung heißt „Progressionsvorbehalt" (siehe Seite 13).

Für Arbeitnehmer ist es hilfreich, wenn sie mit den hier erläuterten Begriffen umgehen können. Wer sie im Hinterkopf behält, oder hier wieder nachschlägt, findet sich besser durch Steuerprobleme aller Art.Auf der Einnahmenseite dreht sich im Steuerrecht alles um den Begriff der Einkünfte. Davon gibt es gleich sieben unterschiedliche, die sogenannten Einkunftsarten. Die unterliegen der Einkommensteuer, sind nach ihrer jeweiligen Quelle benannt und heißen deshalb einigermaßen nachvollziehbar Einkünfte aus

- Land- und Forstwirtschaft,
- Gewerbebetrieb,
- selbstständiger Arbeit,
- nichtselbstständiger Arbeit,
- Kapitalvermögen,
- Vermietung und Verpachtung.

Neben diesen sechs gibt es eine siebente Einkunftsart. Sie nennt sich „sonstige Einkünfte" und darunter fällt, was bei den anderen Einkunftsarten nicht unterzubringen ist. Besonders wichtig sind hierbei die Renten.

Die zentrale Einkunftsart der Arbeitnehmer heißt Einkünfte aus nichtselbstständiger Arbeit. Die ergeben sich vor allem aus Löhnen und Gehältern, die der Arbeitgeber zahlt. Aber Löhne und Gehälter sind nicht dem Begriff Einkünfte aus nichtselbstständiger Arbeit gleichzusetzen: Vereinfacht gesagt sind Einkünfte im steuerlichen Sinn nämlich immer die Einnahmen aus einer Quelle minus die

Ausgaben, die erforderlich sind, um diese Einnahmen zu erzielen, oder um die Quelle am Sprudeln zu halten. Für Arbeitnehmer heißt das: Ihre Einkünfte sind vor allem Lohn oder Gehalt minus der Kosten, die sie für ihren Job aufbringen müssen. Die heißen Werbungskosten und stehen jedem Arbeitnehmer zunächst in Form des Arbeitnehmerpauschbetrags zu, der 2011 von 920 auf 1 000 Euro erhöht wurde. Berechnungen der jährlichen Einkommensteuer erfolgen in diesem Ratgeber mit 1 000 Euro. Die laufende Lohnsteuer wird mit der alten Pauschale berechnet (siehe Seite 226). Alle, die höhere Ausgaben für ihren Job haben, beispielsweise für

- Fahrten zur Arbeit,
- ein häusliches Arbeitszimmer,
- die Anschaffung eines Computers,
- Fachbücher oder andere Arbeitsmittel

können diese Ausgaben oberhalb der Pauschale als Werbungskosten geltend machen.

Zum Beispiel Ariane A. Sie ist alleinstehend und in einem Verlag fest angestellt, Bruttolohn im Jahr 30 000 Euro. Die drei Kilometer zur Firma fährt sie arbeitstäglich je nach Wetter und Laune mit dem Rad oder mit ihrem Auto. Ausgaben für den Job hat sie sonst keine, andere Einkünfte auch nicht. Mit ihren Werbungskosten kommt sie nicht über den Arbeitnehmerpauschbetrag von 1 000 Euro, denn ihr Arbeitsweg schlägt gerade mal mit 198 Euro zu Buche (3 km mal 220 Tage mal 0,30 Euro, siehe Seite 93). Sie erzielt folglich 29 000 Euro Einkünfte aus nichtselbstständiger Tätigkeit (30 000 minus 1 000). Würde sich der tägliche Arbeitsweg, zum Beispiel nach einem Umzug, auf 30 Kilometer verlängern, kämen allein dadurch 1 980 Euro Werbungskosten zusammen (30 km mal 220 Tage mal 0,30 Euro). Das würde Arianes Einkünfte auf 28 020 Euro drücken (30 000 minus 1 980).

Das Finanzamt fasst alle positiven und negativen Einkünfte zusammen. Unter Berücksichtigung mehrerer Freibeträge sowie ziemlich unübersichtlicher Bestimmungen zur Verrechnung von Verlusten kommt es zu einem Zwischenergebnis, das Gesamtbetrag der Einkünfte heißt. Der spielt zum Beispiel bei der Berechnung von Steuervorteilen eine Rolle oder bei bestimmten Sozialleistungen, die an ihn anknüpfen. Hier dient er vor allem als Ausgangspunkt für einen nächsten Rechenschritt.

Werden vom Gesamtbetrag der Einkünfte Sonderausgaben und außergewöhnliche Belastungen abgezogen, ergibt das in der Steuersprache das Einkommen. Sonderausgaben sind bestimmte private Kosten, die steuerlich abzugsfähig sind. Jedem steht zunächst ein Sonderausgabenpauschbetrag von jährlich 36 Euro zu. Die wichtigsten Sonderausgaben für Arbeitnehmer sind in der Regel die Beitragszahlungen an Renten-, Kranken- und Pflegeversicherungen (siehe Seite 75). Aber auch Spenden oder die Kirchensteuer zählen beispielsweise dazu. Unter außergewöhnlichen Belastungen versteht das Steuerrecht weitere private Ausgaben, die das Finanzamt ganz oder teilweise steuermindernd anerkennt. Darunter fallen etwa Krankheitskosten oder Aufwendungen behinderter Menschen (siehe Seite 53).

Wie die meisten Arbeitnehmer kann Ariane A. aus dem Beispiel zuvor seit 2010 deutlich mehr Versicherungskosten absetzen als vorher. Für 2011 wären das rund 3 969 Euro von ihr gezahlter Rentenversicherungs-, Kranken- und Pflegeversicherungsbeiträge (siehe Seite 75). Wenn sie keine weiteren Sonderausgaben und keine außergewöhnlichen Belastungen geltend machen kann, käme sie damit auf ein Einkommen von 24 995 Euro (29 000 minus 3 969 minus 36 Euro Sonderausgabenpauschale).

Um aus dem Einkommen das zu versteuernde Einkommen zu berechnen, also den Betrag, der unter dem Strich tatsächlich zu versteuern ist, können weitere Freibeträge abgezogen werden. Vor allem geht es an dieser Stelle um den Kinderfreibetrag und den sogenannten Betreuungsfreibetrag. Das betrifft vor allem gut verdienende Eltern, bei denen die finanzielle Entlastung durch das Kindergeld geringer ausfällt als die Entlastung durch beide Freibeträge (siehe Seite 129). Da Ariane A. steuerlich kein Kind geltend machen kann, ist die Höhe Ihres Einkommens also genau so hoch wie ihr zu versteuerndes Einkommen von 24 995 Euro. Nach geltendem Steuertarif müsste sie als Alleinstehende 4 104 Euro Einkommensteuer und rund 226 Euro Solidaritätszuschlag zahlen. Gegebenenfalls käme noch bis 369 Euro Kirchensteuer hinzu.

 TIPP

Wer herausbekommen will, wie viel Einkommensteuer auf sein zu versteuerndes Einkommen fällig wird, findet das unter www.abgabenrechner.de („Berechnung der Einkommensteuer").

Liegt das zu versteuernde Einkommen unter dem sogenannten Grundfreibetrag, oft auch als steuerfreies Existenzminimum bezeichnet, wird keine Einkommensteuer fällig. Der Grundfreibetrag beläuft sich seit 2010 jährlich auf 8 004 Euro pro Person. Für Ehepaare verdoppelt er sich auf 16 008 Euro.

Neben dem Arbeitslohn erhalten Arbeitnehmer manchmal Lohnersatzleistungen. Die heißen so, weil sie anstelle von Arbeitslohn gezahlt werden, zum Beispiel Arbeitslosengeld, Kurzarbeitergeld, Mutterschafts-, Eltern- oder Krankengeld (siehe Seite 203). Solche Leistungen sind steuerfrei, können aber unter dem Strich trotzdem zu höheren Steuern führen. Das funktioniert über den sogenannten Progressionsvorbehalt. Hinter dem sperrigen Begriff verbirgt sich für Arbeitnehmer im Zusammenhang mit Lohnersatzleistungen folgender Vorgang: Zum zu versteuernden Einkommen wird eine im Jahresverlauf bezogene Lohnersatzleistung hinzugezählt und auf dieser Grundlage der durchschnittliche Steuersatz ermittelt. Danach zieht man die Lohnersatzleistung wieder ab und wendet den so ermittelten Steuersatz auf das ursprüngliche zu versteuernde Einkommen an. Das führt in der Regel zu einer höheren Steuerbelastung als vorher. Hätte beispielsweise Ariane A. zu ihrem zu versteuernden Einkommen von 24 995 Euro noch 2 000 Euro Kurzarbeitergeld erhalten, wäre ihr Durchschnittssteuersatz (siehe Seite 246) von 16,4193 Prozent auf 17,4032 Prozent gestiegen. Sie müsste auf dasselbe zu versteuernde Einkommen von 24 995 Euro „dank Progressionsvorbehalt" rund 246 Euro mehr Einkommensteuern zahlen.

Den laufenden (meist monatlichen) Steuerabzug von Lohn und Gehalt übernimmt der Arbeitgeber im Auftrag des Finanzamts. Das funktioniert über sechs unterschiedliche Lohnsteuerklassen. Vor allem die familiäre Situation entscheidet darüber, welcher Lohnsteuerklasse Arbeitnehmer angehören.

■ Alleinstehende. Ohne Kinder sind sie in Klasse I. Haben sie mindestens ein Kind, gehören sie in Klasse II.

■ Arbeitnehmerehepaare. Sie können wählen. Dabei ist die Kombination der Steuerklassen IV/IV in der Regel erste Wahl, wenn beide Partner etwa gleich viel verdienen. Liegen die Löhne weit auseinander, sorgt die Kombination III/V für den geringsten laufenden Steuerabzug (Klasse III für den Partner mit dem höheren Gehalt, siehe ab Seite 231). Seit 2010 gibt es für Arbeitnehmerehepaare unter dem Begriff „Faktorverfahren" eine weitere Kombinationsmöglichkeit. Ein Faktor verringert die hohe Steuerbelastung in der Klasse V etwas zulasten der besonders günstigen Klasse III. Die laufende Steuerbelastung wird zwischen den Ehepartnern anders verteilt, die jährliche Gesamtbelastung, einschließlich Nachzahlungen und Erstattungen, ändert sich nicht. Der Faktor kann aber die Höhe von Lohnersatzleistungen, etwa von Elterngeld, beeinflussen (siehe auch Seite 208).

■ Die Lohnsteuerklasse VI. Sie gilt für ein zweites und für jedes weitere Arbeitsverhältnis – völlig unabhängig von familiären Verhältnissen.

Die Zuordnung zu unterschiedlichen Lohnsteuerklassen beeinflusst die Abzüge vom Bruttolohn und damit die Höhe des laufenden Nettolohns ganz erheblich. Beispielsweise ist ein Bruttomonatsgehalt von 3 000 Euro in den Klassen I und IV mit rund 474 Euro Lohnsteuer belastet (ohne Solidaritätszuschlag und ohne Kirchensteuer). In der Klasse III sind es nur rund 239 Euro und in der Klasse V rund 790 Euro Lohnsteuer. Die Unterschiede kommen daher, dass die einzelnen Steuerklassen unterschiedliche Freibeträge und Pauschalen enthalten. So drücken der in Klasse III eingearbeitete doppelte Grundfreibetrag und ein teilweise höherer Abzugsbetrag für Vorsorgeaufwendungen (das sind hier die Beiträge für die Renten- und Kranken- und Pflegeversicherung) die laufende Steuerlast erheblich (siehe Seite 231).

Der Steuerabzug über die Lohnsteuerklasse erfolgt im Jahresverlauf pauschal nach einem ziemlich groben Raster. Dadurch kann der laufende Lohnsteuerabzug eines Arbeitnehmers von seiner tatsächlichen Steuerschuld erheblich abweichen. Von über 20 Millionen Arbeitnehmern holt sich der Fiskus auf diese Weise mehr oder weniger als ihm zusteht. In fast 90 Prozent aller Fälle war es 2006 mehr: Im Durchschnitt zahlten die Finanzämter einem Arbeitnehmer 822 Euro zurück.

 TIPP

Mit welcher Steuerklassenkombination verheiratete Arbeitnehmer den günstigsten laufenden Lohnsteuerabzug erreichen, finden Sie unter www.test.de/Steuerratgeber-Extra oder unter www.bundesfinanzministerium.de, wenn Sie den Suchbegriff „Steuerklassenwahl" eingeben.

Warum die meisten Arbeitnehmer zu viel Steuern zahlen

Für den Finanzminister ist die Lohnsteuer besonders wichtig. Sie gehört zu seinem mit Abstand größten Einnahmeposten. Fast 128 Milliarden Euro brachte sie 2010 in die Staatskasse. Der Fiskus kann sofort über diese sichere Einnahmequelle verfügen.

Was den Finanzminister freut, ist für Lohnsteuerzahler ein Nachteil, und der beginnt genau an dieser Stelle. Der Sofortabzug der Lohnsteuer funktioniert nämlich wie zuvor beschrieben zunächst pauschal und ohne die konkrete Lage des einzelnen Arbeitnehmers zu berücksichtigen. Das führt (sicher nicht zufällig) dazu, dass das Finanzamt in den weitaus meisten Fällen zunächst mehr Geld kassiert als ihm zusteht.

So wird zum Beispiel der Arbeitnehmerpauschbetrag bis einschließlich November 2011 in den Lohnsteuerklassen I bis V in jedem Monat mit 76,67 Euro berücksichtigt (920 durch 12, Ergebnis gerundet). Hat ein Arbeitnehmer aber nur sechs Monate eines Jahres gearbeitet, etwa weil er im Juli erstmals einen Job angetreten hat oder weil er in den anderen Monaten arbeitslos war oder weil er am 1. Juli in Rente ging, konnte er nur für sechs Monate den Arbeitnehmerpauschbetrag nutzen, also 460 Euro. Der Rest steht ihm aber trotzdem zu, weil es ein Jahresbetrag ist. Ein Arbeitnehmer erhält ihn auch dann in voller Höhe, wenn er nur einen einzigen Tag des Jahres gearbeitet hat. Die Berechnungen, nach denen der Arbeitgeber die Lohnsteuer einbehält, gehen aber davon aus, dass ein Arbeitnehmer volle zwölf Monate des Jahres beschäftigt ist. Wer kürzer gearbeitet hat, zahlt somit zwangsläufig im Jahresverlauf zu viel Lohnsteuer.

Solange sich die Werbungskosten im Rahmen des Arbeitnehmerpauschbetrags bewegen, bleibt der Nachteil für Arbeitnehmer meist überschaubar. Liegen sie höher, etwa durch eine größere Entfernung zwischen Wohnung und Betrieb, durch häufige Dienstreisen, ein Heimbüro, einen zweiten Haushalt am Arbeitsort, Fort-

bildungsaufwand oder höhere Ausgaben für Arbeitsmittel, kann
ein Arbeitnehmer übers Jahr ein paar Hunderter oder gar Tausen-
der zu viel Steuern bezahlen. Grund: Werbungskosten oberhalb der
Pauschale sind in den Steuerberechnungen des Arbeitgebers nicht
vorgesehen, sie werden folglich beim Lohnsteuerabzug auch nicht
berücksichtigt. Diese Ausgaben senken die laufende Steuerlast
nur, wenn Arbeitnehmer dafür Freibeträge beantragt haben (siehe
Seite 185). Ansonsten kommen sie erst mit Hilfe der Steuererklärung zurück, vorausgesetzt, man gibt eine ab. Wer keine abgibt,
beschenkt die Staatskasse nicht nur zeitweise, sondern auf Dauer.

Gleiches gilt für Sonderausgaben oberhalb der eingearbeiteten
Pauschale von 36 Euro (3 Euro monatlich), beispielsweise für Kirchensteuer, Spenden oder Ausbildungskosten (siehe Seite 44)
sowie für außergewöhnliche Belastungen, etwa Krankheitskosten
und Unterhaltszahlungen (siehe Seite 35). Außergewöhnliche
Belastungen werden beim regulären Lohnsteuerabzug im Jahresverlauf nicht einmal pauschal erfasst.

Anders sieht es beim Vorsorgeaufwand aus. Die Beiträge zur
Rentenversicherung, Kranken- oder Pflegeversicherung drücken
den laufenden Lohnsteuerabzug, seit 2010 sogar deutlich stärker
als vorher.

Viele Steuervergünstigungen bleiben beim Lohnsteuerabzug unberücksichtigt. Auch hier hilft nur die Abgabe einer Steuererklärung weiter, um an sein Geld zu kommen.

■ So bleiben jährlich als sogenannter „Härteausgleich" bis zu 410 Euro Einkünfte steuerfrei, die Arbeitnehmer neben Lohn und Gehalt einnehmen. Zum Beispiel kann ein Arbeitnehmer Zinsen bis 1 211 Euro steuerfrei kassieren (801 Euro Sparerpauschbetrag plus 410 Euro). Die Bank zahlt aber im Rahmen der Freistellungsaufträge normalerweise nur bis zu 801 Euro steuerfreie Zinsen aus, weitere Zinsen bleiben nur per Steuererklärung steuerfrei.

■ Für Nebeneinnahmen von Arbeitnehmern bis 820 Euro gibt es einen „erweiterten Härteausgleich" (siehe Seite 197).

■ Auch den Altersentlastungsbetrag für Menschen über 65 (siehe Seite 176), die Steuererstattungen für Dienstleistungen rund um den Privathaushalt (siehe Seite 63) oder für Parteispenden (siehe Seite 51) können Arbeitnehmer nur nutzen, wenn sie eine Steuererklärung abgeben.

Der Fiskus kassiert systembedingt mehr als ihm zusteht. Die Zahlen des Statistischen Bundesamts sind in diesem Punkt eindeutig. Rund eine Million Arbeitnehmer, die 2006 eine Steuererklärung abgaben und die ausschließlich Einkünfte aus nichtselbstständiger Tätigkeit (und gegebenenfalls Kapitaleinkünfte) hatten, mussten Steuern nachzahlen. Aber in fast 12 Millionen Fällen gab es Geld vom Finanzamt zurück. Bei dieser Rechnung werden Arbeitnehmerehepaare, die eine gemeinsame Steuererklärung abgegeben haben, als ein „Steuerfall" gezählt.

Mit hoher Wahrscheinlichkeit können aber noch deutlich mehr Arbeitnehmer von der Abgabe einer Steuererklärung profitieren. In den genannten Zahlen sind etwa 8 Millionen Steuererklärungen von Arbeitnehmern nämlich gar nicht drin. Grund: In diesen Steuererklärungen ging es neben Einkünften aus nichtselbstständiger Tätigkeit (und eventuell aus Kapitalvermögen) noch um weitere Einkünfte, beispielsweise solche aus Vermietung und Verpachtung, Gewerbebetrieb, aus Renten oder aus einer freiberuflichen Tätigkeit, die der Arbeitnehmer selbst oder sein Ehepartner hatte. In solchen Fällen werden Steuererstattungen und Steuernachzahlungen, die sich aus Arbeitnehmereinkünften ergeben, statistisch gar nicht einzeln erfasst. Die Steuererstattungen dürften sich schätzungsweise aber in der Größenordnung bewegen, die für Arbeitnehmer zutrifft, die ausschließlich Einkünfte aus nichtselbstständiger Arbeit haben. Dort kam es in rund 88 Prozent aller Fälle zu einer Steuererstattung. Ganz und gar fehlen in dieser Statistik die rund neun Millionen Arbeitnehmer, die überhaupt keine Steuererklärung abgegeben haben. Auch sie dürften über erhebliches Steuersparpotential verfügen, das sich nur per Steuererklärung erschließen lässt.

Bei den Aussichten auf möglicherweise rund 1 000 Euro Steuererstattung erscheint auch die Plage mit den Formularen in einem etwas günstigeren Licht: Wer 10 Stunden Arbeit in eine Steuererklärung steckt, kommt immerhin auf 100 Euro „Stundenlohn". Das rechnet sich und auch der Zeitumfang dürfte passen. Und wer weniger Zeit braucht, zum Beispiel, weil er nur eine vereinfachte Steuererklärung abgibt, macht einen noch besseren Schnitt (siehe Seite 29).

 TIPP

Weil das Finanzamt im Jahresverlauf in der Regel mehr kassiert als ihm zusteht, sollten Arbeitnehmer grundsätzlich immer prüfen, ob sich eine Steuererklärung für sie lohnt.

Abgabepflicht und Abgabekür

Viele Arbeitnehmer müssen nicht nachdenken, ob sie eine Steuererklärung abgeben. Sie sind dazu verpflichtet. Der Fiskus befürchtet in diesen Fällen, dass ihm ohne Steuererklärung etwas durch die Lappen gehen könnte. Also will das Finanzamt schwarz auf weiß und ganz genau sehen, was das Jahr über finanziell gelaufen ist. Unter dem Strich führen die weitaus meisten dieser sogenannten „Pflichtveranlagungen" aber trotzdem dazu, dass Arbeitnehmer Geld zurückbekommen.

Abgabepflicht

Arbeitnehmer müssen eine Steuererklärung abgeben, wenn sie im Jahresverlauf neben ihrem Arbeitslohn weitere steuerpflichtige Einkünfte oder Lohnersatzleistungen von mehr als 410 Euro eingenommen haben. Bis 410 Euro Nebeneinkünfte bleiben, wie wir auf Seite 18 gesehen haben, für Arbeitnehmer steuerfrei. Wer beispielsweise angestellt ist und im Nebenjob Versicherungen verkauft, muss eine Steuererklärung abgeben, wenn die Einkünfte aus dem Versicherungsgeschäft 410 Euro übersteigen. Die Abgabepflicht betrifft auch Ehepartner, die eine gemeinsame Steuererklärung abgeben. Ist beispielsweise bei einem Ehepaar der eine Arbeitnehmer und der andere Freiberufler oder Rentner oder Vermieter, wird eine Steuererklärung fällig, wenn Einkünfte aus diesen Quellen in der entsprechenden Höhe vorliegen. Für Ehepaare mit gemeinsamer Steuererklärung verdoppelt sich die 410-Euro-Grenze für steuerfreie Nebeneinkünfte nicht (Fachbegriff „Zusammenveranlagung", siehe Seite 206). Steuerpflichtige Nebeneinkünfte und Lohnersatzleistungen werden erfreulicherweise nicht zusammengerechnet. Ein Arbeitnehmer, der beispielsweise bis 410 Euro Einkünfte aus Vermietung hat und dazu bis 410 Euro Kurzarbeitergeld erhält, ist nicht dazu verpflichtet, eine Steuererklärung abzugeben.

Eine Ausnahme von der Abgabeverpflichtung bilden seit 2009 Zinsen und andere Einkünfte aus Kapitalvermögen (zum Beispiel aus Dividenden oder Wertpapiergeschäften). Wurden Kapitaleinkünfte im Jahresverlauf pauschal mit 25 Prozent Abgeltungsteuer, Solidaritätszuschlag und gegebenenfalls Kirchensteuer belegt, lösen sie für Arbeitnehmer keine Steuererklärungspflicht mehr aus, egal wie hoch sie sind. Das ändert sich aber beispielsweise dann, wenn Arbeitnehmer für ihre Kapitaleinkünfte die sogenannte Günstigerprüfung beantragen, weil sie der Meinung sind, dass ihnen die Abgeltungsteuer Nachteile bringt (siehe Seite 155). Dann wird eine komplette Steuererklärung fällig, mit Anlage N, Anlage KAP und allem, was sonst noch dazu gehört.

Arbeitnehmer müssen auch dann eine Steuererklärung abgeben, wenn sie sich als Ehepaar für die Steuerklassenkombination III/V oder für das Faktorverfahren (siehe Seite 208) entschieden haben. Bei Kombination IV/IV besteht grundsätzlich keine Verpflichtung, eine Steuererklärung abzugeben. Dagegen löst die Klasse VI, die es für ein zweites und jedes weitere Arbeitsverhältnis gibt, bei Alleinstehenden wie bei Ehepaaren Erklärungspflicht aus.

Wenn beim Lohnsteuerabzug im Jahresverlauf Freibeträge berücksichtigt wurden, führt das ebenfalls zur Pflichtabgabe einer Steuererklärung. So können Freibeträge, etwa für Werbungskosten oberhalb des Arbeitnehmerpauschbetrags, für Unterhaltszahlungen, Krankheitskosten oder für Vermietungsverluste den laufenden Lohnsteuerabzug drücken (siehe Seite 185). Sie werden gewissermaßen „vorausschauend" beantragt und für das laufende Jahr genehmigt. Anhand der Steuererklärung prüft das Amt dann nachträglich, ob die beantragte Erwartung eingetroffen ist. Ausnahmen sind hier Behinderten- und Hinterbliebenenpauschbeträge (siehe Seite 53). Ihre Eintragung löst keine Abgabepflicht aus. Gleiches gilt seit 2009 auch für alle anderen eingetragenen Freibeträge, wenn Arbeitnehmer nur einen Bruttojahreslohn bis 10 200/19 400 Euro (Alleinstehende/Ehepaare) haben.

Seit 2010 sind Arbeitnehmer grundsätzlich verpflichtet, eine Einkommensteuererklärung abzugeben, wenn die vom Arbeitgeber pauschal berücksichtigten Beiträge zur Kranken- und Pflegeversicherung höher ausgefallen sind, als die tatsächlich gezahlten Bei

träge. Die Pflichtabgabe entfällt aber bei Bruttoarbeitslöhnen bis 10 200/19 400 Euro (Alleinstehende/Ehepaare).

Schließlich wird auch dann eine Steuererklärung fällig, wenn das Finanzamt eine sehen will und zur Abgabe auffordert. Dem sollte man besser nachkommen. Wenn nicht, geht das Finanzamt in der Regel von seiner eigenen Einschätzung aus, die häufig ungünstiger ist.

Abgabekür

Arbeitnehmer in den Lohnsteuerklassen I, II und IV, sind grundsätzlich nicht verpflichtet, eine Einkommensteuererklärung abzugeben. Sie müssen nur abgeben, wenn einer der gerade genannten Pflichtgründe auf sie zutrifft. Es gibt aber mehrere sehr gute Gründe, freiwillig eine Steuererklärung abzugeben. Wenn mindestens einer der folgenden Umstände zutrifft, haben Arbeitnehmer nämlich gute Aussichten auf eine Steuererstattung.

■ Die Werbungskosten liegen oberhalb des Arbeitnehmerpauschbetrags. Das ist oft schon der Fall, wenn der Betrieb weiter als 13 Kilometer von der Wohnung entfernt liegt. Auch bei häufigeren Dienstreisen, einer doppelten Haushaltsführung, einem Umzug, Fortbildungsaufwand oder einem häuslichen Arbeitszimmer kann sich eine Steuererklärung lohnen. Was alles zu den abzugsfähigen Werbungskosten gehört, finden Sie ab Seite 87. Und für Eltern ist hier gut zu wissen: Sie können die Kinderbetreuungskosten „wie" Werbungskosten geltend machen. Das „wie" bedeutet, Kinderbetreuungskosten werden zusätzlich zum Arbeitnehmerpauschbetrag berücksichtigt und nicht von ihm „aufgefressen". In den Lohnsteuertabellen sind sie nicht eingearbeitet (siehe Seite 143).

- Arbeitnehmer können höhere Versicherungsbeiträge geltend machen, daneben weitere Sonderausgaben oberhalb der mageren Pauschale von 36/72 Euro (Alleinstehende/Ehepaare), zum Beispiel für die Kirchensteuer, für Spenden oder für eine erste Berufsausbildung (siehe Seite 44).
- Arbeitnehmer können das Finanzamt an höheren Krankheitskosten, an Ausgaben für die Unterstützung bedürftiger Angehöriger oder an anderen außergewöhnlichen Belastungen beteiligen (siehe Seite 53).
- Arbeitnehmer waren nicht das gesamte Jahr über angestellt. Dadurch werden die Pauschalen, die ihnen ganzjährig zustehen, beim laufenden Lohnsteuerabzug nur für einen Teil des Jahres berücksichtigt (siehe Seite 16).
- Private Lebensumstände haben sich aus steuerlicher Sicht zum Besseren verändert, etwa durch Hochzeit oder eine Geburt.
- Sie können Ausgaben für Haushaltshilfen, für Handwerker- und andere Dienstleistungen im Haushalt (siehe Seite 65) geltend machen. Gefördert werden auch Kosten für Treppenreinigung oder den Hauswart, die im Prinzip in jedem Haushalt anfallen (siehe Seite 65 und 67).
- Sie haben Verluste aus verschiedenen Einkunftsarten zu verrechnen oder in andere Jahre zu übertragen, Abfindungen oder ausländische Einkünfte. Bei solchen Problemen sollte in der Regel ein Steuerprofi helfen.
- Bei Zinsen und anderen Kapitalerträgen kann sich die Abgabe einer Steuererklärung lohnen, beispielsweise, wenn der eigene Grenzsteuersatz unter 25 Prozent liegt (siehe Seite 246), wenn die Bank von Kapitaleinkünften unterhalb des Sparerpauschbetrags Steuern einbehalten hat (siehe Seite 155), wenn der sogenannte „Härteausgleich" für Kapitaleinkünfte nutzbar ist (siehe Seite 156 und 197) oder auch der Altersentlastungsbetrag (siehe Seite 159).

Zum Beispiel das Ehepaar Bianka und Ben B. Beide haben Lohnsteuerklasse IV, wohnen in Köln und arbeiten im selben Betrieb. Die 25 km dorthin fährt das kinderlose Ehepaar an 220 Tagen im Jahr mit Bens privatem Pkw. Bianka verdient monatlich 2 500 Euro brutto, Ben 3 000 Euro. Weitere steuerlich relevante Einnahmen, Ausgaben oder eingetragene Freibeträge haben sie nicht. Im Jahresverlauf zieht ihnen der Arbeitgeber zusammen rund 10 325 Euro Lohnsteuer und Solidaritätszuschlag ab und überweist das Geld an das Finanzamt. Wie die folgende vereinfachte Rechnung zeigt, bringt ihnen die freiwillige Abgabe einer Steuererklärung fast 500 Euro Steuererstattung, die allein von den Ausgaben für den Arbeitsweg verursacht wurde.

Bruttojahreslohn (3 000 plus 2 500 mal 12)	**66 000**
minus Fahrtkosten zur Arbeit (220 Tage mal 25 km mal 0,30 Euro mal 2 Personen, siehe Seite 93)	−3 300
Einkünfte	62 700
minus Rentenversicherungsbeiträge (66 000 mal 19,9 %, davon 72 % Höchstbetrag im Jahr 2011 minus 6 567 Euro Arbeitgeberanteil, siehe Seite 75)	−2 890
minus Krankenversicherungsbeiträge (66 000 mal 8,2 % minus 4 % für Krankengeld, siehe Seite 76)	−5 196
minus abzugsfähige Pflegeversicherungsbeiträge (66 000 mal 1,225 %, siehe Seite 76)	−809
minus Sonderausgabenpauschale (36 mal 2)	−72
zu versteuerndes Einkommen	53 733
Einkommensteuer plus Solidaritätszuschlag laut Einkommensteuertabelle (gerundet)	9 831
im Jahresverlauf bei Kombination IV/IV bereits abgeführt	10 325
Steuererstattung (10 325 minus 9 833) (alle Angaben in Euro)	**494**

Termine, Fristen, Vorarbeiten

Abgabetermin für die Einkommensteuererklärung ist grundsätzlich der 31. Mai. Nur wenn der auf ein Wochenende oder auf einen gesetzlichen Feiertag fällt, verlängert sich der Abgabetermin auf den folgenden Werktag. Wer seine Steuererklärung mit Hilfe eines Steuerberaters oder eines Lohnsteuerhilfevereins anfertigt, hat in der Regel bis zum 31. Dezember Zeit. Das Finanzamt kann die Erklärung aber früher anfordern. Dann ist normalerweise etwas Verhandlungsspielraum da, etwa wenn noch Unterlagen fehlen oder Terminprobleme bestehen. In begründeten Fällen lässt sich das Amt auf eine weitere Verlängerung bis zum 28. Februar des Folgejahres ein.

Zeitlicher Spielraum besteht übrigens auch für Arbeitnehmer, die ihre Steuererklärung ohne professionelle Hilfe anfertigen. Wenn sie den Abgabetermin 31. Mai nicht schaffen, genügt in der Regel ein formloser schriftlicher Verlängerungsantrag an das Finanzamt mit einem neuen Terminvorschlag.

Alle bis hierher genannten Termine betreffen Arbeitnehmer, die verpflichtet sind, eine Steuererklärung abzugeben. Wer freiwillig abgibt, hat dafür vier Jahre Zeit. Eine Steuererklärung für das Jahr 2007 nimmt das Finanzamt also noch bis Ende 2011 entgegen. Die Steuererklärung für das Jahr 2011 hätte noch bis Silvester 2015 Zeit. Wer Geld vom Finanzamt erwartet, und das ist wohl das Hauptmotiv für eine freiwillige Steuererklärung, sollte im eigenen Interesse zügig abgeben. Die Vierjahresfrist eröffnet aber Nachzüglern bessere Aussichten auf eine späte Steuererstattung.

Bevor es richtig losgeht, sind ein paar Vorarbeiten zweckmäßig.

■ Steuererklärungsformulare. Sie besorgen sich die Vordrucke beim Finanzamt. Auch über das Internet können Sie die Formulare aufrufen, ausfüllen und ausdrucken. Sie finden sie zum Beispiel unter www.bundesfinanzministerium.de (linke Spalte: „Formulare von A–Z", weiter „Zum Formular-Management-System", weiter „Einkommensteuer 2011") oder auf den Internetseiten von Länderfinanzverwaltungen.

■ Elektronische Steuererklärung. Wer eine solche abgeben möchte, braucht die entsprechende aktuelle Software (siehe Seite 217). Verwenden Sie ausschließlich die Formulare des betreffenden Jahres. Die Jahreszahl befindet sich auf der ersten Seite jedes Formulars rechts oben. In diesem Ratgeber geht es immer um die Formulare des Jahres 2011.

Spätestens an dieser Stelle sollten sich Arbeitnehmer Gedanken machen, ob sie sich die gesamte Steuererklärung überhaupt antun müssen oder ob sie die „Vereinfachte Steuererklärung für Arbeitnehmer" abgeben und dadurch Aufwand sparen können (siehe Seite 29). Je nach Bundesland nutzen bisher maximal 12 Prozent der abgabepflichtigen oder abgabewilligen Arbeitnehmer diese Möglichkeit. Der Vorteil des „Schnellformulars": Sie können sich den vierseitigen Mantelbogen, die dreiseitige Anlage N und weitere Anlagen sparen. Ihnen genügen zwei Formularseiten plus die zweiseitige Anlage Vorsorgeaufwand. Dem Arbeitnehmerehepaar B. aus dem Beispiel auf Seite 24 würde das reichen.

Viele Arbeitnehmer kommen mit der „Vereinfachten Steuererklärung" (plus Anlage Vorsorgeaufwand) aus. Alle anderen brauchen mindestens den vierseitigen „Hauptbogen", die Anlage N und die „Anlage Vorsorgeaufwand". Arbeitnehmer mit zusätzlichen Einkünften, zum Beispiel aus Vermietung oder einem selbstständigen Nebenjob, müssen in der Regel weitere Anlagen ausfüllen. Das gilt auch für Eltern, Riester-Sparer und Unterhaltszahlende.

■ Belege und Co. Suchen Sie alle Bescheide, Mitteilungen und andere Belege über eventuell steuerpflichtige Einnahmen heraus, zum Beispiel Lohnsteuerbescheinigungen, Rentenbescheide, Steuerbescheinigungen von Banken. Weiterhin brauchen Sie Kontoauszüge, Quittungen, Rechnungen oder andere Belege für Ausgaben, die steuerlich relevant sein können. Sollten Sie Rechnungen nicht finden, haben Sie drei Möglichkeiten: Weitersuchen, Ersatzbelege beschaffen oder Eigenbelege ausstellen. Nachvollziehbare Eigenbelege akzeptiert das Amt beispielsweise für Ausgaben wie Fahrtkosten zum Arzt mit dem Pkw oder die berufliche

Nutzung des privaten Telefonanschlusses oder für Reinigungskosten von Berufskleidung (siehe Tabelle Seite 237).

■ **Übersichten anfertigen.** Es empfiehlt sich manchmal, bestimmte Ausgaben zunächst in Listen- oder Tabellenform zu erfassen, zum Beispiel Fahrt- und Übernachtungskosten, Verpflegungspauschalen oder Kfz-Kosten. Das erhöht die eigene Übersicht, erleichtert die spätere Eintragung in die Formularzeilen und kann eventuell als Zusatzbeleg dienen.

In der Regel werden nur volle Euro-Beträge in die Formulare eingetragen. Die können Sie zu Ihren Gunsten auf den nächsten vollen Euro aufrunden (bei Ausgaben etwa von 320,35 Euro auf 321 Euro) oder abrunden (bei Einnahmen). Cent-Beträge gehören nur an die Stellen, wo sie laut Vordruck vorgesehen sind. Füllen Sie ausschließlich die weißen Formularfelder aus. Wenn der Platz für Eintragungen nicht reicht, fügen Sie gesonderte Blätter bei.

Vergessen Sie nicht, von allem, was Sie ans Finanzamt schicken, eine Kopie zu machen. Kommt es zu Rückfragen, können Sie mithilfe Ihrer Kopien besser reagieren. Außerdem wissen Sie dann immer, was Sie dem Amt mitgeteilt haben und was nicht. Und Sie haben für das nächste Jahr mit den dann „alten" Formularen und anderen Unterlagen eine arbeitssparende Ausfüllvorlage. Denn eins steht für die meisten Arbeitnehmer jetzt schon fest: Nach der Erklärung ist vor der Erklärung!

DURCH DIE FORMULARE

Jetzt klappern wir Zeile für Zeile die für Arbeitnehmer wichtigsten Steuerformulare ab. Sie brauchen dazu die Vordrucke, Ihre entsprechenden Belege und die Hinweise dieses Ratgebers. Sie bewegen sich dabei immer entlang der Zeilennummern der Formulare. Auf geht's!

Vereinfachte Steuererklärung

Das zweiseitige Formular „Vereinfachte Steuererklärung für Arbeitnehmer" gibt es ausschließlich für Arbeitnehmer und Pensionäre. Es ist für relativ einfache Steuerfälle gedacht und alle, für die es infrage kommt, sparen Zeit und bürokratischen Aufwand. Es ist eine echte Entlastung, aber hier kommt der Haken: Die vereinfachte Steuererklärung ist an eine Reihe von Bedingungen geknüpft.

Wer ausschließlich Lohn, Gehalt, eine Pension oder bestimmte Lohnersatzleistungen, etwa Arbeitslosengeld oder Mutterschaftsgeld, bezieht (siehe Seite 203), darf diese „Steuererklärung light" nutzen. Kommen weitere Einkünfte hinzu, etwa aus Renten, Mieten, aus gewerblicher oder selbstständiger Tätigkeit, ist das Formular nicht nutzbar. Kein Problem sind in der Regel Zinsen und andere Kapitaleinkünfte, von denen die Bank automatisch Abgeltungsteuer einbehalten hat. Aber auch hier gibt es Ausnahmen. Wenn Arbeitnehmer Zinsen oberhalb des Sparerpauschbetrags von 801/ 1 602 Euro (Alleinstehende/Ehepaare) haben und dazu noch höhere Spenden oder außergewöhnliche Belastungen geltend machen wollen, dann müssen sie eine „normale" Steuererklärung abgeben. Die brauchen sie auch, wenn sie Zinsen versteuern müssen, etwa ausländische Kapitaleinkünfte. Wer sich mit solchen Problemen herumschlagen muss, findet die Einzelheiten ab Seite 155.

Bei der vereinfachten Steuererklärung gibt es eine weitere Einschränkung: Bestimmte Werbungskosten, Sonderausgaben und außergewöhnliche Belastungen lassen sich auf diesem Formular überhaupt nicht geltend machen. Das betrifft etwa die Kosten für ein häusliches Arbeitszimmer, für doppelte Haushaltsführung oder Unterhaltszahlungen. Arbeitnehmer, die solche Ausgaben haben, brauchen eine vollständige Steuererklärung.

Fazit: Für die meisten Arbeitnehmer, die ausschließlich Lohn und Gehalt beziehen, nur in Deutschland tätig waren, keine ausländischen Einkünfte oder besondere Abzugsbeträge haben, ist eine vereinfachte Steuererklärung eine Überlegung wert. Übrigens kann sie auch für Ehegatten funktionieren, wenn beide Partner die Voraussetzungen erfüllen. Generell gilt natürlich der Grundsatz, sich jeden Cent vom Finanzamt zurückzuholen. In Ausnahmefällen kann die vereinfachte Steuererklärung aber Anlass sein, über das Verhältnis von Aufwand und Nutzen neu nachzudenken (siehe auch das ausgefüllte Musterformular auf Seite 248).

 Zum Beispiel das Ehepaar C. Cornelia und Christian C. sind Arbeitnehmer. Außer den Fahrten zur Arbeit können sie keine Werbungskosten geltend machen, Sonderausgaben und außergewöhnliche Belastungen haben sie nicht. Der Vermieter weist ihnen 300 Euro im Jahr aus, die sie für Treppenreinigung, Gartenpflege und andere haushaltsnahe Dienstleistungen geltend machen können (siehe Seite 37). Ferner überweisen sie dem SPD-Ortsverein jedes Jahr 30 Euro. Beide sind „Steuererklärungsmuffel", obwohl ihnen allein die 20 km, die sie mit dem Auto zum selben Betrieb fahren, etwas Steuererleichterung bringen könnte. Der Nachbar, der in derselben Firma arbeitet, hat ihnen vorgerechnet, dass er nur durch den Arbeitsweg 400 Euro Werbungskosten oberhalb des

Arbeitnehmerpauschbetrags geltend machen kann. Er gibt jedes Jahr eine vereinfachte Steuererklärung ab und ist steuerlich auch sonst ganz gut beschlagen. Er hat dem Ehepaar C. (zutreffend) erzählt, dass sie keine vereinfachte Steuererklärung abgeben dürfen, weil das Absetzen von Parteispenden immer eine komplette Erklärung erforderlich macht. Das war natürlich Wasser auf die Mühle der Erklärungsmuffel. Aber der Gedanke, dass sie eigentlich doppelt soviel Werbungskosten für den Arbeitsweg absetzen könnten wie der Nachbar, ließ Cornelia keine Ruhe. Das Ergebnis: Ehepaar C. gab eine vereinfachte Steuererklärung ab. Die war schnell erledigt, brachte ihnen bei einem Grenzsteuersatz von 35 Prozent (siehe Seite 246) 280 Euro für den Arbeitsweg und 60 Euro Steuererstattung für die haushaltsnahen Dienstleistungen. Die Parteispende, die nur rund 16 Euro Erstattung gebracht hätte, drückten sie in den Skat und machten sich dafür einen schönen Tag im Grünen.

 TIPP

Die vereinfachte Steuererklärung kann Zeit und Mühe sparen – sie ist immer eine Überlegung wert. Arbeitnehmer, die aber jetzt schon wissen, dass sie eine „normale" Steuererklärung brauchen, lesen ab Seite 39 weiter.

Zeile 1 bis 5: Anträge, Adressen, Nummern

In **Zeile 1** finden Sie zwei Kästchen. In das linke Kästchen gehört ein Kreuz, wenn es um die Abgabe der vereinfachten Steuererklärung geht. Das rechte Kästchen erhält ein Kreuz, wenn gleichzeitig (oder ausschließlich) die Arbeitnehmersparzulage beantragt wird. **Zeile 2** fragt nach der Steuernummer. Wer noch keine hat, schreibt gar nichts oder „NEU" hinein. Die Identifikationsnummer für **Zeile 3** müsste inzwischen jeder haben, sie findet sich normalerweise auch auf der Lohnsteuerbescheinigung. In **Zeile 4** gehört das Amt, in dessen Amtsbezirk Sie wohnen. **Zeile 5** müssen Sie nur ausfüllen, wenn Sie seit der letzten Steuererklärung umgezogen sind.

Zeile 6 bis 22: Allgemeine Angaben

Die Zeilen zu Name und Anschrift erklären sich selbst. Die Angabe der Telefonnummer in **Zeile 6** ist freiwillig, kann aber die Bearbeitung beschleunigen. Ein Wahlrecht, ob sie eine gemeinsame oder getrennte Erklärungen abgeben wollen, haben Ehepaare bei der vereinfachten Steuererklärung nicht. Es ist nur die Abgabe einer gemeinsamen Steuererklärung möglich, was ohnehin der Normalfall ist und sich auf Steuerdeutsch „Zusammenveranlagung" nennt. Ist der Ehepartner 2011 verstorben, kann der überlebende Partner 2011 und 2012 noch bestimmte ehebedingte Steuervorteile nutzen. Wie das genau funktioniert, steht ab Seite 211. In die **Zeilen 18 bis 22** gehören die aktuellen Kontodaten, auch wenn die dem Finanzamt bereits bekannt sind. Denken Sie daran, dem Amt Änderungen der Kontodaten, die nach Abgabe der Steuererklärung erfolgt sind, schriftlich mitzuteilen. Sonst kommt womöglich die erhoffte Steuererstattung nicht bei Ihnen an.

Zeile 23: Zusätzliche Anlagen

Mit der vereinfachten Steuererklärung allein ist es in der Regel nicht getan. Arbeitnehmer brauchen auch die Anlage „Vorsorgeaufwand" (dann das linke Kästchen ankreuzen), um Beiträge zu Renten-, Kranken-, Pflege- und sonstigen Versicherungen geltend zu machen. Bei sonstigen Versicherungen kann es sich zum Beispiel um Risikolebens-, Haftpflicht- oder Unfallversicherungen handeln. Welche Abzugsmöglichkeiten es gibt und wie diese Anlage ausgefüllt wird, finden Sie ab Seite 75. Riester-Sparer brauchen zusätzlich die Anlage AV (AV steht für Altersvorsorgebeiträge; siehe Seite 148) und kreuzen das mittlere Kästchen an. Eltern füllen für jedes Kind eine eigene Anlage Kind aus (siehe Seite 129), kreuzen rechts an und geben rechts daneben die Anzahl der beigefügten Anlagen Kind ein. Wer noch weitere Anlagen braucht, etwa die Anlage U (wie Unterhalt, siehe Seite 151) oder die Anlage KAP (wie Kapitaleinkünfte, siehe Seite 155), kann die vereinfachte Steuererklärung nicht nutzen, sondern muss die „normalen" Formulare samt dem sogenannten Mantelbogen ausfüllen (siehe Seite 39).

Zeile 24 bis 27: Einkünfte & Co.

Weil es bei der vereinfachten Erklärung nur um Einkünfte aus nichtselbstständiger Tätigkeit geht, kann sich das Formular hier kurz fassen. Es genügt die eTIN-Nummer in **Zeile 24**, die Sie auf der Lohnsteuerbescheinigung des Arbeitgebers finden. Der hat dem Amt bereits alle erforderlichen Angaben übermittelt. Ehepaare tragen beide eTIN ein. Übrigens ist „eTIN" die neudeutsche Abkürzung von „electronic Taxpayer Identification Number". Bei Lohnersatzleistungen, etwa Arbeitslosengeld, Kurzarbeiter- oder Mutterschaftsgeld, will das Amt genaue Zahlen wissen (**Zeile 25**). Die ergeben sich aus den jeweiligen Bescheinigungen, zum Beispiel von der Arbeitsagentur, die das Finanzamt tatsächlich auch sehen möchte. Weiteres zu Lohnersatzleistungen finden Sie ab Seite 92 und Seite 203. Ebenfalls nachweispflichtig sind Zeiten der Nichtbeschäftigung als Arbeitnehmer und die Gründe dafür. Das können etwa Ausbildung, Arbeitslosigkeit oder ein Minijob sein. All das gehört in **Zeile 26**. Reicht der Platz nicht aus, hilft ein gesondertes Blatt weiter. **Zeile 27** kreuzen Arbeitnehmer an, die die Arbeitnehmer-Sparzulage für vermögenswirksame Leistungen (VL) beantragen. Sie müssen außerdem die Bescheinigungen der Anbieter beilegen und zusätzlich ganz oben in **Zeile 1** das rechte Kästchen ankreuzen. Weitere Einzelheiten zu vermögenswirksamen Leistungen finden Sie auf Seite 128.

Zeile 31 bis 38: Werbungskosten

Sie können hier Daten zum Arbeitsweg eintragen (**Zeile 31 bis 33**) und zu weiteren Werbungskosten, die in **Zeile 34** genannt werden. Es gibt dabei aber zwei Einschränkungen: Wer Kosten für ein häusliches Arbeitszimmer und/oder für eine doppelte Haushaltsführung geltend machen möchte, kann die vereinfachte Steuererklärung nicht nutzen. In solchen Fällen will das Finanzamt eine reguläre Steuererklärung, also samt Mantelbogen, sehen.

Die Entfernungspauschale bringt 30 Cent Werbungskosten für jeden Kilometer der einfachen Entfernung zwischen Wohnung und Betrieb, und zwar unabhängig davon, wie der Arbeitsweg zurückgelegt wurde, ob zu Fuß, mit Auto, Zug, dem Fahrrad oder welchem Verkehrsmittel auch immer. Wer beispielsweise an 220 Tagen im Jahr mit dem Auto in den 20 Kilometer entfernten Betrieb fährt, kommt auf 1 320 Euro Werbungskosten (220 Tage mal 0,30 Euro mal 20 km) und liegt allein damit über dem Arbeitnehmerpauschbetrag (siehe Seite 31). In **Zeile 31** geht es um die Adresse der Firma, die Zahl der wöchentlichen Arbeitstage und die Ausfalltage durch Urlaub und Krankheit. Jeder Tag, an dem nicht zur Arbeit gefahren wurde, zählt. **Zeile 32** fragt nach der Zahl der Arbeitstage, an denen die Firma tatsächlich aufgesucht wurde und nach der Kilometerzahl der kürzesten einfachen Straßenentfernung. Die kennt das Finanzamt in der Regel ziemlich genau, rundet Stellen hinter dem Komma strikt ab und wird bei Umwegfahrten hellhörig.

	Wege zwischen Wohnung und regelmäßiger Arbeitsstätte (Entfernungspauschale) Regelmäßige Arbeitsstätte in (PLZ, Ort und Straße)					Arbeitstage je Woche	Urlaubs- und Krankheitstage
31	EXPRESSLOGISTIK GmbH, TEMPORING 99, 16540 H. NEUENDORF					5	25
	Arbeitsstätte aufgesucht an	einfache Entfernung	davon mit eigenem oder zur Nutzung überlassenem Pkw zurückgelegt	davon mit Sammelbeförderung des Arbeitgebers zurückgelegt	davon mit öffentl. Verkehrsmitteln, Motorrad, Fahrrad o. Ä., als Fußgänger, als Mitfahrer einer Fahrgemeinschaft zurückgelegt	Behinderungsgrad mind. 70 oder mind. 50 und Merkzeichen „G"	
32	40 2 2 0 Tagen	41 3 5 km	68 3 5 km	78 km	km	36 1 = Ja EUR	
33	Aufwendungen für Fahrten mit öffentlichen Verkehrsmitteln – ohne Flug- und Fährkosten – (Bitte stets die Zeile 32 ausfüllen.)				27		
34	Aufwendungen für Arbeitsmittel, Bewerbungskosten, Fortbildungskosten, Kontoführungsgebühren, Reisekosten bei Auswärtstätigkeiten, Flug- und Fährkosten, Beiträge zu Berufsverbänden – soweit nicht steuerfrei ersetzt – 53					7 5 0	

TIPP

Längere Strecken akzeptiert das Finanzamt in der Regel dann, wenn dadurch die Fahrzeit zwischen Wohnung und Betrieb insgesamt kürzer wird, etwa über eine längere aber schnellere Autobahn oder Umgehungsstraße.

Hinter den weiteren Fragen in **Zeile 32 und 33** stehen Unterschiede bei der Behandlung verschiedener Verkehrsmittel und die besonderen Vorteile für Behinderte. Alle erforderlichen Einzelheiten dazu und weitere Tipps und Hinweise zur Entfernungspauschale finden Sie ab Seite 93. Gleiches gilt für die in **Zeile 34** ausdrücklich genannten weiteren Werbungskosten, etwa die Ausgaben für Arbeitsmittel (zum Beispiel Computer), für Bewerbungen, Fortbildung oder Dienstreisen. Angaben zu den Werbungskosten für die Ehefrau gehören gesondert in die **Zeilen 35 bis 38**.

 TIPP

Ausführliches zur Entfernungspauschale und zu anderen abzugsfähigen Werbungskosten finden Sie ab Seite 92. Wenn Sie in Zeile 31 bis 38 der vereinfachten Erklärung etwas einzutragen haben, lesen Sie vorher bitte dort nach.

Zeilen 39 bis 44: Besonderes und Außergewöhnliches

Hier geht es um private Ausgaben, die als Sonderausgaben oder außergewöhnliche Belastungen steuerlich geltend gemacht werden dürfen (Begriffe siehe Seite 12). Mit der vereinfachten Erklärung lassen sich viele davon absetzen, zum Beispiel die Kirchensteuer, bestimmte Spenden oder Krankheitskosten. Für andere Ausgaben dieser Art, etwa für sämtliche Unterhaltszahlungen, ob als Sonderausgaben oder außergewöhnliche Belastungen, ist die Abgabe der „normalen" Steuererklärung samt den entsprechenden Anlagen erforderlich (siehe ab Seite 44).

In **Zeile 39** gehört die 2011 tatsächlich gezahlte (also auch nachgezahlte) und eventuell erstattete Kirchensteuer. Die im Rahmen der Abgeltungsteuer von der Bank einbehaltene Kirchensteuer hat hier nichts zu suchen. In **Zeile 40** ist unter „Spenden und Mitgliedsbeiträgen zur Förderung steuerbegünstigter Zwecke" vom Mitgliedsbeitrag im Deutschen Roten Kreuz bis zur Unterstützung des örtlichen Karnevalsvereins so ziemlich alles absetzbar. Dafür ist in der Regel die Vorlage einer Spendenbescheinigung erforderlich. Die nennt sich amtlich „Zuwendungsbescheinigung". Bei Spenden bis 200 Euro und in bestimmten anderen Fällen genügt der Kontoauszug (siehe Seite 50). Für Spenden an Parteien, Wählervereinigungen und in das Vermögen von Stiftungen brauchen Sie die ausführliche Steuererklärung. Die vereinfachte Erklärung ist ebenfalls nicht nutzbar für Sonderausgaben wie Berufsausbildungskosten, Unterhaltszahlungen an den Ex-Gatten und für die Zahlung von Renten und dauernden Lasten. Wer sich mit Letzterem herumschlagen muss, braucht nicht nur eine ausführliche Steuererklärung, sondern in der Regel auch einen Lohnsteuerhilfeverein oder Steuerberater (siehe Seite 213). Der für Arbeitnehmer wichtigste Abzugsposten bei den Sonderausgaben – das sind die Beiträge zur Sozialversicherung – gehört nicht hierher, sondern in die Anlage Vorsorgeaufwand. Die muss jeder Arbeitnehmer zusätzlich zur vereinfachten Steuererklärung ausfüllen (siehe Seite 75).

 TIPP

Ausführliche Hinweise zu den Sonderausgaben finden Sie ab Seite 44. Wer dazu in der vereinfachten Erklärung etwas einzutragen hat, sollte unbedingt vorher dort nachlesen.

Im Bereich der außergewöhnlichen Belastungen wird in **Zeile 41** der Behindertenpauschbetrag beantragt. Er beträgt je nach dem

Grad der Behinderung zwischen 310 und 3 700 Euro (siehe Tabelle Seite 233). Der Grad der Behinderung (linkes Kästchen) steht im Ausweis des Versorgungsamts, die Ziffer 1 kommt in das zweite Kästchen von links, wenn das Merkzeichen Bl oder H im Behindertenausweis steht. Die beiden rechten Kästchen gelten für den Behindertenpauschbetrag der Ehefrau. Neben dem Pauschbetrag können Behinderte weitere Ausgaben geltend machen, etwa behinderungsbedingte Fahrtkosten, Umzugs- oder Umbaukosten. Die kommen dann in **Zeile 42**, in der es um sogenannte „allgemeine außergewöhnliche Belastungen" geht. Dazu gehören unter anderem Krankheits-, Kur- und Scheidungskosten. Die sind aber nur steuerlich abzugsfähig, soweit sie einen bestimmten Eigenanteil überschreiten. Der nennt sich „zumutbare Belastung", und richtet sich nach Einkommen und familiärer Situation (siehe Tabelle Seite 234). Wenn zu den Angaben in **Zeile 42** auch Pflegekosten gehören, sollten die in **Zeile 43** nochmals extra aufgeführt werden, weil sie ganz oder teilweise als haushaltsnahe Dienstleistungen Berücksichtigung finden können (siehe Seite 63). Bestimmte außergewöhnliche Belastungen, zum Beispiel Unterhaltszahlungen an Bedürftige bis 8 004 Euro oder der Pflegepauschbetrag von 924 Euro sind nur mittels der vollständigen Steuererklärung absetzbar.

 TIPP

Ausführliche Hinweise zu den außergewöhnlichen Belastungen finden Sie ab Seite 53. Wenn Sie dazu in der vereinfachten Steuererklärung etwas einzutragen haben, sollte Sie vorher dort nachlesen.

Zeile 45 bis 49: Rund um den Haushalt

Wenn Arbeitnehmer für einfache Dienstleistungen im privaten Haushalt eine Firma engagieren, können sie von den Personalkosten bis zu 20 000 Euro im Jahr geltend machen. Dazu gehören

Tätigkeiten wie Kochen, Putzen oder die Betreuung und Pflege von Angehörigen. Von den Ausgaben verringern 20 Prozent, also bis zu 4 000 Euro, unmittelbar die Steuerschuld (20 000 mal 20 Prozent). In gleicher Höhe begünstigt sind übrigens auch private Umzugskosten. In **Zeile 45** tragen Sie Aufwendungen für Hilfen im Haushalt ein, etwa für einen Fensterputzdienst. Pflege- und Betreuungsaufwendungen gehören separat in **Zeile 46**. Zusätzlich können Sie für Handwerkerleistungen und Reparaturen im Haushalt 20 Prozent von maximal 6 000 Euro geltend machen (**Zeile 47**) und dafür eine Steuererstattung von bis zu 1 200 Euro erreichen (6 000 mal 20 Prozent). In **Zeile 48** will das Finanzamt wissen, ob Alleinstehende auch wirklich allein leben. Hintergrund: Haushaltsnahe Dienst- und Handwerkerleistungen fördert das Finanzamt nur einmal pro Haushalt und nicht pro Person. Wer Haushaltshilfen per Minijob oder sozialversicherungspflichtig angestellt hat, braucht eine ausführliche Steuererklärung.

Haushaltsnahe Dienstleistungen und Handwerkerleistungen		18
Steuerermäßigung bei Aufwendungen für		Aufwendungen (abzüglich Erstattungen) EUR
– haushaltsnahe Dienstleistungen, Hilfe im Haushalt		
45 *HAUSWART, TREPPENREINIGUNG (s. ANLAGE)*	210	*2 1 0,–*
– Pflege- und Betreuungsleistungen im Haushalt; in Heimunterbringungskosten enthaltene Aufwendungen für Dienstleistungen, die denen einer Haushaltshilfe vergleichbar sind (soweit nicht bereits in Zeile 42 berücksichtigt)		
46	213	,
– Handwerkerleistungen für Renovierungs-, Erhaltungs- und Modernisierungsmaßnahmen (ohne öffentlich geförderte Maßnahmen, für die zinsverbilligte Darlehen oder steuerfreie Zuschüsse in Anspruch genommen werden)		
47 *MALERARBEITEN (s. ANLAGE)*	214	*4 3 0,–*

TIPP

Ausführliche Hinweise zu den haushaltsnahen Dienst- und Handwerkerleistungen finden Sie ab Seite 63. Wer in der vereinfachten Erklärung dazu etwas einzutragen hat, sollte vorher dort nachlesen.

Vergessen Sie vor lauter Begeisterung über das geschaffte Formular nicht die Unterschrift(en) in **Zeile 49**, denn ohne die ist auch eine vereinfachte Steuererklärung unwirksam.

Hauptbogen: Mantel für alles

Wer keine „Vereinfachte Steuererklärung für Arbeitnehmer" (siehe ab Seite 29) abgeben kann oder darf, braucht das vierseitige Formular mit der Amtsbezeichnung „ESt 1 A". Es heißt auch Hauptbogen oder Mantelbogen, weil es die beigefügten Anlagen wie ein Mantel umschließen kann (siehe auch das ausgefüllte Musterformular Seite 250).

Zeile 1 bis 6: Anträge, Nummern, Adressen

In **Zeile 1** machen Sie in das linke Kästchen ein Kreuz, wenn es um die Abgabe der Einkommensteuererklärung geht. Das rechte Kästchen wird markiert, wenn (auch oder nur) eine Arbeitnehmersparzulage beantragt wird. Einzelheiten zur Arbeitnehmer-Sparzulage finden Sie auf Seite 128.

Zeile 2 kreuzen kirchensteuerpflichtige Menschen links an, wenn die Bank von ihren Zinsen oder anderen Kapitalerträgen im Jahresverlauf keine Kirchensteuer einbehalten hat. Die muss auf diesem Weg nachträglich berechnet werden. Hat die Bank laut ihren Abrechnungen Kirchensteuer einbehalten, bleibt dieses Kästchen frei. Verluste aus nichtselbstständiger Tätigkeit sind zwar selten, wenn Arbeitnehmer trotzdem welche hatten, etwa wegen vorweggenommener Werbungskosten (siehe Seite 72), kreuzen sie das rechte Kästchen an. Sie sollten sich bei Einzelheiten der Verlustverrechnung oder -verteilung möglichst von einem Steuerprofi helfen lassen (siehe auch Seite 213).

Zeile 3 fragt nach der Steuernummer. Wer noch keine hat, schreibt gar nichts oder „NEU" hinein. Die persönliche Identifikationsnummer (**Zeile 4**) müsste inzwischen jedem bekannt sein. Sie findet sich normalerweise auch auf der Lohnsteuerbescheinigung. **Zeile 5** fragt nach dem Amt, in dessen Amtsbezirk Sie zum Zeitpunkt der Abgabe der Steuererklärung wohnen. **Zeile 6** müssen Sie nur ausfüllen, wenn Sie seit Ihrer letzten Steuererklärung umgezogen sind.

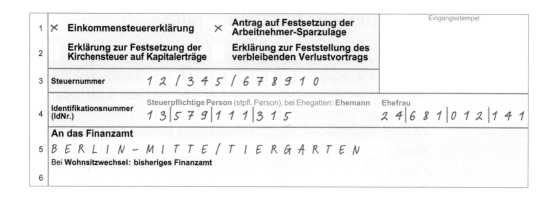

Zeile 7 bis 18: Allgemeine Angaben

Die Zeilen zu Name und Anschrift erklären sich selbst. Ehepaare sollten darauf achten, dass dem Ehemann die **Zeilen 7 bis 13** zustehen. Auch wenn die Ehefrau die einzige Steuereinnahmequelle der Familie sein sollte, kommt sie erst danach. Die Angabe der Telefonnummer in **Zeile 7** ist freiwillig, kann aber die Bearbeitung beschleunigen. Eine Zugehörigkeit zu Religionen wird gegebenenfalls rechts in den **Zeilen 11 und 17** mit den dort abgedruckten Abkürzungen markiert. Weitere Abkürzungen stehen in der „Anleitung zur Einkommensteuererklärung" des Finanzamts, die den Formularen in der Regel beigefügt sind. **Zeile 13** betrifft nur bestehende oder gewesene Ehepaare. Wer ganz rechts (dauernd getrennt) ein Datum vor Neujahr 2011 einträgt, wird wie ein Lediger besteuert und büßt die Steuervorteile Verheirateter ein (siehe Seite 206).

 TIPP

Hat ein Ehepaar sich 2011 getrennt, aber dann doch noch mindestens einen Tag zusammengelebt oder 2011 einen Versöhnungsversuch unternommen, trägt es das Trennungsdatum von 2011 ein und kann für 2011 eine gemeinsame Steuererklärung abgeben.

Zeile 19: Für Ehepaare

Ehepaare entscheiden selbst, ob sie eine gemeinsame Steuererklärung abgeben wollen (dann ganz links „Zusammenveranlagung" ankreuzen), oder ob jeder Ehepartner eine eigene Erklärung abgibt (dann „Getrennte Veranlagung" markieren). In der Regel ist eine gemeinsame Erklärung vorteilhaft. Nur in bestimmten Fällen können Ehepaare getrennt besser fahren, zum Beispiel, wenn einer der Partner höheres Arbeitslosengeld I, steuerfreie Auslandseinkünfte oder eine Abfindung erhalten hat.

Auch Nebeneinkünfte bis 410 Euro oder steuerliche Verluste können für eine getrennte Veranlagung sprechen. In solchen Fällen sollte vor dem Ankreuzen eine Vergleichsrechnung gemacht oder gleich ein Steuerprofi befragt werden. Gleiches gilt, bevor die „Besondere Veranlagung für das Jahr der Eheschließung" angekreuzt wird. Ist ein Ehepartner 2011 verstorben, kann der andere für die Jahre 2011 und 2012 noch ehebedingte Steuervorteile nutzen, zum Beispiel den Ehepaaren vorbehaltenen sogenannten „Splittingtarif". Das funktioniert aber nur, wenn beide zum Todeszeitpunkt nicht getrennt gelebt haben und läuft unter dem etwas seltsamen Begriff „Gnadensplitting". Ab Seite 206 lesen Sie mehr zur Besteuerung von Ehepaaren.

 TIPP

Ehepaare können noch im Nachhinein entscheiden, ob sie eine gemeinsame oder zwei getrennte Erklärungen abgeben möchten. Wenn sie gegen ihren Steuerbescheid Einspruch einlegen und die für sie günstigere Variante beantragen, erlässt das Finanzamt einen neuen oder zwei neue Bescheide.

Zeile 20 bis 28: Bank und Steuerprofi

Tragen Sie in **Zeile 20 bis 24** immer Ihre aktuelle Bankverbindung ein, denn Steuererstattungen gibt es nur per Überweisung. Hat sich die Bankverbindung nach Abgabe der Steuererklärung verändert, sollten Sie das dem Finanzamt zügig schriftlich mitteilen. Ansonsten erreicht Sie eine Steuererstattung nicht oder nur mit Verzögerung. Füllen Sie die **Zeilen 25 bis 28** nur aus, wenn der Steuerbescheid nicht an Sie, sondern an jemand anderen geschickt werden soll, zum Beispiel an den von Ihnen beauftragten Steuerberater oder Lohnsteuerhilfeverein.

Auch wenn der Steuerbescheid nicht an Ihre oben angegebene Wohnadresse gehen soll, zum Beispiel weil Sie sich woanders aufhalten werden, können Sie hier die entsprechende Adresse eingeben.

Zeile 31 bis 40: Anlagen aller Art

Arbeitnehmer brauchen zusätzlich zum Mantelbogen in der Regel nur wenige Anlagen. Welche das sind, entscheidet sich hier. In den **Zeile 31 bis 38** wird nach den verschiedenen Einkünften gefragt. Sollten Sie vor dem Ankreuzen weitere Informationen dazu brauchen, finden Sie die in diesem Buch bei den ausführlichen Hinweisen zu den entsprechenden Anlagen.

Arbeitnehmer kreuzen auf jeden Fall **Zeile 34** an (Anlage N, wie „nichtselbstständig"). Sind beide Ehepartner Arbeitnehmer, müssen sie zweimal ein Kreuzchen machen und jeder der beiden gibt eine eigene Anlage N ab. Auch Pensionen, die der Ex-Arbeitgeber zahlt, gelten als Arbeitslohn und gehören auf die Anlage N.

Wer noch andere Einkünfte hat, muss eventuell weitere Anlagen markieren. Ein Arbeitnehmer, der beispielsweise neben dem Job noch Versicherungen oder Wein verkauft, ist gewerblich tätig und markiert **Zeile 32** (Anlage G). Hält ein angestellter Lehrer nebenbei Vorträge oder schreibt Zeitungsartikel, ist er in der Regel selbstständig tätig und kreuzt **Zeile 33** an (Anlage S). „Sonstige Einkünfte" (**Zeile 37**) meint vor allem Renten und Einkünfte aus privaten

Verkäufen, etwa von Grundstücken, Gold oder Kunstsammlungen (Anlage SO). Der private Verkauf von Gebrauchsgegenständen, etwa eines Autos, hat übrigens keine steuerlichen Folgen mehr, wenn der Gegenstand nach dem 13. Dezember 2010 angeschafft und verkauft worden ist. Eine Anlage KAP (**Zeile 35**) ist im Prinzip nur noch erforderlich, wenn Zinsen und andere Kapitaleinkünfte oberhalb des Sparerpauschbetrags von 801 Euro (Alleinstehende) oder 1 602 Euro (Ehepaare) kassiert wurden, von denen keine Abgeltungsteuer einbehalten wurde. Warum ein Kreuz hier trotzdem notwendig oder sinnvoll sein kann, lesen Sie ab Seite 155.

34	Nichtselbständige Arbeit	☒ lt. **Anlage N**	für steuerpflichtige Person (bei Ehegatten: Ehemann)	☒ lt. **Anlage N** für Ehefrau
35	Kapitalvermögen	☒ lt. **Anlage KAP**	für steuerpflichtige Person (bei Ehegatten: Ehemann)	☒ lt. **Anlage KAP** für Ehefrau
36	Vermietung und Verpachtung	lt. **Anlage(n) V**	Anzahl	

Nicht alle Einkünfte, die Arbeitnehmer neben ihrem Lohn einnehmen, sind steuerpflichtig. Sie dürfen Nebeneinkünfte bis 410 Euro im Jahr steuerfrei erhalten. Die lösen keine Erklärungspflicht aus, gehören aber in die Steuererklärung, wenn (aus welchem Grund auch immer) sie abgegeben wird. Da es um Einkünfte geht, können die Einnahmen oder Umsätze höher liegen als 410 Euro, denn Werbungskosten und Betriebsausgaben werden abgezogen. Erhält etwa ein Arbeitnehmer mit einem selbstständigen Nebenjob 500 Euro im Jahr, hat dafür aber 100 Euro abzugsfähige Ausgaben (Büromaterial, Reisekosten usw.), kommt er auf 400 Euro Einkünfte. Die bleiben steuerfrei und lösen allein keine Erklärungspflicht aus.

 TIPP

Arbeitnehmer können Nebeneinkünfte bis 410 Euro im Jahr steuerfrei einnehmen und brauchen dafür keine Steuererklärung. Nebeneinkünfte bis 820 Euro bleiben teilweise steuerfrei, machen aber eine Steuererklärung erforderlich (siehe Seite 197).

Bei einigen Anlagen zur Steuererklärung wird zusätzlich nach ihrer Anzahl gefragt. Das gilt zum Beispiel für Anlage V (Vermietung und Verpachtung) in **Zeile 36**, weil das Amt für jedes einzelne vermietete Objekt eine Anlage V sehen will. Mehrere Exemplare können auch für die in **Zeile 39** aufgeführten Anlagen Kind (für jedes Kind eine), AUS (ausländische Einkünfte) und FW (Förderung des Wohneigentums) auszufüllen sein. Die Anlage Vorsorgeaufwand (**Zeile 40**) müssen Arbeitnehmer immer ankreuzen, denn hier geht es unter anderem um Beiträge zur Renten-, Kranken- und Pflegeversicherung und die kann wohl jeder Arbeitnehmer geltend machen. Arbeitnehmer, die in eine Riester-Rente einzahlen, kreuzen noch die Anlage AV (wie Altersvorsorge) an.

Zeile 41 bis 57: Sonderausgaben

Die für Arbeitnehmer wichtigsten Sonderausgaben sind in der Regel die Beiträge zur Sozialversicherung. Die gehören aber nicht hierher, sondern, wie zuvor erwähnt, in die Anlage Vorsorgeaufwand. Es gibt darüber hinaus aber eine ganze Reihe von Sonderausgaben, die die magere Pauschale von 36 Euro pro Person und Jahr übersteigen. Für Ehepaare sind es pauschal 72 Euro. Dazu gehören beispielsweise Ausgaben für eine Berufsausbildung, Spenden oder die Kirchensteuer.

Zeile 41 bis 42: Zahlungen an andere

Hier geht es um Versorgungsleistungen, die in Form einer gleich bleibenden Rente (**Zeile 41**) oder einer veränderbaren sogenannten „dauernden Last" (**Zeile 42**) gezahlt werden. Solche Leistungen sind beim Zahler teilweise oder ganz als Sonderausgaben abzugsfähig. Oft stehen sie im Zusammenhang mit Vermögensübertragungen innerhalb der Familie. Immer geht es dabei aber um Konstruktionen und Verträge, bei denen verzwickte steuerliche Bestimmungen eine Rolle spielen. Arbeitnehmer, die sich damit plagen, sollten unbedingt einen Steuerprofi konsultieren, bevor sie solche Leistungen

vereinbaren und hier erstmals eintragen. Das Finanzamt will in der Regel auch die entsprechenden Verträge als Nachweise sehen.

Zeile 43 bis 45: Unterhalt für Ex-Gatten

Hier dreht sich alles einzig und allein um den Ex-Gatten und nicht um die gemeinsamen Kinder. Wer vom Gericht zum Versorgungsausgleich mit dem geschiedenen Ehegatten verpflichtet wurde, kann seit 2010 in **Zeile 43** die Ausgleichszahlungen eintragen. Dieser Sonderausgabenabzug ist in der Höhe unbegrenzt. Unabhängig davon dürfen weiterhin jährlich bis zu 13 805 Euro Unterhaltszahlungen an den geschiedenen oder getrennt lebenden Ehegatten abgesetzt werden (**Zeile 44**). Das geht aber nur mit Zustimmung des Unterstützten, denn bei ihm ist der Unterhalt (wie die Ausgleichszahlung) steuerpflichtig, und er muss die erforderliche Anlage U mit unterschreiben. Zur Kontrolle will das Finanzamt hier die Identifikationsnummer des Unterstützten sehen.

  Zeile 45 fragt nach den vom Unterstützer übernommenen Beiträgen zur Kranken- und Pflegeversicherung des Ex-Gatten. Die sind seit 2010 zusätzlich zum Unterhalt absetzbar, und zwar in unbegrenzter Höhe. Die Beiträge zur Kranken- und Pflegeversicherung des Ex-Gatten sind Teil des Gesamtbetrags in **Zeile 44**, sollen aber im linken Kästchenfeld der **Zeile 45** noch einmal separat erscheinen. Weil von diesen Beiträgen ein kleiner Teil nicht als Sonderausgaben abzugsfähig ist, fragt das rechte Kästchenfeld ausdrücklich nach den links bereits enthaltenen Krankenversicherungsbeiträgen, die einen „Anspruch auf Krankengeld" auslösen. Das wäre beispielsweise der Fall, wenn die Ex-Gattin Arbeitnehmerin ist. Handelt es sich beim Ex-Gatten aber zum Beispiel um einen Rentner,

hat der in der Regel keinen Krankengeldanspruch, und das rechte
Feld bleibt frei (siehe ab Seite 76).

 TIPP

Es gibt eine weitere Möglichkeit, den Ex-Gatten steuerbegünstigt zu unterstützen: Sie können dabei bis zu 8 004 Euro im Jahr
geltend machen, allerdings nicht als Sonderausgaben an dieser
Stelle, sondern als außergewöhnliche Belastung. Diese Unterstützung bleibt beim Ex-Gatten steuerfrei und Sie können sich
und ihm die Anlage U sparen, müssen aber die Anlage Unterhalt ausfüllen (siehe Seite 45 und 151).

Zeile 46: Kirchensteuer

In das linke Zahlenfeld gehört die tatsächlich gezahlte Kirchensteuer, einschließlich aller im Jahr 2011 geleisteter Voraus- oder
Nachzahlungen. Das rechte Zahlenfeld gilt für eventuell erhaltene
Erstattungen. Freiwillige Beiträge oder Zahlungen an Kirchen sind
nicht hier, sondern unter Spenden (**Zeile 49**) einzutragen. Kirchensteuer auf Zinsen und andere Kapitaleinkünfte, die die Banken im
Rahmen der Abgeltungsteuer bereits an das Finanzamt abgeführt
haben, gehören nicht hierher (siehe Seite 159).

 TIPP

Voraussichtlich ab Ende 2014 teilt die Verwaltung den Banken
die Religionszugehörigkeit ihrer kirchensteuerpflichtigen Kunden verschlüsselt mit. Die Banken berücksichtigen den Kirchen-
steuerabzug für alle Kunden auf dieser Grundlage automatisch.
Damit entfällt die Nacherklärungspflicht der Kirchensteuer auf
solche Zinsen über die Anlage KAP.

Auf Antrag kappen viele Kirchenbehörden bei hohen Einkünften die Kirchensteuer bei 3 bis 4 Prozent des zu versteuernden Einkommens. Einmalige Abfindungen führen manchmal zur Erstattung von Kirchensteuern. Eine Nachfrage bei Ihrer Kirche bringt Klarheit und eventuell weniger Steuerbelastung.

			2011 gezahlt		2011 erstattet	
46	**Kirchensteuer** (soweit diese nicht als Zuschlag zur Abgeltungsteuer gezahlt wurde)	103	2 4 6 ,—	104		1 2 ,—
47	Aufwendungen für die eigene **Berufsausbildung der stpfl. Person / des Ehemannes** Bezeichnung der Ausbildung, Art und Höhe der Aufwendungen ABITURKURS (SIEHE ANLAGE)			200		7 3 4 ,—

Zeile 47 bis 48: Berufsausbildung

Im richtigen Leben liegen die Begriffe Ausbildung und Fortbildung eng beieinander. Das Steuerrecht errichtet dazwischen eine Mauer. Die Verwaltung versteht an dieser Stelle unter „Berufsausbildung" eine erste Ausbildung (etwa den Besuch einer allgemein bildenden Schule oder ein Erststudium. Fortbildung heißt hingegen Weiterlernen nach einer Erstausbildung, etwa ein Studium nach abgeschlossener Berufsausbildung, ein Zweitstudium, Umschulungen oder Weiterbildungen. Die lebensfremde Grenze lässt sich in der Praxis nicht immer genau bestimmen. Denn was gilt überhaupt als Ausbildung, wann und wie wurde sie abgeschlossen, unterbrochen oder wieder aufgenommen, dient ihr Zweck der Erwerbstätigkeit oder dem Privatvergnügen? Das sind nur einige der Fragen, um die Bürger und Verwaltung ständig streiten. In aktuellen Urteilen hat der Bundesfinanzhof entschieden, dass Kosten für eine Erstausbildung oder für ein Erststudium Werbungskosten sein können (siehe Seite 106). Wie die Verwaltung darauf reagiert, stand zu Redaktionsschluss noch nicht fest.

Letztlich geht es darum, wie und vor allem in welcher Höhe Bildungsausgaben steuerlich geltend gemacht werden dürfen. Ausbildungskosten sind für den Fiskus grundsätzlich Privatsache. Sie dürfen aber immerhin bis zu 4 000 Euro pro Person und Jahr als Sonderausgaben abgesetzt werden. Dagegen können Arbeitneh-

mer Fortbildungsausgaben in unbegrenzter Höhe als Werbungskosten in der Anlage N eintragen. Ausbildungskosten haben einen
weiteren Nachteil: Sie wirken sich nur in dem Jahr steuerlich aus,
in dem sie entstanden sind. In Ausbildungsphasen sind aber oftmals keine oder nur geringe steuerpflichtige Einkünfte vorhanden.
Somit können Ausbildungskosten nur zu einer geringen oder zu
gar keiner Steuerentlastung führen. Wo nichts ist, kann bekanntlich nichts gespart werden, und das gilt auch für die Steuer. Fortbildungskosten funktionieren grundsätzlich anders: Sie können als
sogenannte „vorweggenommene Werbungskosten" zu steuerlich
anerkannten Verlusten führen. Solche Verluste müssen nicht zwin-
gend mit Einkünften desselben Jahres ausgeglichen werden. Sie
lassen sich mit positiven Einkünften anderer Jahre steuersparend
verrechnen.

 TIPP

Schreiben Sie die Ausgaben für eine erste Berufsausbildung
oder für ein Erststudium als Werbungskosten in die Anlage N
und legen Sie unter Berufung auf aktuelle Urteile des Bundesfinanzhofs Einspruch ein, wenn das Amt die Anerkennung
verweigert (siehe Seite 106).

Wenn Arbeitnehmer Ausgaben für teure und langwierige Bildungsmaßnahmen als Werbungskosten absetzen können, ist das in der
Regel steuerlich vorteilhafter als ein Sonderausgabenabzug. Geht
es aber um „geringere" Beträge, kann es manchmal sinnvoller sein,
den Sonderausgabenabzug zu nutzen, denn der wirkt sich vom
ersten Euro an bis 4 000 Euro im Jahr steuersenkend aus. Dagegen
können relativ geringe Fortbildungsausgaben als Werbungskosten
ohne Entlastungswirkung teilweise oder ganz im Arbeitnehmerpauschbetrag „verschwinden".
    Ausbildungskosten sind ein weit gefasster Begriff. Dazu gehören
zum Beispiel Gebühren für Kurse und Prüfungen, Ausgaben für

Fachbücher, einen Computer oder Laptop und andere Arbeitsmittel, für Kopien und Schreibwaren, für Fahrten zwischen Wohnung und Ausbildungsstätte, Übernachtung und Verpflegung. Auch Kosten für ein häusliches Arbeitszimmer können in bestimmten Fällen bis zu 4000 Euro pro Jahr abzugsfähig sein (siehe auch Seite 108).

Bei Ehepaaren macht jeder Partner seine eigenen Ausbildungskosten geltend. Der Ehemann füllt **Zeile 47** aus, die Ehefrau **Zeile 48**. Unter dem Strich kann damit ein Ehepaar bis zu 8000 Euro Ausbildungskosten absetzen. Es gibt aber keine Zusammenrechnung. Hatte beispielsweise ein Partner 6000 Euro Ausbildungskosten im Jahr und der andere hatte keine, berücksichtigt das Finanzamt nur den Höchstbetrag von 4000 Euro pro Jahr für einen der beiden als Sonderausgaben.

Ausbildungskosten sind nur absetzbar, wenn eine Ausbildung auf beruflich verwendbare Kenntnisse und Fertigkeiten gerichtet ist. Auch das ist nicht immer eindeutig, und vor Gericht wird so häufig wie heftig darum gestritten. Aber für erkennbare Hobby-Veranstaltungen wie „Töpfern in der Toskana", „Kung Fu für den Hausgebrauch" oder „Molekularküche des Berliner Eisbeins" gibt es mit ziemlicher Sicherheit keinen Sonderausgabenabzug.

Zeile 49 bis 57: Spenden

Absetzbar sind zunächst Spenden „zur Förderung steuerbegünstigter Zwecke" (**Zeile 49**). Hinter dieser Formulierung verbirgt sich so ziemlich alles von Kultur und Bildung über Jugend und Sport bis hin zu Denkmalschutz, Heimatpflege, Hundezucht oder Karneval.

Arbeitnehmer dürfen Spenden grundsätzlich bis zu einer Höhe von 20 Prozent des Gesamtbetrags der Einkünfte (siehe Seite 12) absetzen. Wenn spendable Arbeitnehmer dem guten Zweck noch mehr geopfert haben, berücksichtigt das Finanzamt den übersteigenden Betrag in späteren Jahren. Dieser sogenannte „Spendenvortrag" war früher Großspendern vorbehalten, jetzt dürfen ihn alle nutzen.

Zum Beispiel das Ehepaar D. Dorothea und Daniel D. sind beide Arbeitnehmer und haben zusammen 40 000 Euro Jahreseinkünfte. Sie dürfen 20 Prozent davon, also 8 000 Euro, als Sonderausgaben geltend machen. Dieses Jahr waren Not und Spendenbereitschaft besonders groß. Das Ehepaar D. spendete 5 000 Euro an das Deutsche Rote Kreuz und 3 000 Euro an den örtlichen Sportverein. Im Dezember stand der Pfarrer auf der Matte und bat um eine Spende für die einsturzgefährdete Dorfkirche. Dorothea und Daniel gaben ihm einen Scheck über 2 000 Euro. Sie schreiben 10 000 Euro in ihre Steuererklärung, davon akzeptiert das Finanzamt in diesem Jahr 8 000 Euro als abzugsfähige Sonderausgaben (20 Prozent von 40 000). Die verbleibenden 2 000 Euro trägt das Amt von sich aus vor: Sie können im nächsten oder in den folgenden Jahren geltend gemacht werden.

Für die steuerliche Anerkennung der Spende ist grundsätzlich die Bestätigung des Empfängers nach amtlichem Muster im Original erforderlich, eine sogenannte „Zuwendungsbescheinigung". Für Spenden bis 200 Euro reicht der Kontoauszug mit dem vorgedruckten Überweisungsbeleg. Der Kontoauszug genügt auch für höhere Beträge in Katastrophenfällen, wenn auf bestimmte Sonderkonten gespendet wurde.

	Spenden und Mitgliedsbeiträge (ohne Beträge in den Zeilen 53 bis 56)		lt. beigef. Bestätigungen EUR		lt. Nachweis Betriebsfinanzamt EUR	
49	– zur Förderung steuerbegünstigter Zwecke	123	*1 0 0 0 0,—*	124		,—
50	in Zeile 49 enthaltene Zuwendungen an Empfänger im EU- / EWR-Ausland	125	,—	126		,—
51	– an politische Parteien (§§ 34g, 10b EStG)	127	,—	128		,—

Auch gespendete Sachen wie Kleider, Möbel oder Bücher sind absetzbar, wenn sich der Wert der Gegenstände plausibel ermitteln lässt (da reicht meist schon eine nachvollziehbare Schätzung). Gleiches gilt für erbrachte Leistungen, zum Beispiel, wenn unter Verzicht auf rechtlich zustehenden Kostenersatz Pkw-Fahrten für den Verein unternommen oder Kinder aus Katastrophengebieten beherbergt und versorgt wurden. Als Beleg für den Pkw-Einsatz können Listen über die Fahrten dienen, die dann wie bei Dienstfahrten abgerechnet werden (siehe Seite 119). Für Katastropheneinsätze stellt die entsprechende Organisation eine Bescheinigung aus.

 TIPP

Mitgliedsbeiträge für manche gemeinnützige Organisationen, etwa für das Deutsche Rote Kreuz oder für Kulturfördervereine, sind als Spenden absetzbar. Erkundigen Sie sich bei Ihrer Organisation, ob das auch für sie zutrifft! In Zweifelsfällen kann auch das Finanzamt Auskunft geben.

Steuerbegünstigte Spenden schreiben Arbeitnehmer in **Zeile 49** in das linke Zahlenfeld. Spenden an Empfänger in der EU und im Europäischen Wirtschaftsraum (EWR) werden in **Zeile 50** in diesem Jahr erstmals gesondert abgefragt.

Mitgliedsbeiträge und Spenden an politische Parteien und unabhängige Wählervereinigungen dürfen zusätzlich zu den bisher behandelten Spenden abgesetzt werden und sie folgen anderen Regeln. Bei Ledigen drücken bis zu 1 650 Euro, bei Ehepaaren bis zu 3300 Euro zur Hälfte direkt die Steuerschuld. Es kommt also zu Steuererstattungen bis 825/1 650 Euro. Höhere Spenden können wiederum bis zu 1 650 beziehungsweise 3 300 Euro zusätzlich als Sonderausgaben abgesetzt werden. Spendet zum Beispiel ein Lediger 2 000 Euro an eine Partei, bekommt er dafür zunächst eine Steuererstattung und zahlt 825 Euro weniger Steuern (50 Prozent von maximal 1 650). Zusätzlich darf er den noch nicht berücksichtigten Teil seiner Parteispende, das sind 350 Euro, als Sonderausgaben geltend machen (2 000 minus 1 650). Parteispenden und Spenden an unabhängige Wählervereinigungen gehören in **Zeile 51** beziehungsweise in **Zeile 52.**

In **Zeile 53 bis 57** geht es um Zuwendungen an bestimmte Stiftungen. Hier ist es ratsam, direkt einen Steuerberater oder Lohnsteuerhilfeverein zu konsultieren. Das gilt auch für Großspenden, die oberhalb der 20-Prozent-Grenze liegen.

Bei der Berechnung des abzugsfähigen Spendenvolumens von 20 Prozent der Einkünfte berücksichtigt das Finanzamt (2011 noch) die Einkünfte aus Kapitalvermögen, die der Abgeltungsteuer unterlegen haben. Sie werden in **Zeile 57** abgefragt, weil sie das Spendenvolumen erhöhen, und zwar ohne dass dadurch die Abgabe einer Anlage KAP fällig wird. Das wird sich ab 2012 ändern (siehe Seite 228). Kapitaleinkünfte, die auf der Anlage KAP stehen, erhöhen den Gesamtbetrag der Einkünfte und damit das abzugsfähige Spendenvolumen in jedem Fall und auch weiterhin.

 TIPP

Auch Spenden an förderwürdige Einrichtungen, die sich außerhalb Deutschlands in der EU und im Europäischen Wirtschaftsraum befinden, können Sonderausgaben sein. Hier gelten aber Zusatzbestimmungen, die Sie bei einem Steuerprofi oder im Finanzamt erfragen sollten.

Sogenannte „private Steuerberatungskosten" sind seit 2006 nicht mehr als Sonderausgaben absetzbar. Es handelt sich dabei etwa um Beratungskosten für die Erarbeitung der Anlage Kind oder des Mantelbogens. Diese Regelung ist umstritten. Legen Sie deshalb dem Mantelbogen eine formlose Aufstellung solcher Kosten bei und bitten Sie um deren Berücksichtigung. Das wird das Amt zwar ablehnen, aber der Steuerbescheid bleibt in dieser Sache bis auf weiteres ohnehin offen (siehe Seite 214).

Zeile 61 bis 73: Außergewöhnliche Belastungen

Hinter dem Begriff der außergewöhnlichen Belastungen verbirgt sich eine Sammlung privater Ausgaben, die steuerlich ganz oder teilweise absetzbar sind. Doch so außergewöhnlich ist das nicht, geht es doch zum Beispiel um Krankheitskosten, die Unterstützung Bedürftiger, Ausgaben für Behinderung, Scheidung oder Pflege.

Zeile 61 bis 64: Behinderung

Hier beantragen Sie den sogenannten Behindertenpauschbetrag. Je nach Grad der Behinderung gewährt das Finanzamt einen pauschalen Freibetrag zwischen 310 und 3 700 Euro jährlich (siehe Tabelle Seite 233). Verheiratete füllen diese Zeilen getrennt aus. In die **Zeilen 61 und 64** gehören die Ausstellungs- und Gültigkeitsdaten der entsprechenden Dokumente (zum Beispiel Ausweis des Versorgungsamts) sowie der Grad der Behinderung, der auf ihnen vermerkt ist. Legen Sie bei einer erstmaligen Beantragung eines Behindertenpauschbetrags eine Kopie des Dokuments bei. In die kleinen Kästchen in **Zeile 62 und 64** gehört die Ziffer „1", wenn die entsprechenden Merkzeichen vorliegen. Merkzeichen Bl oder H auf dem Ausweis steht für blind oder hilflos, Merkzeichen G und aG (außergewöhnliche Gehbehinderung) bedeuten geh- und stehbehindert. Neben dem Behindertenpauschbetrag kann hier auch ein Pauschbetrag für Hinterbliebene beantragt werden (linkes Kästchen in **Zeile 62 und 64**. Er beträgt 370 Euro und steht Menschen zu, denen aufgrund ganz bestimmter gesetzlicher Regelungen Hinterbliebenenbezüge gewährt werden, zum Beispiel nach einem Dienstunfall eines Beamten.

Pauschbeträge gewährt das Finanzamt grundsätzlich erst ab 50 Grad Behinderung. Es gibt aber Ausnahmen, zum Beispiel bei einer Behinderung wegen einer typischen Berufskrankheit oder wenn wegen der Behinderung ein gesetzlicher Anspruch auf Rente besteht. Ob im konkreten Fall Ausnahmen zutreffen, klärt eine Nachfrage beim Finanzamt.

TIPP

Viele Arbeitnehmer mit erheblichen Gesundheitsproblemen wissen gar nicht, dass ihnen eigentlich ein Behindertenpauschbetrag zusteht. Fragen Sie Ihren behandelnden Arzt, ob und wie ein Antrag Erfolgsaussichten hat.

Neben dem Behindertenpauschbetrag können Behinderte weitere Ausgaben geltend machen, zum Beispiel für andere Krankheitskosten und für Kfz-Kosten: ohne Nachweis 900 Euro (ab 80 Grad oder 70 Grad und Merkzeichen G), mit Nachweis bis 4 500 Euro (Merkzeichen aG, Bl, H) sowie für die behindertengerechte Umrüstung eines Kfz oder den ebensolchen Umbau eines Hauses. Das gilt auch für bestimmte Kosten einer Begleitperson im Urlaub. Diese Aufwendungen gehören in **Zeile 68 bis 70**. Anstelle des Behindertenpauschbetrags können dort auch die tatsächlich nachgewiesenen Kosten der Behinderung geltend gemacht werden (weitere Einzelheiten siehe ab Seite 58). Um die Steuervorteile für Menschen mit Behinderungen auszuschöpfen, Alternativen abzuwägen und Fehler zu vermeiden, kann es zweckmäßig sein, zumindest beim ersten Ausfüllen einer Steuererklärung professionelle steuerliche Hilfe zu nutzen.

TIPP

Der Behindertenpauschbetrag eines Kindes kann auf die Eltern übertragen werden. Das geschieht aber nicht hier, sondern auf der Anlage Kind (siehe Seite 143).

Zeile 65 bis 66: Pflegepauschbetrag

Wer eine andere Person in seiner Wohnung oder in deren Wohnung kostenlos pflegt, kann einen Pflegepauschbetrag von 924 Euro im Jahr erhalten. Dafür gibt es aber eine Reihe von Voraussetzungen: Die Pflege muss persönlich geleistet werden (eine Unterstützung durch einen ambulanten Pflegedienst schadet aber nichts). Der Gepflegte muss hilflos sein (Merkmal H) oder die Pflegestufe III haben.

Den Freibetrag erhalten übrigens nicht nur Menschen, die unterhaltsberechtigte Angehörige pflegen. Es gibt ihn auch, wenn andere Verwandte, Lebenspartner, Freunde oder Nachbarn gepflegt werden. In diesen Fällen muss der Pflegende begründen, dass er die Pflege aus tatsächlichen oder sittlichen Gründen übernehmen musste. Sind mehrere Menschen an der Pflege einer Person beteiligt, zum Beispiel wenn Geschwister die Mutter gemeinsam pflegen, wird der Freibetrag nach der Anzahl der beteiligten Personen aufgeteilt. Den Pflegepauschbetrag gibt es übrigens auch, wenn die zu pflegende Person in einem Heim untergebracht ist und nur an Wochenenden zu Hause gepflegt wird.

In **Zeile 65** werden die Angaben zum Nachweis der Hilflosigkeit abgefragt. Der Nachweis muss dem Erstantrag beiliegen: Linkes Kästchen ankreuzen und Kopie des Belegs nicht vergessen! Bei späteren Steuererklärungen genügt dann ein Kreuz im rechten Kästchen. In **Zeile 66** gehören neben den Angaben zur gepflegten Person auch eventuelle „Mitpfleger". Genügt der Platz dafür nicht, kommen weitere Angaben formlos auf ein Extrablatt.

Zeile 67: Unterhalt an Bedürftige

Für den Unterhalt an unterhaltsberechtigte Verwandte, zum Beispiel Kinder, Enkel, Eltern oder eingetragene Lebenspartner, gilt ein Höchstbetrag von 8 004 Euro. Es geht dabei um Hilfe zum Lebensunterhalt, etwa für Nahrung, Kleidung, Unterkunft oder Ausbildung. Diese Abzugsmöglichkeit ist neben der Unterhaltsverpflich-

tung an weitere Voraussetzungen gebunden, vor allem muss der Empfänger „bedürftig" sein. Er darf zum Beispiel kein eigenes Vermögen über 15 500 Euro haben. Selbstgenutztes Wohneigentum spielt aber bei dieser Höchstgrenze keine Rolle, wenn es der Situation angemessen und kein „Palast" ist. Auch das eigene Einkommen des Unterstützten muss gering sein. Es wirkt sich nicht aus, wenn es maximal 624 Euro im Jahr beträgt. Jeder Euro mehr mindert aber den als Unterhalt abzugsfähigen Betrag. Erreicht das eigene Einkommen des Unterstützten 8 628 Euro (8 004 plus 624), ist kein Unterhalt mehr absetzbar. Außerdem darf niemandem Kindergeld oder ein Kinderfreibetrag für den Unterstützten zustehen. Eltern können Unterhaltszahlungen an ihre Kinder in der Regel also erst dann als außergewöhnliche Belastung geltend machen, wenn diese 18 bzw. 25 Jahre alt sind (siehe Seite 132). Zum Einkommen des Unterstützten gehört so ziemlich alles, was ihm an Geld- oder Sachleistungen zufließt, auch steuerfreie Sozialleistungen oder Lohnersatzleistungen wie Elterngeld (siehe Seite 137). In **Zeile 67** gehört die Anzahl der beigefügten Anlagen Unterhalt: für jeden unterstützten Haushalt ist eine eigene erforderlich (siehe Seite 151).

 TIPP

Zusätzlich zum Höchstbetrag von 8 004 Euro dürfen seit 2010 für den Unterstützten gezahlte Beiträge zur Kranken- und Pflegeversicherung als Unterhalt geltend gemacht werden.

Zum Beispiel Elvira E. Die alleinstehende Arbeitnehmerin unterstützt ihren 28-jährigen, auswärts studierenden Sohn Erik mit 400 Euro im Monat. Kindergeld bekommt sie nicht mehr, weil der Sohn älter als 25 ist. Erik arbeitet nebenbei noch als Kellner in einem Minijob, dabei hat er im Jahr insgesamt 3 000 Euro Einkünfte aus nichtselbstständiger Tätigkeit. Andere Einkünfte hat er nicht. Elvira kann die 4 800 Euro (400 mal 12), die sie Erik im Jahr zukommen lässt, voll als außergewöhnliche Belastung geltend machen, weil sie den ihr zustehenden Höchstbetrag von 5 628 Euro nicht ausschöpft.

Eriks Einkünfte	3 000
minus pauschaler anrechnungsfreier Betrag	– 624
Eriks anzurechnende Einkünfte	2 376
Unterhaltshöchstbetrag	8 004
minus Eriks anzurechnende Einkünfte	– 2 376
Elviras höchstmöglicher Abzugsbetrag	5 628
tatsächlich gezahlter Unterhalt (400 mal 12)	4 800
von Elvira absetzbarer Unterhalt (alle Angaben in Euro)	**4 800**

Als Unterhalt gelten nicht nur Geldzahlungen, sondern auch Sachleistungen. Würde Erik kostenlos bei Elvira leben und wohnen, ginge das Finanzamt in der Regel ohne weiteren Nachweis vom Unterhaltshöchstbetrag von 8 004 Euro aus und Elvira würde so ihren höchstmöglichen Abzugsbetrag von 5 628 Euro erhalten.

Übrigens dürfen seit 2010 Sozialversicherungsbeiträge des Unterstützten bei der Berechnung seiner Einkünfte und Bezüge nicht mehr abgezogen werden. Dafür sind Beiträge zur Kranken- und Pflegeversicherung zusätzlich zum Höchstbetrag von 8 004 Euro absetzbar.

Auch Menschen, die nicht unterhaltsberechtigt sind, können ausnahmsweise steuersparend unterstützt werden, etwa Lebenspartner ohne Trauschein, denen wegen der Partnerschaft staatliche Zuwendungen wie Sozialhilfe gekürzt oder gestrichen wurden. Es kann sich übrigens lohnen, in Sachen Unterhalt beim ersten Antrag einen Steuerprofi zu befragen, denn einige Regeln sind ziemlich verzwickt und unübersichtlich, besonders die zur Anrechnung der eigenen Einkünfte und Bezüge des Unterstützten (siehe auch Infokasten Seite 137), zur Bewertung seines Vermögens und zu Unterhaltszahlungen ins Ausland.

Zeile 68 bis 73: Außergewöhnliches aller Art

In die **Zeilen 68 bis 70** gehört, was das Steuerrecht unter außergewöhnlichen Belastungen „allgemeiner Art" versteht. Der Begriff entzieht sich einer klaren Bestimmung und soll es wohl auch, denn hier findet sich ein bunter Mix von Krankheit bis Naturkatastrophe. Der Fiskus übernimmt dabei nur den Teil der Kosten in seine Berechnung, der eine bestimmte Grenze übersteigt. Den Teil unterhalb dieser Grenze müssen die Betroffenen selbst schultern. Der nennt sich „zumutbare Belastung" und beläuft sich je nach Familienstand, Verdiensthöhe und Kinderzahl auf 1 bis 7 Prozent der Einkünfte (siehe Seite 234 und das Beispiel der Familie F. auf Seite 60).

Krankheitskosten sind die wohl häufigste außergewöhnliche Belastung. Dazu gehören die Kosten für alle vom Arzt oder Heilpraktiker verordneten Medikamente, Heilbehandlungen und Hilfsmittel, aber natürlich nur der Anteil, der selbst bezahlt wurde. Zum Beispiel geht es um Zuzahlungen bei Arzt, Zahnarzt, Heilpraktiker und Apotheke, Zahlungen für Heilbehandlungen und Medikamente, die zwar verordnet, aber von der Kasse nicht getragen wurden, etwa homöopathische Mittel. Ausgaben für Brillen, Einlagen oder Rollstühle gehören dazu ebenso wie die Praxisgebühr, Fahrtkosten zum Arzt, bestimmte Kurkosten und Ausgaben für einen krankheits- oder pflegebedingten Heimaufenthalt. Heimkosten waren früher nur absetzbar, wenn mindestens die Pflegestufe I oder die

Merkzeichen H und Bl vorgelegen haben. Jetzt gilt das auch für Pflegesätze des Heims, wenn diese Voraussetzungen nicht erfüllt sind (siehe Infokasten Seite 61).

 TIPP

Pflegekosten im Heim sind als Krankheitskosten nach Berücksichtigung der zumutbaren Belastung ohne Obergrenze absetzbar. Das gilt für Kosten, die für Sie selbst, Ihren Ehegatten oder für einen unterhaltsberechtigten Angehörigen entstanden sind.

Der Bundesfinanzhof (BFH) hat die Nachweispflichten bei Krankheitskosten in letzter Zeit etwas gelockert. Im Endstadium einer Krebserkrankung akzeptierte er auch Kosten für eine schul- und naturmedizinisch nicht anerkannte Heilmethode (Az. VI R 11/09). Bei der Behandlung einer Lese- und Rechtschreibschwäche (Legasthenie) ist nach Auffassung des BFH kein vorher eingeholtes amtsärztliches Gutachten mehr erforderlich. Ein nachträglicher Nachweis genüge und der müsse auch nicht vom Amtsarzt oder einer anderen amtlichen Stelle kommen (Az. VI R 17/09). Gleiches gilt sinngemäß bei Anschaffungskosten neuer Möbel für ein asthmakrankes Kind (Az. VI R 16/09). Hier wurde den Eltern das vom Amt geforderte amtsärztliche Attest über eine Gesundheitsgefährdung durch die alten Möbel erlassen. Allerdings arbeitet die Verwaltung daran, die vom BFH gelockerten Bestimmungen durch Gesetzesänderungen wieder auszuhebeln. Ob sie dabei erfolgreich ist, stand zu Redaktionsschluss noch nicht fest.

	Andere außergewöhnliche Belastungen (z. B. Ehescheidungskosten, Fahrtkosten behinderter Menschen, Krankheitskosten, Kurkosten, Pflegekosten)		Erhaltene / Anspruch auf zu erwartende Versicherungsleistungen, Beihilfen, Unterstützungen; Wert des Nachlasses usw.
	Art der Belastung	Aufwendungen EUR	EUR
68	ZAHNARZT	1 4 0 0,—	,—
69	WEITERE KRANKHEITSKOSTEN (s. ANLAGE)	+ 1 5 0 0,— +	,—
70	Summe der Zeilen 68 und 69 63	2 9 0 0,— 64	,—

Zum Beispiel Familie F. Franziska und Frank F. sind beide Arbeitnehmer, ihre Kinder Fanny und Falk gehen noch zur Schule. Zusammen kommen sie auf Einkünfte von 50 000 Euro. Krankheitskosten fielen reichlich an. Frank musste beim Zahnarzt 1 400 Euro zuzahlen und Franziska bei ihrer Kur 500 Euro. Hinzu kam „Kleinkram", der sich aber auf 1 000 Euro summierte: Zuzahlungen für Medikamente, eine Rechnung vom Heilpraktiker, eine neue Gleitsichtsonnenbrille für die blendempfindliche Franziska, ärztliche Atteste, Praxisgebühr und Fahrtkosten zum Arzt. Insgesamt zahlte Familie F. im Jahr 2011 somit 2 900 Euro Krankheitskosten aus eigener Tasche. Die zumutbare Belastung berechnet das Finanzamt mit 1 500 Euro (3 Prozent von 50 000, siehe Seite 234). Damit kann Familie F. 1 400 Euro Krankheitskosten als außergewöhnliche Belastung geltend machen (2 900 minus 1 500). Hätte Frank seine teure Zahnreparatur auf nächstes Jahr verschoben, hätte Familie F. 2011 gar keine Krankheitskosten absetzen können, denn sie wäre innerhalb der zumutbaren Belastung von 1 500 Euro geblieben. Ob und wie sich die Zahnarztkosten 2012 auswirken, ist ungewiss. Fest steht nur: Ohne ein Vorziehen der Zahnbehandlung wären 1 400 Euro Abzugsbetrag unter den Tisch gefallen (siehe auch Seite 183).

Scheidungskosten gelten als „außergewöhnlich", obwohl eine hohe Scheidungsrate eher für Gewohntes spricht. Außergewöhnlich hoch sind oft die Gerichts- und Anwaltskosten. Sie sind als außergewöhnliche Belastung absetzbar, wenn auch nur unter Anrechnung der zumutbaren Belastung. Es ist auch aus steuerlicher Sicht zweckmäßig, alle Probleme vor und während des eigentlichen Scheidungsverfahrens zu klären. Beispielsweise sind Kosten der Vermögensauseinandersetzung nicht absetzbar. Der Bundesfinanzhof hat kürzlich entschieden, dass Zivilprozesskosten unabhängig vom Prozessgegenstand als außergewöhnliche Belastung abzugsfähig sein können (Az. VI R 42/10). Wie Verwaltung und Gesetzgeber darauf reagieren, stand zu Redaktionsschluss noch nicht fest. Betroffene sollten Prozesskosten, die ihnen in Gerichtsverfahren

INFO Krankheitskosten von A bis Z

Als außergewöhnliche Belastung gelten Krankheitskosten aller Art, wenn sie auf der Grundlage von Verordnungen des Arztes oder Heilpraktikers entstanden sind. Für das Finanzamt zählen nur Ausgaben, die Sie selbst getragen haben.

- Arzneimittel, inklusive Zuzahlungen und Rezeptgebühren.
- Behandlungskosten beim Arzt, Zahnarzt, Heilpraktiker, Physiotherapeuten, medizinischen Fußpflegern oder Logopäden. Ausgaben für bestimmte alternative Therapien, etwa für eine Ayurveda-Behandlung, sind nur bei nachgewiesener medizinischer Notwendigkeit absetzbar.
- Fahrtkosten zum Arzt, ins Krankenhaus, zu Heilbehandlungen oder Selbsthilfegruppen sind wie bei Dienstreisen absetzbar (siehe Seite 118). Pkw-Fahrten akzeptiert das Amt in der Regel nur, wenn die Nutzung öffentlicher Verkehrsmittel nicht möglich, oder nicht zumutbar war. Besuchsfahrten zum Ehegatten oder zu Kindern ins Krankenhaus (oder in die Reha-Klinik) können Sie geltend machen, wenn der Besuch laut ärztlicher Bescheinigung notwendig war, also „den Heilungsprozess gefördert" hat.
- Heil- und Hilfsmittel sind zum Beispiel Brillen, Kontaktlinsen, Hörgeräte, Schuheinlagen, orthopädische Schuhe oder Rollstühle.
- Kurkosten sind absetzbar, wenn die Kur notwendig war. Der Nachweis der Kurbedürftigkeit erfolgt durch ein amtsärztliches Zeugnis oder durch den Bewilligungsbescheid der Krankenkasse. Abzugsfähig sind zum Beispiel selbst gezahlte Fahrt-, Übernachtungs-, Verpflegungs- und Behandlungskosten.
- Praxisgebühren von 10 Euro pro Quartal und 10 Euro pro Tag bei stationärem Aufenthalt in Krankenhäusern und Reha-Kliniken sind außergewöhnliche Belastungen.
- Zahnersatz, etwa Kronen, Brücken, Zahnimplantate.

aller Art entstanden sind, geltend machen, bei Ablehnung durch das Finanzamt Einspruch einlegen und ein Ruhen des Verfahrens beantragen (siehe Seite 221).

Das Finanzamt akzeptiert auch Beerdigungskosten in angemessener Höhe (Höchstbetrag 7 500 Euro), die ein Verwandter des Toten oder eine ihm nahe stehende Person übernommen hat und die nicht aus dem Nachlass bezahlt werden konnten.

Wenn Hausrat oder Kleidung durch Feuer, Unwetter, Hochwasser oder Diebstahl verloren gegangen sind, können Ausgaben für die Wiederbeschaffung eine außergewöhnliche Belastung sein. Da prüft das Finanzamt aber genau. Fehlt die Hausratversicherung, hält der Fiskus seine Taschen zu.

Schadstoffe im Haus oder in der Wohnung können zu einer außergewöhnlichen Belastung führen, wenn zum Beispiel Asbest, Formaldehyd oder giftige Holzschutzmittel zu beseitigen sind. Aber die Anforderungen sind hoch: Ein Arzt muss in der Regel den Zusammenhang zwischen der Schadstoffbelastung und den gesundheitlichen Folgen attestieren, außerdem ist ein amtliches technisches Gutachten über die konkrete Gesundheitsgefährdung einzuholen. Das Finanzamt will, dass die Nachweise vorher eingeholt werden, der Bundesfinanzhof sieht das inzwischen etwas entspannter (siehe Seite 59).

Was eine außergewöhnliche Belastung ist, und was nicht, lässt sich nicht genau eingrenzen. Manchmal muss man es austesten. So hat das Niedersächsische Finanzgericht Kosten für die Beseitigung von Hausschwamm anerkannt. Der Bundesfinanzhof muss noch darüber entscheiden (Az. VI R 70/10). Grundwasserschäden am Haus oder Schäden durch Abwasser können außergewöhnliche Belastungen sein.

Zeile 71 füllen Sie aus, wenn Sie in Zeile 68 bis 70 auch Pflegeleistungen geltend gemacht haben. Der Betrag, der dort wegen der zumutbaren Belastung nicht absetzbar wäre, kann sich hier steuersenkend auswirken.

In Zeile 72 bis 73 geht es um die Einbeziehung von Kapitaleinkünften in die Berechnung der zumutbaren Belastung. Wer nicht mehr als 801/1602 Euro Zinsen sowie andere Kapitalerträge hat (alleinstehend/verheiratet), trägt in **Zeile 72** die Ziffer „1" ein. Höhere Kapitalerträge gehören in voller Höhe, also ohne Abzug des Sparerpauschbetrags, in die **Zeile 73**. Damit ist für diesen Zweck die Abgabe einer Anlage KAP nicht erforderlich (siehe auch Seite 228).

Zeile 74 bis 79: Rund um den Haushalt

Wer eine Haushaltshilfe einstellt, zahlt weniger Steuern. Die Hilfskraft muss aber typische Hausarbeiten erledigen, zum Beispiel einkaufen, putzen, waschen, kochen, Familienangehörige betreuen oder den Garten pflegen. Die Beschäftigung von Fahrern, Sekretärinnen oder Hauslehrern bleibt ungefördert.

Es gibt drei verschiedene Möglichkeiten, mit Hilfskräften im Haushalt Steuern zu sparen: die Anstellung einer Haushaltshilfe mit Minijob oder mit einem sozialversicherungspflichtigen Arbeitsverhältnis oder das Anheuern einer Firma, die die entsprechenden Arbeiten ausführt. Wer es braucht und bezahlen kann, darf sogar mehrere Möglichkeiten nebeneinander nutzen.

Zeile 74 bis 75: Beschäftigungsverhältnisse

Arbeitet die Haushaltshilfe in einem Minijob bis 400 Euro monatlich, gehören die Angaben in **Zeile 74**. Das Arbeitsverhältnis muss aber über die Minijobzentrale abgewickelt worden sein, sonst spielt das Finanzamt nicht mit. Die Formulare gibt es bei der Minijobzentrale, Telefon 03 55/2 90 27 07 99 oder sie können im Internet unter www.minijob-zentrale.de heruntergeladen werden. Die Zahlen für **Zeile 74** können Sie der Bescheinigung der Minijobzentrale entnehmen, die auch pauschal Sozialabgaben eingezogen und abgeführt hat. Hier tragen Sie auch eine kurze Tätigkeitsbeschreibung ein, etwa „Reinigungsarbeiten". Das Finanzamt berücksichtigt Lohnkosten von maximal 2 550 Euro, 20 Prozent davon, also bis zu 510 Euro, kommen als Steuererstattung zurück.

Zum Beispiel Familie G. Gesine und Gregor G. sind beide Arbeitnehmer. Tochter Gesa geht noch nicht zur Schule. Sie haben Hanka H. als Haushaltshilfe in einem Minijob eingestellt und rechnen als Arbeitgeber mit der Minijobzentrale ab, 510 Euro verringern direkt ihre Steuerschuld.

Lohn für Hanka H. (12 mal 400)	**4 800**
plus Pauschalabgabe (14,34 Prozent, siehe Seite 200)	+ 688
Lohnkosten der Familie G.	5 488
Steuererstattung (20 Prozent von 5485 Euro, maximal 510) (alle Angaben in Euro)	**510**

Auch die versicherungspflichtige Beschäftigung einer Haushaltshilfe mit mehr als 400 Euro Monatslohn wird gefördert. Dafür gibt es eine Steuererstattung von 20 Prozent der Ausgaben, maximal 4 000 Euro im Jahr. Das Arbeitsverhältnis muss aber wie jeder andere versicherungspflichtige Job angemeldet und abgerechnet werden. Wer das alles richtig machen will, sollte besser einen Steuerprofi zurate ziehen, wenigstens im ersten Jahr der Beschäftigung. Die Angaben kommen in **Zeile 75**, und alle Lohnunterlagen sollten beigefügt werden. Wird der Ehepartner als Haushaltshilfe beschäftigt, akzeptiert das Finanzamt dies nicht. Ein sozialversicherungspflichtiges Arbeitsverhältnis und ein Minijob können übrigens nebeneinander gefördert werden. In diesem Fall ist für den

Haushalt eine Steuererstattung von bis zu 4 510 Euro drin (4 000 plus 510).

 TIPP

Die steuerliche Förderung kann es auch für Verwandte und Bekannte geben, die mit Minijob oder sozialversicherungspflichtig angestellt wurden. Die Helfer dürfen aber nicht zum eigenen Haushalt gehören.

Zeile 76 bis 77: Dienstleister im Haushalt

Private Haushalte von Wohnungsmietern oder -eigentümern, die niemanden einstellen, sondern für Arbeiten im Haushalt eine Firma nutzen, werden ebenfalls steuerlich gefördert. Es geht dabei um einfache Arbeiten, die jeder mit durchschnittlichen Fähigkeiten selbst erledigen kann. Die Helfer können zum Beispiel Fensterputzer, Gärtner oder Betreuungs- und Pflegedienste sein. Wird ein Putzdienst damit beauftragt, die Fenster zu reinigen, und berechnet der 1 000 Euro Lohnkosten im Jahr, kann das dem Haushalt 200 Euro Steuererstattung bringen (20 Prozent von 1 000). Kosten eines privaten Umzugs gelten übrigens auch als förderfähige haushaltsnahe Dienstleistungen. Die Ausgaben gehören in **Zeile 76**.

Das Finanzamt akzeptiert Personalkosten solcher Dienstleister bis maximal 20 000 Euro im Jahr, 20 Prozent davon, also bis zu 4 000 Euro, können auf diese Weise unmittelbar die Steuerschuld verringern. Materialkosten bleiben aber ungefördert (siehe auch Seite 67). Wird eine Fremdfirma engagiert und gleichzeitig eine Haushaltshilfe sozialversicherungspflichtig angestellt, gilt für beides zusammen die höchstmögliche Steuererstattung von 4 000 Euro. Wer zusätzlich eine Hilfe mit Minijob beschäftigt, kann mit den Lohnkosten eine zusätzliche Steuererstattung erhalten, zusammen also bis 4 510 Euro.

Auch ohne einen speziell beauftragten Dienstleister ergibt sich hier für nahezu alle Mieter und Eigentümer von Wohnungen Steuerspar-potential. In den Wohnnebenkosten (die jeder ohnehin anteilig zu tragen hat) verstecken sich nämlich regelmäßig förderfähige Aus-gaben, etwa für den Hauswart, für Treppenreinigung oder für den Winterdienst. Sie sind als haushaltsnahe Dienstleistungen steuer-lich nutzbar, wenn sie vom Vermieter oder Verwalter entsprechend ausgewiesen werden. Das gilt übrigens auch für Senioren mit ei-genem Haushalt in einem Alten(wohn)heim, einem Pflegeheim oder einem Wohnstift.

 TIPP

Zu einem geförderten Haushalt gehören auch Zweit-, Wochen-end- oder Ferienwohnungen, die sich in und außerhalb Deutsch-lands in der Europäischen Union oder im Europäischen Wirt-schaftsraum befinden.

Ausgaben für die Betreuung pflegebedürftiger Personen im Haus-halt und in einem Heim werden in **Zeile 77** extra abgefragt. Es gibt aber dafür keine zusätzliche Steuererstattung, sondern auch für sie gilt die Begrenzung der Steuererstattung für alle haushaltsnahen Dienstleistungen von maximal 4 000 Euro. Pflege- und Betreuungs-kosten tauchen hier nochmals auf, weil sie steuerlich auf sehr un-terschiedliche Weise geltend gemacht werden dürfen: als Pflege-pauschbetrag (**Zeile 65 bis 66**), als außergewöhnliche Belastung (**Zeile 68 bis 73**) als Pflegeleistung im Haushalt (**Zeile 77**), über die Beschäftigung einer Hausangestellten (**Zeile 74 bis 75**) und über den Behindertenpauschbetrag (**Zeile 61 bis 64**). Die Voraus-setzungen unterscheiden sich jeweils erheblich. So kann etwa ein Verwandter, der einen anderen Verwandten zu Hause oder in ei-nem Heim pflegen lässt, seine Ausgaben in der Regel dafür als all-gemeine außergewöhnliche Belastung nur geltend machen, wenn er gegenüber der zu pflegenden Person unterhaltsverpflichtet ist und der Gepflegte die Kosten nicht allein tragen kann. Das wäre beispielsweise der Fall, wenn ein Kind Pflegeheimkosten für die bedürftigen Eltern übernimmt. Demgegenüber ist die Nutzung des Pflegepauschbetrags oder einer Pflegeleistung im Haushalt nicht an eine Unterhaltspflicht gebunden.

Auch Kombinationsmöglichkeiten sind denkbar. So lässt sich der Teil der Pflegekosten, der wegen der „zumutbaren Belastung" (siehe Seite 234) nicht als außergewöhnliche Belastung absetzbar ist (**Zeile 68 bis 73**), als Pflegeleistung im Rahmen haushaltsnaher Dienstleistungen in **Zeile 71** geltend machen. Umgekehrt kann jemand, der Pflegeleistungen als haushaltsnahe Dienstleistung absetzt, neben dem Höchstbetrag von 20 000 Euro weitere Pflegekosten als außergewöhnliche Belastungen geltend machen.

 TIPP

Bei Pflege- und Betreuungsleistungen liegt jeder Fall anders. Was steuerlich günstiger ist, sollte (wenigstens beim erstmaligen Ausfüllen einer Steuererklärung) mit einem Steuerprofi besprochen werden. Grundsätzlich ist ein Abzug als außergewöhnliche Belastung günstiger, wenn der Grenzsteuersatz höher als 20 Prozent ist (siehe Seite 246).

Zeile 78 bis 79: Handwerker im Haushalt

Wenn Eigentümer und Mieter Haus oder Wohnung durch Handwerker modernisieren, renovieren oder in Stand halten lassen, können sie damit ebenfalls ihre Steuerschuld senken. Gefördert werden Reparaturen und Modernisierungsarbeiten an und in vorhandenen Gebäuden. Neubauten bleiben ungefördert. Es geht um Personalkosten bis zu 6 000 Euro im Jahr, 20 Prozent davon, also bis zu 1 200 Euro, können zu einer Steuererstattung führen.

Die Aufwendungen gehören in **Zeile 78**. Der Steuerrabatt gilt nicht für das Material, sondern nur für Personalkosten. Die werden zum Glück weit gefasst: Alles, was nicht direkt unter Material fällt, kann berücksichtigt werden, auch Anfahrtskosten, Maschinenlaufzeiten und Umsatzsteuer. Begünstigt sind ebenfalls Wartung und Reparatur technischer Geräte im Haushalt, zum Beispiel Waschmaschinen, Geschirrspüler, Kochherde, Kühlschränke oder Computer (siehe Infokasten Seite 70).

Material- und Lohnkosten müssen voneinander getrennt nachgewiesen werden. Das gilt für Handwerkerleistungen in **Zeile 78** genauso wie für die haushaltsnahen Dienstleistungen in **Zeile 76 bis 77**. Zum Nachweis sind immer zwei Belege nötig: die Rechnung des Dienstleisters und der Überweisungsbeleg (Kopie des Kontoauszugs) des Auftraggebers. Belege müssen zwar nicht mehr der Steuererklärung beigefügt werden, aber vorzeigbar sein, wenn das Amt sie sehen will. Barzahlungen oder einfache Quittungen werden nicht anerkannt.

	– haushaltsnahe Dienstleistungen, Hilfe im Haushalt Art der Aufwendungen		
76	FENSTERREINIGUNG, HAUSWART, TREPPENREINIGUNG	210	7 5 0,–
	– Pflege- und Betreuungsleistungen im Haushalt, in Heimunterbringungskosten enthaltene Aufwendungen für Dienstleistungen, die denen einer Haushaltshilfe vergleichbar sind (soweit nicht bereits in den Zeilen 68 und 69 berücksichtigt) Art der Aufwendungen		
77		213	,–
	– Handwerkerleistungen für Renovierungs-, Erhaltungs- und Modernisierungsmaßnahmen (ohne öffentlich geförderte Maßnahmen, für die zinsverbilligte Darlehen oder steuerfreie Zuschüsse in Anspruch genommen werden) Art der Aufwendungen		
78	MALER, WASCHMASCHINENREPARATUR (s. ANLAGE)	214	2 3 0 0,–

Zum Beispiel das Ehepaar I. Ina und Ingo I. sind beide Arbeitnehmer und wohnen in einer Mietwohnung. Ina hat in diesem Jahr für 550 Euro einen Fensterputzer engagiert. Der Vermieter stellte den beiden für Treppenreinigung, Gartenpflege und Hauswart in seiner Betriebskostenabrechnung 200 Euro Personalkosten in Rechnung. Der Maler bekam für seine durchgeführten Renovierungsarbeiten 3 000 Euro und die Waschmaschinenreparatur kostete 400 Euro. Das brachte Ehepaar I. 610 Euro Steuererstattung vom Finanzamt.

Fensterputzer	550
Anteil an Personalkosten für Treppenreinigung, Gartenpflege und Hauswart (laut Betriebskostenabrechnung)	+200
haushaltsnahe Dienstleistungen insgesamt	750
Steuererstattung (20 Prozent von 750)	150
Maler (3 000 minus 1000 Materialkosten)	2 000
Waschmaschinenreparatur (400 minus 100 Materialkosten)	+300
Handwerkerleistungen insgesamt	2 300
Steuererstattung (20 Prozent von 2 300)	460
Steuererstattung insgesamt (150 plus 460) (alle Angaben in Euro)	**610**

 TIPP

Wer Handwerkerleistungen längerfristig plant und geschickt verteilt, kann den Höchstbetrag von 1 200 Euro mehrfach ausschöpfen, zum Beispiel wenn im ersten Jahr der eine Teil der Wohnung renoviert wird, im folgenden Jahr der andere (siehe auch Seite 184).

Zeile 79 füllen nur zusammenlebende Alleinstehende aus. Damit soll eine doppelte Förderung verhindert werden. Es gibt sie nämlich nur einmal pro Haushalt, egal ob der aus einem Single, einem Ehepaar oder mehreren Alleinstehenden, aus einer oder aus mehreren Wohnungen besteht.

INFO Geförderte haushaltsnahe Leistungen

In einem Schreiben vom 15.02.2010 hat das Bundesfinanzministerium zu Dienstleistungen rund um den Haushalt Stellung genommen (IV C 4 – S 2296-b/07/0003). Dort bietet eine
lange Liste mit Beispielen (Anlage 1) eine gute Orientierung
(www.bundesfinanzministerium.de, „haushaltsnahe Dienstleistungen"). Es ist aber keine abschließende Aufzählung.

Haushaltsnahe Dienst- und Pflegeleistungen
- Kochen, waschen, Wohnung reinigen, Fenster putzen,
  bügeln, nähen
- Wohnungs-, Fenster-, Teppichboden-, Treppen- und Haus-
  reinigung
- Straßen- und Hofreinigung auf privatem Grundstück
- Friseur, Kosmetik, Hand- und Fußpflege, wenn sie pflege-
  bedingt erfolgen und zum Leistungsumfang der Pflege-
  versicherung gehören.
- Betreuung von Kindern im Haushalt der Eltern, etwa durch
  Tagesmutter, Babysitter, Au-Pair, wenn ein Abzug als Kin-
  derbetreuungskosten (siehe Seite 143) nicht möglich ist.
- Schneeschieben und Laub entfernen
- Leistungen von Hausmeister, Hauswart, Schornsteinfeger
- Einkaufen, kleine Botengänge
- Briefkasten leeren, Blumen gießen, Müll entsorgen
- Seniorenbetreuung, zum Beispiel Begleitung bei Ausflü-
  gen, beim Einkaufen, Arztbesuch, Hilfe im Haushalt
- Leistungen von Notfalldiensten, Notbereitschaften
- Private Umzugsdienstleistungen, etwa Speditionskosten
- Versorgung von kranken und alten Menschen, zum Bei-
  spiel durch ambulante Pflegedienste
- Wach- und Winterdienste
- Pflege- und Betreuungsleistungen, Reinigung, Garten-
  pflege, Haus- und Etagenpersonal bei Heimunterbringung

Handwerkerleistungen
- Arbeiten am Dach, an Fassaden, Garagen, Carport, Terras-
  senüberdachung, Innen- und Außenwänden, Mauerwerk,
  Aufstellen eines Baugerüstes
- Austausch oder Modernisierung der Einbauküche, von
  Fenstern und Türen, von Bodenbelägen zum Beispiel
  Teppichboden, Parkett, Fliesen
- Modernisierung des Badezimmers, Montageleistungen
  für neue Möbel
- Schönheitsreparaturen wie Streichen, Lackieren und Tape-
  zieren von Innenwänden, Fenstern, Türen, Heizkörpern und
  Heizungsrohren, Wandschränken
- Garten-, Wegebau- und Pflasterarbeiten auf dem Grundstück
- Reparatur und Überprüfung des Schornsteins, Kontrolle
  von Blitzschutzanlagen
- Reparatur, Wartung oder Austausch von Heizungs-,
  Elektro-, Strom-, Wasser- und Gasanlagen
- Graffitibeseitigung
- Entsorgung, zum Beispiel von Bauschutt, Fliesenabfuhr
  nach Neuverfliesung, Grünschnittabfuhr bei Gartenpflege
- Beseitigung von Hausschwamm, Ungeziefer- und Schäd-
  lingsbekämpfung
- Insektengitter einbauen
- Wartung und Reparatur von Haushaltsgeräten, zum Bei-
  spiel Waschmaschine, Trockner, Kühlschrank, TV, PC zu
  Hause
- Wartung und Reparatur des Müllschluckers, Müllschränke
  aufstellen
- Taubenabwehr, Kellerschachtabdeckungen
- Klavierstimmer
- Arbeiten an Hausanschlüssen für Strom, Wasser, Gas,
  Fernsehen, Internet, sowie deren Wartung und Reparatur

Zeile 80: Erbschaftsteuer

In normalen Erbschaftsfällen kann diese Zeile meist getrost übersprungen werden. Bei komplizierten Fällen (ab 2009), für die bereits Erbschaftsteuer gezahlt wurde, kann es für Einkünfte aus der Erbschaft eine Art Steuerermäßigung bei der Einkommensteuer geben. Das betrifft beispielsweise bestimmte Geldforderungen des Erblassers, die beim Erben eingingen und die für ihn einkommensteuerpflichtig sind (etwa nachträgliche Mieten oder Zinszahlungen). Dann sollte unbedingt ein Steuerprofi befragt werden.

Zeile 91 bis 109: Sonstige Angaben und Anträge

Die letzte Seite des Formulars ist eine Sammlung von allem, was bisher nicht unterzubringen war. Die meisten Arbeitnehmer haben hier in der Regel wenig einzutragen. In **Zeile 91** geht es um Steuersparmodelle wie Filmfonds, Beteiligungen an Immobilien oder Schiffen, meistens jedenfalls um hohe und juristisch manchmal höchst umstrittene Beträge. Hier sollte unbedingt ein Steuerprofi helfen.

Zeile 92 bis 93: Verluste

Löhne und Gehälter führen selten zu Verlusten. Die können aber entstehen, etwa wenn Arbeitnehmer sich aufwändig fortbilden, gleichzeitig aber wenig oder nichts verdienen. Das kann zu „vorweggenommenen Werbungskosten" führen, die erst später absetzbar sind. Auch wenn Arbeitnehmer weitere steuerpflichtige Einkünfte haben, zum Beispiel aus Vermietung, können Verluste entstehen. Die Höhe der Verluste ergibt sich aus den einzelnen Anlagen und spielt hier keine Rolle. Ein Kreuz in der **Zeile 92** zeigt lediglich, dass zum Ende des Jahres 2010 vom Finanzamt bereits ein Verlust festgestellt worden ist. Das können Sie dem Steuerbescheid des Jahres 2010 entnehmen. Steuerliche Verluste 2011 verrechnet das Finanzamt in der Regel mit positiven Einkünften des Jahres 2010.

Wer das nicht will, weil sich die Verluste später günstiger auswirken würden, schränkt den Verlustrücktrag ein, indem er in **Zeile 93** einträgt, wie viel von einem Verlust aus dem Jahr 2011 im Jahr 2010 berücksichtigt werden soll. Wer hier eine Null einträgt, erreicht, dass der gesamte Verlust in künftige Jahre vorgetragen wird. In Verlustfällen sollte besser ein Steuerprofi helfen, besonders wenn es sich um einen erstmaligen Verlust handelt.

Zeile 94: Ersatzleistungen

Hier wird nach „Einkommensersatzleistungen" gefragt. Das sind Leistungen, die anstelle eines Einkommens gezahlt wurden, zum Beispiel Krankengeld. Für Arbeitnehmer sind diese Zeilen in der Regel uninteressant, denn sie bekommen „Lohnersatzleistungen" und die gehören in die Anlage N und nicht hierher (siehe Seite 92). Bei Einkommensersatzleistungen geht es vor allem um Selbstständige.

Zeile 95 bis 96: Aufteilung

Diese Zeilen betreffen nur Ehegatten, die jeweils eine eigene Steuererklärung abgeben. Sie können hier beantragen, dass Steuerermäßigungen rund um den Haushalt (**Zeile 95**) und andere Abzugsbeträge (etwa für außergewöhnliche Belastungen, **Zeile 96**) nicht hälftig zwischen ihnen aufgeteilt werden, sondern entsprechend den Prozentsätzen, die sie hier beliebig festlegen können.

Zeile 97 bis 109: Auslandsprobleme & Co.

Alles was im Steuerrecht mit Ausland zu tun hat, ist für Laien besonders unübersichtlich. Arbeitnehmer sollten dazu mit einem
Steuerprofi sprechen, denn hier kann man viel falsch machen.
Das gilt jedenfalls für die erste Steuererklärung zu Auslandssach-
verhalten. Spätere Erklärungen lassen sich auf dieser Grundlage
dann vielleicht allein erarbeiten. An dieser Stelle geht es vor allem
um zwei Bereiche. **Zeile 97 bis 100** betrifft Menschen, die 2011
nach Deutschland gezogen oder von Deutschland weggezogen
sind. In **Zeile 101 bis 104** geht es um Menschen, die 2011 nicht
in Deutschland gewohnt, aber hier gearbeitet haben. Wer in
Deutschland gewohnt aber in einem anderen Land gearbeitet
hat, füllt hier gar nichts aus, sondern die Anlage N und die neue
Anlage N-AUS oder die Anlage N-GRE (siehe Seite 89).

  Zeile 108 will wissen, ob „nachhaltige Geschäftsbeziehungen"
zu ausländischen Banken und anderen ausländischen Finanzdienstleistern bestehen. Auch wer nur ein einziges Konto im Ausland
hat, muss nach Meinung der Finanzverwaltung hier die Ziffer „1"
eintragen.

  Vergessen Sie vor lauter Freude über das Ende des Mantelbogens
die Unterschrift in **Zeile 109** nicht, unterschreiben Sie deshalb lie-
ber jetzt gleich. Ohne Unterschrift ist die Steuererklärung unwirksam. Denken Sie bei einer gemeinsamen Steuererklärung auch an
die Unterschrift des Ehepartners. Hat ein Steuerberater oder Lohnsteuerhilfeverein bei der Steuererklärung geholfen, kommen die
Angaben dazu in den Kasten rechts neben der Unterschrift. Hat
der Nachbar ein bisschen mitgemacht, behalten Sie das besser für
sich, denn der ist dazu in der Regel nicht befugt. Wenn er es doch
getan hat, kann es Ärger geben.

Anlage Vorsorgeaufwand: Versicherungsbeiträge

Diese Anlage ist für alle Arbeitnehmer wichtig, denn hierher gehören die Beiträge zur Renten-, Kranken-, Pflege-, Arbeitslosenversicherung und zu anderen Versicherungen, die als Sonderausgaben abzugsfähig sind. Die Beschäftigung damit lohnt sich besonders, weil seit 2010 fast alle Beiträge zur Kranken- und Pflegeversicherung absetzbar sind, und die abzugsfähigen Rentenversicherungsbeiträge jährlich steigen. Leider ist diese Anlage auch ein bürokratisches Monster, aber mit etwas Geduld und Anleitung zu schaffen (siehe auch das ausgefüllte Musterformular Seite 254).

Zeile 4 bis 10: Altersvorsorge

Beitragszahlungen in die gesetzliche Rentenversicherung, in berufsständische Versorgungseinrichtungen oder in landwirtschaftliche Alterskassen gehören in **Zeile 4 bis 6**, und zwar jeweils in die zutreffende Spalte „Ehemann" oder „Ehefrau". Arbeitnehmer finden den von ihnen gezahlten Anteil in der Lohnsteuerbescheinigung des Arbeitgebers. Wer in der Rentenversicherung freiwillig oder höher versichert ist, nutzt **Zeile 6** und übernimmt den vom Rentenversicherungsträger bescheinigten Betrag. Wurde in eine sogenannte Basis- oder Rürup-Rente eingezahlt, müssen die Beiträge in **Zeile 7**. Beiträge zur Riester-Rente kommen nicht hierher, sondern werden über die Anlage AV abgerechnet (siehe Seite 148).

Arbeitgeberleistungen zur Rentenversicherung gehören in **Zeile 8**, bei Zahlungen an Versorgungswerke in **Zeile 9**. Die Höhe ergibt sich aus der Lohnsteuerbescheinigung. In **Zeile 10** soll der Arbeitgeberanteil zur Rentenversicherung von Minijobbern, die selbst einen Aufstockungsbeitrag gezahlt haben und ihre eigenen Beiträge in die **Zeile 6** eintragen (siehe Seite 201). Ein Eintrag in **Zeile 10** ist freiwillig und in der Regel nur bei einem Minijob in Privathaushalten vorteilhaft.

Beiträge zur Altersvorsorge		stpfl. Person / Ehemann EUR		Ehefrau EUR	52
Beiträge					
4	– lt. Nr. 23 a/b der Lohnsteuerbescheinigung (Arbeitnehmeranteil)	300	*3 5 0 0,–*	400	– ,
5	– zu landwirtschaftlichen Alterskassen sowie zu berufsständischen Versorgungseinrichtungen, die den gesetzlichen Rentenversicherungen vergleichbare Leistungen erbringen – ohne Beiträge, die in Zeile 4 geltend gemacht werden –	301	– ,	401	– ,
6	– zu gesetzlichen Rentenversicherungen – ohne Beiträge, die in Zeile 4 geltend gemacht werden –	302	– ,	402	– ,
7	– zu zertifizierten Basisrentenverträgen (sog. Rürup-Verträge) mit Laufzeitbeginn nach dem 31.12.2004 – ohne Altersvorsorgebeiträge, die in der Anlage AV geltend gemacht werden –	303	– ,	403	– ,
8	Arbeitgeberanteil lt. Nr. 22 a/b der Lohnsteuerbescheinigung	304	*3 5 0 0,–*	404	– ,

Arbeitnehmer müssen ihre gesamten Beiträge hier eintragen, steuerlich wirkt sich aber nur ein Teil davon aus. Der abzugsfähige Höchstbetrag von 20 000 Euro klingt zunächst gut, praktisch kommt aber deutlich weniger Entlastung heraus. Haben beispielsweise Arbeitnehmer und Arbeitgeber 2011 je 3 500 Euro in die gesetzliche Rentenkasse eingezahlt, zusammen 7 000 Euro, insgesamt 19,9 Prozent vom Bruttolohn, akzeptiert das Finanzamt davon in diesem Jahr nur 72 Prozent, also 5 040 Euro. Bis 2025 erhöht sich dieser Anteil auf 100 Prozent. Davon wird aber noch der Arbeitgeberanteil abgezogen. Für den Arbeitnehmer in diesem Beispiel bleiben 2011 nur 1 540 Euro Altersvorsorgeaufwand abzugsfähig (5 040 minus 3 500).

Zeile 11 bis 43: Kranken- und Pflegeversicherung

Das Formular fragt in **Zeile 11** nach steuerfreien Zuschüssen zur Krankenversicherung oder zu den Krankheitskosten. Die bekommen Arbeitnehmer und Beamte in der Regel und sie müssen hier die Ziffer „1" (Ja) eintragen. Das gilt auch für Rentner, Pensionäre und familienversicherte Ehegatten. Selbstständige und nicht familienversicherte Hausfrauen/-männer, die ihren gesamten Beitrag selbst bezahlen, tragen die Ziffer „2" (Nein) ein. Hintergrund der Frage: Es gibt seit 2005 eine strikte Einteilung der abzugsfähigen Versicherungsbeiträge in einerseits Beiträge zur Altersvorsorge (**Zeile 4 bis 10**) und in andererseits „sonstige Vorsorgeaufwendungen", die auf den restlichen anderthalb Seiten des Formulars abgehandelt werden. Wer in **Zeile 11** eine „1" einträgt, darf neben seinen Rentenversicherungsbeiträgen im oben beschriebenen Umfang grundsätzlich bis zu 1 900 Euro an sonstigen abzugsfähigen Versicherungsbeiträgen absetzen. Für Selbstständige und andere Menschen ohne Beitragszuschuss liegt die Grenze bei 2 800 Euro, für Ehepaare bis doppelt soviel. Für die meisten Arbeitnehmer würde das bedeuten, dass allein ihre Beiträge zur Kranken- und Pflegeversicherung das nutzbare Abzugsvolumen von 1 900 Euro ausschöpfen. So zahlen bereits Arbeitnehmer mit einem Jahresbruttolohn von 21 500 Euro mindestens 1 973 Euro an eigenen Pflichtbeiträgen in die Kranken- und Pflegeversicherung ein, nur 1 900 Euro sind abzugsfähig.

Lassen Sie sich davon aber nicht beeindrucken. Das Finanzamt nimmt eine „Günstigerprüfung" zwischen der 1 900-Euro-Grenze und den tatsächlich gezahlten Kranken- und Pflegeversicherungskosten vor. Die gute Nachricht: Im Ergebnis dürfen Arbeitnehmer (fast) alle ihre Kranken- und Pflegeversicherungsbeiträge absetzen, auch wenn sie über 1 900 Euro liegen. Das trifft auf die große Mehrheit der Arbeitnehmer zu. Die schlechte Nachricht: Weitere „sonstige" Vorsorgeaufwendungen sind nicht mehr absetzbar, wenn der Grenzbetrag von 1 900 Euro mit den Beiträgen zur Kranken- und Pflegeversicherungsbeitragen bereits überschritten ist. Dann sind nicht einmal die Pflichtbeiträge zur Arbeitslosenversicherung (1,5 Prozent vom Bruttolohn) absetzbar, geschweige denn Beiträge zu Haftpflicht- oder zu anderen Versicherungen.

Zum Beispiel Jonas J. Der 51-jährige alleinstehende und kinderlose Arbeitnehmer erhält 30 000 Euro Bruttolohn im Jahr. Dafür muss er 8,2 Prozent Krankenversicherung (2 460 Euro) zahlen und 1,225 Prozent Pflegeversicherung (rund 368 Euro). Seinen Beitrag zur Pflegeversicherung kann Jonas J. voll als Sonderausgaben geltend machen. Der Krankenversicherungsbeitrag wird um 4 Prozent gekürzt, denn diese 4 Prozent entfallen pauschal auf die Versicherung von Krankengeld und sind laut Gesetz nicht abzugs-

fähig. Damit wirken sich rund 98 Euro vom Krankenversicherungsbeitrag steuerlich nicht aus (2 460 mal 4 Prozent). Es verbleiben
2 730 Euro (368 plus 2 460 minus 98), die als Sonderausgaben abgezogen werden dürfen. Klar ist aber auch: Die 1 900-Euro-Grenze
für sonstige Vorsorgeaufwendungen ist damit überschritten. Jonas
darf nach dieser Berechnungsmethode keine weiteren sonstigen
Vorsorgeaufwendungen geltend machen, etwa seinen Beitrag zur
gesetzlichen Arbeitslosenversicherung (450 Euro) oder Beiträge für
seine Kfz-Haftpflichtversicherung.

12	Arbeitnehmerbeiträge zu Krankenversicherungen lt. Nr. 25 der Lohnsteuer-bescheinigung	320	2 4 6 0 ,—	420	—
13	Beiträge zu Krankenversicherungen, die als Zusatzbeitrag geleistet wurden	321	,—	421	,—
14	In Zeile 12 enthaltene Beiträge, aus denen sich kein Anspruch auf Krankengeld ergibt	322	,—	422	,—
15	Arbeitnehmerbeiträge zu sozialen Pflegeversicherungen lt. Nr. 26 der Lohn-steuerbescheinigung	323	3 6 8 ,—	423	,—

Es gibt aber noch eine weitere Günstigerprüfung. Das Finanzamt
prüft, ob die bis 2004 geltende Altregelung oder die seit 2005 geltende Neuregelung günstiger ist. Früher durften pro Person bis zu
5 069 Euro an Versicherungsbeiträgen als Sonderausgaben geltend
gemacht werden. Diese Höchstgrenze schloss alle abzugsfähigen
Versicherungsbeiträge ein, auch solche zur Rentenversicherung.
Nur Beiträge zur Rürup-Rente können zusätzlich berücksichtigt werden. Der Vorteil der Altregelung verringert sich aber zwischen 2011
und 2019 schrittweise. Ab 2020 gibt es die Günstigerprüfung zwischen Alt- und Neuregelung nicht mehr.

Für Jonas J. aus dem Beispiel oben bringt die Altregelung keine
Entlastung. Mit seinen Beiträgen zur Kranken- und Pflegeversicherung und zur gesetzlichen Rentenversicherung kommt er nach

alter Rechnung deutlich über die für ihn geltende alte Höchstgrenze. Aber jeder Fall liegt anders und aus anderen Verhältnissen kann sich zusätzliches Abzugspotential ergeben.

 TIPP

Schreiben Sie immer alle aus ihrer Sicht abzugsfähigen Beiträge in die Steuererklärung. Nur so können Arbeitnehmer die alten und neuen Abzugsmöglichkeiten und die Chancen einer Günstigerprüfung ausschöpfen.

In **Zeile 12 bis 30** tragen Arbeitnehmer ihre Beitragszahlungen an gesetzliche Kranken- und Pflegeversicherungen ein. Die Beiträge (**Zeile 12 und 15**) finden sich auf der Lohnsteuerbescheinigung. **Zeile 13** meint die Zusatzbeiträge, die immer mehr Kassen erheben und die der Arbeitnehmer ohne Arbeitgeberanteil selbst getragen hat. **Zeile 14** fragt nach den eher seltenen Krankenversicherungsbeiträgen von Arbeitnehmern, die keinen Krankengeldanspruch auslösen. Hintergrund: Ein Teil des Beitrags zur Krankenversicherung von Arbeitnehmern ist vom Sonderausgabenabzug ausgeschlossen, weil er der Versicherung des Krankengelds dient. Das sind 4 Prozent des Beitrags und das Finanzamt kürzt diesen Teil von sich aus. Es möchte aber zusätzlich wissen, ob es Beitragsanteile zur Krankenversicherung gibt, die keinen Krankengeldanspruch und damit keine Vier-Prozent-Kürzung auslösen. Die **Zeilen 16 und 17** fragen nach Beitragsrückzahlungen durch die Versicherung, die die abzugsfähigen Beiträge des Arbeitnehmers verringern. Denen kommt ab sofort eine andere Bedeutung zu, wie das Beispiel auf Seite 81 zeigt.

Die **Zeilen 18 bis 24** gelten nicht für Arbeitnehmer, sondern vor allem für gesetzlich versicherte Ruheständler. Hier wird nach dem gleichen Muster wie für Arbeitnehmer gefragt. Rentner entnehmen ihre Beiträge zur Krankenversicherung (**Zeile 18**) und zur Pflegeversicherung (**Zeile 21**) dem Rentenbescheid. Hierher gehören nur die von ihnen selbst gezahlten Beiträge. Nur Zuschüsse des Rentenversicherungsträgers an freiwillig gesetzlich Versicherte kommen in **Zeile 24**. Ruheständler haben in der Regel keinen Anspruch auf Krankengeld, deshalb lassen sie **Zeile 20** frei.

In den **Zeilen 25 bis 29** geht es um Zahlungen an ausländische Kranken- und Pflegeversicherungen. Hintergrund ist wohl, solche Zahlungen besser kontrollieren zu können. In der Praxis dürfte das Arbeitnehmer, die nicht im Ausland wohnen, kaum betreffen. Für Auslandsfälle ist aber ohnehin die Unterstützung eines Steuerprofis zu empfehlen.

Die **Zeile 30** fragt nach Beiträgen zu einer gesetzlichen Krankenversicherung für Wahl- oder Zusatzleistungen (etwa Chefarztbehandlung oder Einzelzimmer im Krankenhaus). Solche Beiträge sind nicht im Rahmen der sogenannten „Basisabsicherung" absetzbar. Unter Basisabsicherung wird der Leistungsumfang verstanden, den die gesetzlichen Kassen ihren Versicherten üblicherweise bieten. Beiträge für einen höheren Leistungsumfang fallen nicht darunter und damit steuerlich leider oft unter den Tisch.

Privatversicherte tragen ihre Kranken- und Pflegeversicherungsbeiträge in die **Zeilen 31 bis 36** ein. **Zeile 31** betrifft nur die Beiträge zur Basisabsicherung, die dem Leistungskatalog der gesetzlichen Krankenversicherung entspricht. Die Krankenkasse schlüsselt die Beiträge für Basisabsicherung und für Sonderleistungen in der Regel von sich aus oder auf Nachfrage entsprechend auf. Beitragsteile, die hier nicht erfasst werden sowie Beiträge zu privaten Zusatzversicherungen, etwa für Auslandsreisekrankenversicherungen oder Zahnversicherungen kommen nicht hierher, sondern in **Zeile 35**. **Zeile 32** fragt nach Beiträgen zu privaten Pflegepflichtversicherungen. Zusätzliche freiwillige Pflegeversicherungen gehören in **Zeile 36**. Mit „Beitragszuschüssen von dritter Seite" (**Zeile 34**) sind nicht die Zuschüsse des Arbeitgebers gemeint, sondern etwa Zuschüsse der gesetzlichen Rentenversicherung oder der Künstlersozialkasse. In **Zeile 37** gehören Arbeitgeberzuschüsse für Arbeitnehmer, die freiwillig gesetzlich oder privat versichert sind.

Arbeitnehmer, die mit ihrer Krankenversicherung Beitragserstattungen oder einen Selbstbehalt vereinbart haben, sollten überprüfen, ob das jetzt immer noch so vorteilhaft ist wie vor 2010. Jetzt dürfen sie im Unterschied zu früher ihre Krankenversicherungsbeiträge fast ohne Einschränkung geltend machen. Das gilt aber nur für die Beiträge, die sie tatsächlich bezahlt haben. Beitragserstattungen der Kassen verringern die als Sonderausgaben abzugsfähigen Beitragszahlungen. Versicherte mit einem hohen Grenzsteuersatz (siehe Seite 246) sollten hier besonders genau rechnen.

 Zum Beispiel Katharina K. Die alleinstehende Dozentin ist privat versichert, Jahresbetrag 5 000 Euro. Sie hat 500 Euro Arztkosten selbst bezahlt. Wenn sie auf die Übernahme der Kosten durch die Krankenversicherung verzichtet, erhält sie 600 Euro Beitragserstattung von der Kasse. Ein gutes Geschäft, denkt Katharina zunächst, denn unter dem Strich hat sie anschließend 100 Euro mehr in der Tasche (600 minus 500). Allerdings führen die 600 Euro Beitragserstattung auch zu 600 Euro weniger abzugsfähigen Sonderausgaben. Bei ihrem Grenzsteuersatz (40 Prozent) verzichtet Katharina damit auf eine Steuerersparnis von 240 Euro (600 mal 40 Prozent). Wenn sich Katharina für die Beitragserstattung entscheidet, ist das für sie unter dem Strich also ein Nachteil. Sie bekommt zwar 100 Euro von der Krankenkasse, zahlt dafür aber 240 Euro mehr an das Finanzamt.

Ob sich ein Verzicht auf Beitragserstattungen lohnt, hängt immer von den Bedingungen des Einzelfalls ab. Hier muss genau gerechnet werden, am besten mit Hilfe eines Steuerprofis. Hätte Katharina K. nämlich einen deutlich geringeren Steuersatz, und hätte sie es mit anderen Rechnungs- oder Erstattungsbeträgen zu tun gehabt, könnte sich eine Beitragserstattung durch die Kasse für sie auch vorteilhaft auswirken.

In **Zeile 38 bis 43** geht es um Beiträge zur Kranken- und Pflegeversicherung, mit denen „andere Personen" versichert werden. Darunter versteht das Finanzamt an dieser Stelle nur zwei Gruppen von Menschen. Zum einen sind das eingetragene Lebenspartner einer gleichgeschlechtlichen Lebenspartnerschaft. Zum anderen sind das erwachsene Kinder, für die die Eltern keinen Anspruch auf Kindergeld mehr haben. Wenn zum Beispiel die 28-jährige Tochter noch studiert, gilt sie steuerlich in der Regel nicht mehr als Kind, Kindergeld und andere Kinderförderungen gibt es nicht mehr. Die Eltern können hier die von ihnen übernommene Beiträge zur Kranken- und Pflegeversicherung des Kindes als ihre eigenen Sonderausgaben geltend machen, wenn sie selbst Versicherungsnehmer sind — wenn also die Versicherung von ihnen abgeschlossen und von ihnen bezahlt wurde. Wenn Eltern für ein Kind, für das ihnen Kindergeld zusteht, die Versicherungsbeiträge übernommen haben, gehört das nicht hierher, sondern in die Anlage Kind (siehe Seite 138). Wer andere Menschen mit Unterhaltszahlungen unterstützt und in diesem Zusammenhang auch Beiträge zur Kranken- und Pflegeversicherung der Unterstützten übernimmt, trägt das ebenfalls nicht hier ein, sondern in die Anlage Unterhalt (siehe Seite 152). Nach Eintragung der Steuer-Identifikationsnummer (**Zeile 38**) sowie des Namens und der Anschrift der mitversicherten Person (**Zeile 39**) gehören in die **Zeilen 40 bis 42** die übernommenen Beiträge zur privaten Kranken- und Pflegeversicherung sowie eventuelle Beitragserstattungen. In **Zeile 43** geht es um zusätzliche Versicherungen außerhalb der Basisabsicherung, etwa für ein Einzelzimmer im Krankenhaus oder für eine zusätzliche Pflegeversicherung.

Zeile 44 bis 50: Weitere abzugsfähige Beiträge

Was hier unter „weitere sonstige Vorsorgeaufwendungen" abgefragt
wird, fällt für Arbeitnehmer unter die Begrenzung von 1 900 Euro
im Jahr oder im Fall einer Günstigerprüfung unter die Altregelung
vor 2005. Trotzdem kann manches interessant sein. **Zeile 44** fragt
nach den Beiträgen zur gesetzlichen Arbeitslosenversicherung. Der
Betrag ergibt sich aus der Lohnsteuerbescheinigung. Freiwillige
Zahlungen in Arbeitslosenversicherungen gehören in **Zeile 46**.

In **Zeile 45** müssen die Beiträge zu gesetzlichen sowie privaten
Kranken- und Pflegeversicherungen für den Fall, dass der Versicherte der Datenübermittlung widersprochen hat. Widerspruch soll
offensichtlich bestraft werden: Arbeitnehmer dürfen dann nur bis
1 900 Euro absetzen oder nach einer Günstigerprüfung durch das
Finanzamt auch mehr, wenn das die bis 2004 geltenden Rechts-
lage hergibt. Nach Beiträgen zu privaten Erwerbs- und Berufsunfä-
higkeitsversicherung fragt **Zeile 47**.

In den **Zeilen 48 bis 50** gibt es die Möglichkeit, noch andere
Versicherungsbeiträge geltend zu machen. Dazu gehören Beiträge
zu allen Haftpflichtversicherungen (zum Beispiel die Kfz-Haftpflicht-
versichrung, Tierhalter- oder Privathaftpflichtversicherungen), zu
Unfall- oder Risikolebensversicherungen. Auch Beiträge zu bestimmten Lebens- und privaten Rentenversicherungen können hier
geltend gemacht werden (siehe Seite 85). Für viele Arbeitnehmer
ist die Rubrik „weitere sonstige Vorsorgeaufwendungen" wenig
interessant, weil sie allein mit ihren Beiträgen zur Kranken- und

Pflegeversicherung den Rahmen der abzugsfähigen 1 900 Euro überschreiten. Bei Arbeitnehmern mit geringen Löhnen, Rentnern, manchen Beamten und Selbstständigen kann hier aber noch Abzugspotential bestehen. Auch deshalb gilt: Immer alle abzugsfähigen Beiträge aufführen!

 TIPP

Auch wer für seine Kinder, Enkel oder andere Personen Haftpflicht-, Unfall- oder andere begünstigte Versicherungen abschließt, kann damit Steuern sparen, denn er darf die Beiträge für solche Versicherungen im Rahmen seiner Höchstgrenzen als Sonderausgaben absetzen. Voraussetzung ist, dass derjenige, der die Versicherung abschließt, auch laut Vertrag der Versicherungsnehmer ist und den Versicherungsbeitrag selbst entrichtet.

| 48 | – Unfall- und Haftpflichtversicherungen sowie Risikoversicherungen, die nur für den Todesfall eine Leistung vorsehen | 502 | 5 2 0,— |
| 49 | – Rentenversicherungen mit Kapitalwahlrecht und / oder Kapitallebensversicherungen mit einer Laufzeit von mindestens 12 Jahren sowie einem Laufzeitbeginn und der ersten Beitragszahlung vor dem 1.1.2005 | 503 | ,— |

Zeile 51 bis 55: Ergänzende Angaben

Diese Zeilen betreffen Arbeitnehmer, die im gesamten Kalenderjahr nicht rentenversicherungspflichtig waren. Das können zum Beispiel Beamte sein, Richter, Soldaten, Praktikanten, GmbH-Geschäftsführer, Pensionäre und deren Angehörige oder auch Rentner, die sich auf Lohnsteuerkarte noch etwas hinzuverdienen. Aus den Angaben entnimmt das Finanzamt, in welcher Höhe es Vorsorgeaufwendungen berücksichtigen muss. So trägt zum Beispiel ein Beamter in **Zeile 51** die Ziffer „1" ein. Für die Ehefrau wird in der Spalte daneben das Gleiche abgefragt. Versicherungspflichtig beschäftigte Arbeitnehmer tragen hier für sich selbst gar nichts ein.

Versicherungsbeiträge von A bis Z

Neben den Beiträgen zur Altersvorsorge und zu einer Basisversorgung in der Kranken- und Pflegeversicherung sind in **Zeile 44 bis 50** „weitere sonstige Vorsorgeaufwendungen" als Sonderausgaben absetzbar. Die wichtigsten zeigt diese Übersicht. Sachversicherungen, zum Beispiel Haushalt-, Kasko-, Feuer- oder Rechtsschutzversicherung, tauchen hier nicht auf, weil dafür gezahlte Beiträge nicht als Sonderausgaben absetzbar sind.

- Arbeitslosenversicherung: Der gesetzliche Arbeitnehmeranteil laut Lohnsteuerbescheinigung kommt in **Zeile 44**, freiwillige Beiträge laut Vertrag in **Zeile 46**.
- Ausbildungsversicherung: Beiträge gehören in **Zeile 49**, wenn sie den Bedingungen für abzugsfähige Kapitallebensversicherungen entsprechen.
- Auslandsreisekrankenversicherung: Wenn sie als private Zusatzversicherung abgeschlossen wird, gehören die Beiträge in **Zeile 35**.
- Aussteuerversicherung: Beiträge sind in **Zeile 49** abzugsfähig, wenn es sich um eine begünstigte Form der Kapitallebensversicherung handelt.
- Berufs- und Erwerbsunfähigkeitsversicherung: Beiträge für eigenständige Versicherungen gehören in **Zeile 47**. Wurden sie im Rahmen von anderen Versicherungen, zum Beispiel von Kapitallebensversicherungen abgeschlossen, sind sie nur begünstigt, wenn auch die Beiträge der Rahmenversicherung begünstigt sind (siehe bei Kapitallebensversicherung).
- Haftpflichtversicherung: Beiträge für Haftpflichtversicherungen aller Art (zum Beispiel Kfz-, Privat-, Tierhalter-, Gebäude-Haftpflicht) gehören in **Zeile 48**.
- Kapitallebensversicherung: Die Beiträge sind in **Zeile 49** abzugsfähig, wenn die Versicherung mit laufender Beitragszahlung vor 2005 abgeschlossen wurde, mindestens 12 Jahre läuft und alle anderen Anforderungen erfüllt sind. Das Finanzamt erkennt nur 88 Prozent der Beiträge an, trotzdem immer den gesamten

Beitrag eintragen. Fondsgebundene Versicherungen und solche gegen Einmalzahlung sind nicht begünstigt.

■ Krankenhaustagegeldversicherung: Die Beiträge gehören in **Zeile 35**.

■ Krankentagegeldversicherung: Die Beiträge gehören in **Zeile 35**.

■ Krankenversicherung: Arbeitnehmerbeiträge zur Basisversorgung gehören in **Zeile 12 oder 31**. In **Zeile 45** gehören sie nur dann, wenn der Datenübermittlung widersprochen wurde.

■ Pflegeversicherung: Arbeitnehmerbeiträge zur gesetzlichen Pflegeversicherung müssen in **Zeile 45**, wenn der Datenübermittlung widersprochen wurde, ansonsten in **Zeile 15 oder 32**. Beiträge zu einer zusätzlichen Pflegeversicherung gehören in **Zeile 36**.

■ Rentenversicherung: Beiträge für private Rentenversicherungen mit Kapitalwahlrecht gehören in **Zeile 49**, wenn sie die unter Kapitallebensversicherung aufgeführten Bedingungen erfüllen. Die Bedingungen gelten auch für private Rentenversicherungen ohne Kapitalwahlrecht. Beiträge dafür gehören aber in **Zeile 50**.

■ Risikolebensversicherung: Die Beiträge sind in **Zeile 48** absetzbar.

■ Unfallversicherung: Die Beiträge für private Unfallversicherungen (auch für Kfz-Insassenunfallversicherungen) gehören in **Zeile 48**. Unfallversicherungen mit garantierter Prämienrückzahlung werden wie Kapitallebens- oder Rentenversicherungen behandelt und gehören entsprechend in die **Zeilen 49 oder 50**, wenn sie die dort genannten Voraussetzungen erfüllen.

Anlage N: Für Arbeitnehmer

Die Anlage N ist für viele Angestellte und Beamte die wichtigste Anlage, denn nur mit ihrer Hilfe können sie alle Ausgaben für ihren Job als Werbungskosten an das Finanzamt weiterreichen. Auch Arbeitnehmer im Ruhestand brauchen das dreiseitige Formular, wenn sie von ihrem Ex-Arbeitgeber eine Pension beziehen.

Das N steht für „Einkünfte aus Nichtselbstständiger Tätigkeit". Arbeitnehmer, die mit einer „Vereinfachten Steuererklärung" auskommen, können sich die Anlage N sparen (siehe Seite 29). Gleiches gilt für Arbeitnehmer mit einem pauschal versteuerten Minijob, denn die zahlen für ihren Lohn keine Steuern und können auch nichts absetzen (siehe Seite 200).

Bei Arbeitnehmerehepaaren muss jeder Partner eine eigene Anlage N ausfüllen, wenn beide 2011 Lohn oder sogenannte „Lohnersatzleistungen" hatten (siehe Seite 203, 210 und das ausgefüllte Musterformular Seite 256).

Zeile 1 bis 30: Die Einnahmenseite

Nachdem alle persönlichen Angaben in **Zeile 1 bis 3** ausgefüllt sind, kommt ab **Zeile 4** das entscheidende Hilfsmittel für die Anlage N zum Zuge: Es ist die Lohnsteuerbescheinigung des Arbeitgebers. Dort finden Arbeitnehmer nicht nur die in **Zeile 4** verlangte „eTIN" (siehe Seite 33), sondern alle hier erforderlichen Angaben zum Lohn, zu Versorgungsbezügen und eventuell abgeführten Steuern. Besonders hilfreich sind die Hinweise, was an welche Stelle der Anlage N kommt.

Die Lohnsteuerbescheinigung übermittelt der Arbeitgeber normalerweise dem Finanzamt. Wenn eine Kopie davon der Steuererklärung beiliegt, schadet das aber nicht und kann erfahrungsgemäß die Bearbeitung beschleunigen.

Zeile 5 bis 15: Lohn und Pension

Eintragungen in **Zeile 5 bis 10** erfolgen getrennt nach Lohnsteuerklassen. Wurde der Lohn nach den Steuerklassen 1 bis 5 besteuert, kommt die Lohnsteuerklassennummer in das Kästchen der
Zeile 5. Die entsprechenden Angaben gehören in die erste Spalte.
Alles zur Klasse 6 kommt in die zweite Spalte. Wo Cent-Beträge im
Formular vorgesehen sind, werden sie aus der Lohnsteuerbescheinigung übernommen und eingetragen (**Zeile 7 bis 10**). Die hier
abgefragten Angaben finden Sie in den Zeilen 3 bis 7 der Lohnsteuerbescheinigung.

	Angaben zum Arbeitslohn		Lohnsteuerbescheinigung(en) Steuerklasse 1 – 5		Lohnsteuerbescheinigung(en) Steuerklasse 6 oder einer Urlaubskasse	
5			Steuerklasse 168 *4*			
			EUR	Ct	EUR	Ct
6	Bruttoarbeitslohn	110	*4 2 0 0 0,*—		111	,
7	Lohnsteuer	140	*7 4 2 0,2 9*		141	,
8	Solidaritätszuschlag	150	*3 4 4,0 4*		151	,

Zu den Versorgungsbezügen (**Zeile 11 bis 15**) gehören Beamten-
und Werkspensionen, die vom Arbeitgeber finanziert wurden.
Sie betreffen in der Regel Pensionäre. Einige 2011 „noch aktive"
Arbeitnehmer müssen sich mit dem Thema auseinandersetzen,
etwa, wenn sie 2011 sowohl Gehalt als auch Pension erhalten haben oder wenn der Ehepartner 2011 Versorgungsbezüge erhalten
hat. Versorgungsbezüge müssen zwar schon im Bruttoarbeitslohn
in **Zeile 6** mit enthalten sein, werden aber hier noch einmal getrennt abgefragt, weil sie etwas anderen Steuerregeln unterliegen.
Zeile 14 füllt nur aus, wer nicht das gesamte Jahr 2011 Versorgungsbezüge erhalten hat. Hintergrund ist, dass bestimmte Vergünstigungen, etwa der Versorgungsfreibetrag (siehe Seite 242),
nicht ganzjährig gewährt werden, sondern nur anteilig für die entsprechenden Monate. Ging beispielsweise ein Pensionär am 1. Juli
2011 in den Ruhestand, steht ihm der Versorgungsfreibetrag nur
für die sechs Monate von Juli bis Dezember zu.

Zeilen 16 bis 19: Abfindungen & Co.

Manche Arbeitnehmer konnten sich 2011 über größere Lohnzahlungen auf einen Schlag freuen, beispielsweise über Lohnnachzahlungen, Lohnzahlungen für mehrere Jahre oder Abfindungen. Die Kehrseite: Die Steuerbelastung kann durch eine solche Zusammenballung von Einkünften in einem Jahr unverhältnismäßig ansteigen. Deshalb gibt es dafür besondere Steuervergünstigungen und deshalb gehören solche Lohnsonderzahlungen ausschließlich in **Zeile 17** (Pensionen entsprechend in **Zeile 16**).

In einem relativ aufwändigen Rechenverfahren reduziert das Finanzamt die Steuer auf die zusätzlichen Einkünfte. Die Zahlungen, einschließlich der abgeführten Steuern (**Zeile 18 und 19**) lassen sich der Lohnsteuerbescheinigung des Arbeitgebers entnehmen. Bei Problemen sollte hier ein Steuerprofi helfen. Noch wichtiger wäre professionelle Hilfe allerdings im Vorfeld solcher Zahlungen, denn es gibt Möglichkeiten, den steuergünstigsten Zeitpunkt der Zahlung zu wählen. Beim Ausfüllen dieser Steuererklärung ist es dazu zu spät, aber vielleicht gibt es demnächst wieder eine Zusammenballung und dann kann rechtzeitiger Profirat Steuern sparen (siehe Seite 213).

Zeile 20 bis 25: Sonderfall Ausland

Arbeitslohn, der noch nicht versteuert wurde, etwa weil ein ausländischer Arbeitgeber ihn zahlte, kommt in **Zeile 20**. Die **Zeilen 21 bis 25** betreffen Auslandstätigkeiten von Arbeitnehmern, die zu ziemlich verzwickten Steuerproblemen führen, und die sich noch dazu von Land zu Land stark unterscheiden. Die sollten Arbeitnehmer mit Hilfe eines Steuerprofis angehen, jedenfalls dann, wenn sie sich zum ersten Mal damit herumschlagen müssen. Danach ist vieles klarer und manches auch allein zu meistern (siehe Infokasten Seite 90).

INFO **Warum die neue Anlage N-AUS?**

Professionelle steuerliche Hilfe ist bei Auslandstätigkeit von Arbeitnehmern 2011 noch wichtiger geworden, denn es gibt in diesem Jahr erstmals die „Anlage N-AUS". Die ist schon für Steuerprofis nicht einfach auszufüllen, Steuerlaien können sie allein kaum „unfallfrei" bewältigen. Diese dreiseitige Anlage muss zusätzlich zur Anlage N abgegeben werden, und in einigen Fällen bleibt auch die Anlage AUS weiterhin erforderlich. Die Anlage N-AUS ersetzt die Anlagen N-GRE nicht, die von Arbeitnehmern, die im grenznahen Bereich wohnen beziehungsweise arbeiten, anstelle der Anlage N-AUS weiterhin auszufüllen ist.

Die neue Anlage ist offenbar ein Versuch der Verwaltung, Arbeitnehmereinkünfte im Ausland „EDV-gerechter" zu erfassen, Besteuerungslücken zu schließen und Steuerbefreiungsvorschriften genauer anzuwenden. Für die relativ wenigen Arbeitnehmer, die sie ausfüllen müssen, ist sie vor allem ein bürokratisches Monster und ungefähr das Gegenteil von Bürokratieabbau.

Die Besteuerung der Auslandstätigkeit unterscheidet sich danach, ob Doppelbesteuerungsabkommen (DBA), andere zwischenstaatliche Übereinkommen (ZÜ) oder der Auslandstätigkeitserlass (ATE) die Rechtsgrundlagen der Besteuerung bildet. Hauptsächlich geht es darum, ob und welche Lohnbestandteile steuerfrei bleiben, ob und wie ausländische Steuer bei der deutschen Einkommensteuer berücksichtigt wird, ob, wie und wo Werbungskosten geltend gemacht werden können. Der Großteil ausländischer Arbeitnehmereinkünfte wird auf der Grundlage von DBA besteuert.

In der Praxis bedeuten die unterschiedlichen Rechtsgrundlagen, dass die Besteuerung ausländischer Arbeitnehmereinkünfte von Land zu Land unterschiedlich ist. Bei Einsatz in mehreren Ländern ist für jedes Land eine gesonderte Anlage N-AUS erforderlich. Übrigens kann auch steuerfrei kassierter Lohn im Rahmen des sogenannten „Progressionsvorbehalts" zu höheren Steuern führen. Was das ist, und wie es funktioniert, finden Sie auf Seite 13 und 203.

Betroffene Arbeitnehmer können sich auch bei der Personalabteilung ihrer Firma erkundigen, welchen Steuerregeln ihre Auslandseinkünfte unterliegen und welche Unterlagen das Finanzamt von ihnen sehen will. Diese Unterlagen benötigen sie auch, wenn sie, was zu empfehlen ist, einen Lohnsteuerhilfeverein oder einen Steuerberater um Hilfe bitten. Arbeitnehmer, die die Anlage N-AUS abgeben müssen, finden Ausfüllhinweise unter www.test.de/Steuerratgeber-Extra, Stichwort „NAUS-TIPPS" eingeben.

Zeile 26: Steuerfreie Aufwandsentschädigung

Wer nebenbei als Arbeitnehmer in Vereinen oder in anderen Einrichtungen arbeitet, die gemeinnützigen, mildtätigen oder kirchlichen Zwecken dienen, kann eine, von der Einrichtung an ihn gezahlte, steuerfreie Aufwandsentschädigung von bis zu 2 100 Euro im Jahr erhalten. Diesen sogenannten Übungsleiter-Freibetrag gibt es für ausbildende, erzieherische, betreuende, künstlerische oder pflegerische Arbeiten. Seit 2011 gehören auch Vormünder und rechtliche Betreuer zum begünstigten Personenkreis, wenn sie ehrenamtlich arbeiten. Für andere gemeinnützige Tätigkeiten, etwa für den Kassenwart oder Bürokräfte im Verein, bleiben Zahlungen der Einrichtungen an sie bis 500 Euro im Jahr pauschal steuerfrei. Für dieselbe Tätigkeit gibt es aber immer nur die eine oder die andere Förderung, ein Zusammenfassen auf 2 600 Euro funktioniert nicht.

 TIPP

Wenn eine Person unterschiedliche begünstigte Tätigkeiten ausführt, zum Beispiel als Übungsleiter im Verein und gleichzeitig als Kassenwart, kann er maximal 2 100 Euro plus 500 Euro pauschal steuerfrei kassieren.

Sind Werbungskosten für begünstigte Tätigkeiten höher als 2 100 beziehungsweise 500 Euro, können sie nicht mehr pauschal geltend gemacht werden, sondern vom ersten Euro an nur per Nachweis. Neben dem Freibetrag dürfen weitere Leistungen steuerfrei kassiert werden, zum Beispiel vom Verein als Arbeitgeber spendierte Reisekosten.

In **Zeile 26** der Anlage N gehört die Aufwandsentschädigung für Menschen, die in einem geförderten Nebenjob als Arbeitnehmer angestellt sind. Selbstständig Tätige tragen ihre Aufwandsentschädigung in Anlage S ein (siehe Seite 170).

Zeile 27 bis 30: Arbeitslosengeld & Co.

Arbeitslosengeld, Insolvenzgeld, Kurzarbeitergeld, Kranken- oder Mutterschaftsgeld heißen Lohnersatzleistungen, weil sie anstelle von Arbeitslohn gezahlt werden. Sie sind zwar steuerfrei, werden aber indirekt über den sogenannten „Progressionsvorbehalt" (siehe Seite 13 und 203) trotzdem berücksichtigt. Hat der Arbeitgeber Lohnersatzleistungen gezahlt, steht das auf der Lohnsteuerbescheinigung unter der Ziffer 15 und gehört in **Zeile 27**. Für alle anderen Lohnersatzleistungen (bis **Zeile 29**) gibt es gesonderte Bescheinigungen, etwa von der Arbeitsagentur, der Familien- oder der Krankenkasse. Insolvenzgeld will das Amt separat in **Zeile 28** sehen. Alle anderen nicht vom Arbeitgeber gezahlten Lohnersatzleistungen gehören in **Zeile 29**.

Zeiträume, in denen Arbeitnehmer nicht versicherungspflichtig beschäftigt waren, weil sie zum Beispiel studiert haben, einen Minijob hatten oder arbeitslos waren, gehören in **Zeile 30**, einschließlich der „Gründe der Nichtbeschäftigung". Die entsprechenden Nachweise sollten als Kopie beiliegen.

Zeile 31 bis 79: Werbungskosten

Wer sich ganz sicher ist, dass er 2011 weniger als 1 000 Euro für den Job ausgegeben hat, muss ab **Zeile 31 bis 79** gar nichts ausfüllen. So hoch ist die Werbungskostenpauschale für Arbeitnehmer, auch „Arbeitnehmerpauschbetrag" genannt. Und so viel berücksichtigt das Finanzamt von sich aus automatisch. Die volle Pauschale steht einem Arbeitnehmer übrigens auch dann zu, wenn er nur einen einzigen Tag des Jahres auf Lohnsteuerkarte beschäftigt war. Gut die Hälfte aller Arbeitnehmer hat keine höheren Werbungskosten als die Pauschale oder macht sie nicht geltend.

Selbst wenn Sie zunächst meinen, Sie bleiben bei den Werbungskosten unterhalb der Pauschale, sollten Sie einen Blick auf die folgenden Abzugsposten werfen. Vielleicht ist doch etwas für Sie dabei. Die Wahrscheinlichkeit hat sich in letzter Zeit sogar verbessert.

So werden die Kosten für Fahrten zwischen Wohnung und Betrieb unabhängig vom Verkehrsmittel wieder vom ersten Kilometer an berücksichtigt. Es gibt bessere Chancen, Ausgaben für ein häusliches Arbeitszimmer oder für eine doppelte Haushaltsführung an den Fiskus weiter zu reichen. Die Grenze zwischen privat und beruflich bröckelt an mancher Stelle, etwa bei der Abrechnung von Computer- oder Reisekosten. Das alles dürfte die Zahl der Arbeitnehmer, welche Werbungskosten oberhalb der Pauschale geltend machen können, weiter wachsen lassen (siehe auch Seite 226).

Denken Sie immer auch daran, dass Sie auf der Anlage N nur Werbungskosten geltend machen dürfen, die Sie selbst getragen haben. Was Ihnen andere erstattet haben, etwa der Arbeitgeber oder die Versicherung, hat hier nichts verloren.

Zeile 31 bis 40: Fahrten zur Arbeit

Der Weg zur Arbeit bringt bundesweit rund 26 Milliarden Euro Werbungskosten pro Jahr, aber natürlich nur denen, die eine Steuererklärung abgeben. Der große Milliardenbetrag speist sich aus der kleinen Entfernungspauschale von 30 Cent, die Arbeitnehmer für jeden Entfernungskilometer ihres Arbeitswegs als Werbungskosten geltend machen dürfen. Es zählt nur die „einfache Entfernung", das heißt: entweder die Hinfahrt oder die Rückfahrt, nicht aber hin und zurück. Wer beispielsweise an 220 Tagen im Jahr in den 14 Kilometer entfernten Betrieb fährt, kommt auf 924 Euro Werbungskosten (220 mal 0,30 mal 20) und hat allein damit schon den Arbeitnehmerpauschbetrag von 920 Euro geknackt. Stiege der Pauschbetrag von 920 auf 1000 Euro (siehe Seite 226), würde sich die Entfernung im Beispiel von 14 auf 16 Kilometer erhöhen.

Zeile 31 fragt, ob der Arbeitsweg per Pkw zurückgelegt wurde. Wer immer oder manchmal den ganzen Weg oder Teile davon mit dem Auto gefahren ist, kreuzt links an, Firmenwagennutzung bedeutet ein Kreuz in der Mitte, ganz nach rechts gehört so oder so das Auto-Kennzeichen. Wer nie ein Auto nutzte, lässt die Zeile frei. In **Zeile 32 bis 35** gehören regelmäßige Arbeitsstätte(n) mit Ort

und Straße, die Zahl der wöchentlichen Arbeitstage sowie ganz
rechts Urlaubs- und Krankheitstage.

31	Die Wege wurden ganz oder teilweise zurückgelegt mit einem eigenen oder zur Nutzung überlassenen	✕ privaten Kfz	☐ Firmenwagen	Letztes amtl. Kennzeichen	B-FF 4711	
32	Regelmäßige Arbeitsstätte in (PLZ, Ort und Straße) – ggf. nach besonderer Aufstellung				Arbeitstage je Woche	Urlaubs- und Krankheitstage
	MEDTECH GmbH, EINSTEINWEG 13, 15827 DAHLEWITZ				5	3 0

Die Entfernungspauschale von 30 Cent gibt es für jeden vollen Kilometer, unabhängig davon, mit welchem Verkehrsmittel der Arbeitsweg zurückgelegt wurde. Auto, Zug, Rad oder „Schusters Rappen"
bringen pro Kilometer alle dasselbe. Es gibt aber ein paar Unterschiede und die machen die **Zeilen 36 bis 39** erforderlich. Zunächst
geht aber die amtliche Kontrolltour weiter: In das linke Zahlenfeld
gehört die betreffende Zeilenzahl aus **Zeile 32 bis 35**, in das zweite
von links die Anzahl der Tage, an denen Sie zur ganz links bezeich-
neten Firma gefahren sind, in das dritte die Entfernung in ganzen
Kilometern. Berechnungsgrundlage ist die kürzeste Straßenverbindung, egal welches Verkehrsmittel tatsächlich genutzt wurde. Die
Entfernung kennt das Finanzamt in der Regel genau, rundet Stellen
hinter dem Komma immer auf den vollen Kilometer ab und wird
bei Umwegfahrten stutzig. Längere Strecken akzeptiert das Amt
allerdings, wenn dadurch die Fahrzeit zwischen Wohnung und
Firma insgesamt kürzer wird, etwa über eine längere aber schnellere Autobahnverbindung oder eine Ortsumgehungsstraße.

Im 4. Zahlenfeld von links will das Finanzamt wissen, wie viele
Kilometer der einfachen Entfernung Sie mit dem Privat- oder Firmenwagen gefahren sind. Wer die gesamte Strecke per Auto unterwegs war, schreibt hier wieder die einfache Entfernung hinein.
Hat der Arbeitgeber einen kostenlosen Sammeltransport organisiert,
kommt der damit zurückgelegte Teil der einfachen Entfernung in
das 5. Zahlenfeld von links (und fällt für den Werbungskostenabzug
unter den Tisch). Im 6. Zahlenfeld von links will das Amt den Teil
der Entfernung sehen, der nicht mit dem Auto zurückgelegt wurde, oder, wenn doch mit dem Auto, dann nicht als Fahrer, sondern

als Teil einer Fahrgemeinschaft. Im 7. Zahlenfeld von links geht es nicht mehr um Kilometer, sondern um Euro, die nachweislich für öffentliche Verkehrsmittel ausgegeben wurden, um zur Arbeit zu gelangen. In das Kästchen rechts außen können Behinderte die Ziffer „1" eintragen.

Hintergrund dieser ziemlich nervigen Abfrage ist vor allem die grundsätzliche Begrenzung der Entfernungspauschale auf 4 500 Euro pro Jahr. Wenn Juristen den Begriff „grundsätzlich" verwenden, gibt es in der Regel jede Menge Ausnahmen, so auch hier. Die erste Ausnahme: Pkw-Nutzer dürfen die Entfernungspauschale in unbegrenzter Höhe absetzen, auch wenn mehr als 4 500 Euro zusammenkommen. Hier lauert allerdings eine „Ausnahme von der Ausnahme": Wenn jemand nicht als Fahrer sondern nur als Mitfahrer einer Fahrgemeinschaft unterwegs ist, gilt für ihn die 4 500-Euro-Grenze. Zweite Ausnahme: Wer mit dem Zug oder anderen öffentlichen Verkehrsmitteln zur Arbeit gefahren ist (dazu gehört übrigens auch das Taxi), und die dafür entstandenen Kosten nachweist, darf das absetzen, was er tatsächlich bezahlt hat. Das ist natürlich nur sinnvoll, wenn es höhere Werbungskosten einbringt als die Entfernungspauschale (siehe Beispiel Seite 96). Eine Obergrenze gibt es nicht. Dritte Ausnahme: Behinderte Menschen können die tatsächlichen Kosten absetzen, wenn der Behinderungsgrad mindestens 70 beträgt oder 50 plus Merkzeichen „G" im Behindertenausweis steht. Das gilt für Fahrten mit dem Pkw, wofür pauschal 30 Cent für jeden gefahrenen Kilometer absetzbar sind, also insgesamt 60 Cent pro Entfernungskilometer. Behinderte

dürfen per Nachweis auch noch höhere tatsächliche Kosten als diese 60 Cent abrechnen. Die nachgewiesenen tatsächlichen Kosten für Fahrten mit öffentlichen Verkehrsmitteln können Behinderte wie Nichtbehinderte ohne Begrenzung absetzen. Vierte Ausnahme: Flug- und Fährkosten sind nur mit den nachgewiesenen tatsächlichen Kosten absetzbar, nicht mit der Entfernungspauschale. Das passiert aber nicht hier, sondern in **Zeile 46**.

 TIPP

Mit der Entfernungspauschale sind im Prinzip alle Kosten für den Arbeitsweg abgegolten. Ausgaben für Pkw-Unfälle sind aber zusätzlich zur Pauschale absetzbar, egal ob ein Unfall auf der Fahrt zwischen Wohnung und Firma erfolgte, oder auf einer Umwegstrecke zum Tanken oder Abholen eines Mitfahrers.

 Zum Beispiel das Ehepaar Laura und Lennart L. Beide arbeiten im selben Betrieb, 25 Kilometer von ihrer Wohnung entfernt. Acht Monate lang fuhren sie mit Lennarts Auto gemeinsam in die Firma. Drei Monate war Lennart wegen veränderter Arbeitszeiten allein mit dem Auto unterwegs, Laura nahm in dieser Zeit den Bus. Das Ticket kostete 60 Euro monatlich. Im Winter hatte Lennart auf einer Fahrt in die Firma einen Unfall mit nachfolgenden Reparaturkosten von 3 000 Euro. Andere Werbungskosten hatten sie nicht.

Lennarts Entfernungspauschale für Pkw-Fahrten (220 Tage mal 25 km mal 0,30)	**1 650**
Lauras Entfernungspauschale als Pkw-Beifahrerin (160 Tage mal 25 km mal 0,30)	+1 200
Lauras Entfernungspauschale für Busfahrten (60 Tage mal 25 km mal 0,30)	+450
Lauras Monatskarte für den Bus (3 Monate mal 60)	(180)
Lennarts Unfallkosten	+3 000
Fahrtkosten zur Arbeit insgesamt (alle Angaben in Euro)	**6 300**

Laura und Lennart geben ihre Fahrtkosten jeweils auf ihrer eigenen
Anlage N in **Zeile 36** an. Ihre Busfahrten rechnet Laura mit der
Entfernungspauschale (450 Euro) ab, weil das für sie günstiger ist,
als die tatsächlichen Ticket-Kosten (180 Euro). Die Unfallkosten
bekommt Lennart hier nicht unter, er schreibt sie in **Zeile 47** seiner
Anlage N. Insgesamt kommen beide zusammen auf 6300 Euro Werbungskosten (1 650 plus 1200 plus 450 plus 3 000). Die Arbeitneh-
merpauschbeträge wurden bereits beim Lohnsteuerabzug berücksichtigt. Unter dem Strich drücken weitere 4 300 Euro Fahrtkosten
die Steuerbelastung (6 300 minus 2 000).

	Arbeits-stätte lt. Zeile	aufgesucht an Tagen	einfache Entfernung	davon mit eigenem oder zur Nutzung überlassenem Pkw zurückgelegt	davon mit Sammelbeförderung des Arbeitgebers zurückgelegt	davon mit öffentl. Ver-kehrsmitteln, Motorrad, Fahrrad o. Ä., als Fuß-gänger, als Mitfahrer einer Fahrgemein-schaft zurückgelegt	Aufwendungen für Fahrten mit öffentlichen Verkehrsmitteln (ohne Flug- und Fährkosten) EUR	Behinderungsgrad mind. 70 oder mind. 50 und Merkzeichen „G"
36	32 40	6 0 41	2 5 km 68	km 78	km	2 5 km 27	1 8 0 ,— 36	1 = Ja
37	32 43	1 6 0 44	2 5 km 69	km 79	km	2 5 km 28	,— 37	1 = Ja

Zahlt Ihnen der Arbeitgeber oder die Arbeitsagentur Zuschüsse zu
den Fahrtkosten zwischen Wohnung und Firma, gehören die in
Zeile 40, in das linke (steuerfrei) beziehungsweise das rechte Zahlenfeld (pauschal versteuert). Art und Höhe des Zuschusses entnehmen Arbeitnehmer der Lohnsteuerbescheinigung oder der Bescheinigung der Arbeitsagentur.

TIPP

Arbeitnehmer mit wechselnden Einsatzorten, zum Beispiel Kundendienstbetreuer, Außendienstler, Bau-, Montage- oder Leiharbeiter, müssen sich nicht mit der Kilometerpauschale zufrieden geben. Sie dürfen pauschal 30 Cent für jeden gefahrenen Kilometer zwischen Wohnung und (wechselnder) Arbeitsstätte absetzen oder die nachgewiesenen tatsächlichen Kosten. Sie tragen solche Fahrten nicht hier ein, sondern ab Zeile 50.

Zeile 41 bis 49: Mix mit Sparpotential

In diese Zeilen gehören sehr unterschiedliche Werbungskosten, einschließlich solcher Positionen wie Arbeitszimmer, Fortbildung und Arbeitsmittel, die sich für manche Arbeitnehmer besonders steuersenkend auswirken können.

Wer einer Gewerkschaft, einem Beamtenverband oder einem anderen Berufs- oder Fachverband angehört, trägt Organisation und Beitrag in **Zeile 41** ein. Wenn Sie der erstmaligen Eintragung einen Beleg hinzufügen, kann das Rückfragen sparen.

Zeile 42 und 43: Arbeitsmittel

Als Arbeitsmittel (**Zeile 42 und 43**) gelten Dinge, die für den Job gebraucht werden, zum Beispiel Fachbücher, Büromöbel, Schreibmaterial, Arbeitskleidung, Werkzeug oder Computer.

Wenn Arbeitsmittel ohne Umsatzsteuer bis zu 410 Euro und mit Umsatzsteuer bis 487,90 Euro gekostet haben, gelten sie als sogenannte „geringwertige Wirtschaftsgüter". Deren Kaufpreis dürfen Arbeitnehmer im Jahr des Kaufs voll als Werbungskosten geltend machen. Wenn Arbeitsmittel mehr gekostet haben, müssen die Ausgaben auf die festgelegte Nutzungsdauer aufgeteilt werden, zum Beispiel Ausgaben für einen Computer auf drei Jahre, für ein

Handy auf fünf, für einen Schreibtisch oder andere Büromöbel auf 13 Jahre. Diese Methode heißt Abschreibung und wird kurz AfA genannt (Abschreibung für Abnutzung).

Sie erfolgt im Prinzip in gleichen Jahresbeträgen über die festgelegte Nutzungsdauer. Im Anschaffungsjahr gibt es den vollen Jahresbetrag aber nur, wenn das Arbeitsmittel im Januar gekauft wurde. Beim Kauf im März entfällt die AfA für Januar und Februar, es gibt nur noch zehn Zwölftel des Jahresbetrags für die zehn Monate von März bis Dezember. Verloren ist trotzdem nichts, wie das folgende Beispiel zeigt.

 Zum Beispiel Martin M. Der angestellte Programmierer kaufte sich im März 2011 für 1200 Euro einen Laptop, den er zu 70 Prozent für seinen Job nutzt. Außerdem leistet er sich das Abo eines Fachmagazins (180 Euro) und mehrere Fachbücher für insgesamt 150 Euro. Den Arbeitnehmerpauschbetrag hat Martin bereits mit der Pendlerpauschale ausgeschöpft. Im Jahr 2011 kann der Programmierer 564 Euro für Arbeitsmittel geltend machen. In den Jahren 2012 und 2013 kann er seinen Laptop mit jeweils 280 Euro abschreiben (400 mal 70 Prozent berufliche Nutzung). Im Jahr 2014 stehen ihm in den Monaten Januar und Februar noch insgesamt 47 Euro AfA zu, die er 2011 nicht nutzen konnte (280 durch 12 mal 2).

AfA Laptop 2011 (1 200 durch 3 Jahre)	**400**
davon 10/12 für die Monate März bis Dezember 2011	334
davon abzugsfähig wegen Privatnutzung (334 mal 70 Prozent)	234
plus Abo Fachmagazin	+ 180
plus Fachbücher	+ 150
2011 insgesamt absetzbar (234 + 180 + 150) (alle Angaben in Euro)	**564**

Wer wissen will, über wie viele Jahre ein Arbeitsmittel abgeschrieben werden muss, kann das per Internet beim Bundesfinanzministerium erfahren (www.bundesfinanzministerium.de), wenn er dort „AfA-Tabellen" als Suchbegriff eingibt. Die Tabellen sind aber sehr unübersichtlich. Einfacher ist es in der Regel, beim Finanzamt nachzufragen. Zur AfA gibt es Regalkilometer juristischer Abhandlungen; für Arbeitnehmer ist sie zum Glück relativ übersichtlich.

Ausgaben für Arbeitsmittel dürfen als Werbungskosten abgesetzt werden, wenn die Gegenstände so gut wie ausschließlich beruflich genutzt werden. Eine private Mitnutzung von höchstens zehn Prozent schadet nichts. Liegt der private Nutzungsanteil aber darüber, fällt alles dem Rotstift zum Opfer. Es gibt aber immer mehr Ausnahmen von dieser Regel. Der Computer (plus Zubehörgerät wie Drucker) ist eine davon. Telefon, Anrufbeantworter und Fax sind andere. Hier lassen sich die Kosten geschätzt oder per Nachweis in beruflich und privat aufteilen und der berufliche Anteil darf geltend gemacht werden. Eine hälftige berufliche Nutzung hakt das Amt in der Regel ab, eine höhere oftmals nur mit Nachweis. Manchmal kommt es auf einen Versuch an.

Der Zusammenhang zwischen beruflich und privat funktioniert übrigens auch in umgekehrter Richtung: Würde Martin M. einen Schreibtisch (samt Computertisch), den er sich im Januar 2010 für 500 Euro privat gekauft und in sein Wohnzimmer gestellt hat, ab 2011 so gut wie ausschließlich beruflich nutzen, könnte er ihn ab 2011 als Arbeitsmittel über 12 Jahre mit 39 Euro pro Jahr absetzen (500 durch 13 Jahre Nutzungsdauer). Das erste Jahr ist wegen der Privatnutzung für die AfA futsch.

Es kommt aber noch besser: Martin kann den Schreibtisch nämlich 2011 auch komplett absetzen, denn der ist abschreibungstechnisch gesehen 2011 nur noch 461 Euro wert (500 minus eine AfA-Jahresrate von 39 Euro). Er liegt damit unterhalb von 487,90 Euro und das ist die Grenze (einschließlich Umsatzsteuer), bis zu der sogenannte geringwertige Wirtschaftsgüter sofort abgeschrieben werden dürfen.

Typische Berufskleidung, etwa der „Blaumann", die Polizeiuniform (oder auch einheitliche Betriebskleidung) gilt als Arbeitsmittel und die Ausgaben dafür sind Werbungskosten. Die Betonung liegt dabei auf „typisch", denn Kleidungsstücke, die üblicherweise auch im Alltag getragen werden, zählen nicht dazu. Bei typischer Berufskleidung sind nicht nur die Anschaffungskosten abzugsfähig, sondern auch die Reinigung, egal ob die eine Reinigungsfirma ausführt oder die eigene Waschmaschine.

 TIPP

Verbraucherverbände haben für die Reinigung von Berufskleidung daheim Richtgrößen entwickelt, die auch das Finanzamt akzeptiert, zum Beispiel 87 Cent pro Kilogramm getrocknete und gebügelte Buntwäsche im Zweipersonenhaushalt (siehe Tabelle Seite 237).

	Beiträge zu Berufsverbänden (Bezeichnung der Verbände)		
41	GEWERKSCHAFTSBEITRAG	51	4 0 0,—
	Aufwendungen für Arbeitsmittel – soweit nicht steuerfrei ersetzt – (Art der Arbeitsmittel bitte einzeln angeben.)	EUR	
42	FACHBÜCHER	1 8 5,—	

Zeile 44: Häusliches Arbeitszimmer

Arbeitnehmer haben zwei Möglichkeiten, Raumkosten für ein häusliches Arbeitszimmer geltend zu machen. Erste Möglichkeit: Ist dieser Raum Mittelpunkt der gesamten beruflichen Tätigkeit, etwa bei Heim- oder Telearbeitern, können alle Ausgaben als Werbungskosten geltend gemacht werden, zum Beispiel für Miete, Strom und Heizung (siehe auch Seite 105). Diese Voraussetzung erfüllen Arbeitnehmer eher selten. Zweite Möglichkeit: Ist das Heimbüro nicht Mittelpunkt der beruflichen Arbeit, existiert aber für die dort ausgeführten Tätigkeiten kein anderer Arbeitsplatz, können bis zu 1 250 Euro im Jahr abgesetzt werden. Das betrifft zum Beispiel Außendienstmitarbeiter, Lehrer und vergleichbare Berufsgruppen, die Teile ihrer Arbeit zu Hause machen müssen, weil sie es am Arbeitsplatz nicht können. Auch Arbeitnehmer, die sich fortbilden und das Arbeitszimmer zum Selbststudium brauchen, können begünstigt sein.

Wer sein Arbeitszimmer beruflich und privat nutzt, kann die Kosten aufteilen. Die anteiligen Ausgaben für die berufliche Nutzung können jetzt – ähnlich wie bei Auswärtstätigkeit (siehe Seite 118) – als Werbungskosten absetzbar sein. Darüber muss der Bundesfinanzhof entscheiden (siehe Seite 224). Die bisherige Bedingung, dass ein Raum zu mindestens 90 Prozent beruflich genutzt werden muss, um als häusliches Arbeitszimmer Anerkennung zu finden, ist damit umstritten.

Andere Bedingungen gelten weiter, so muss das Arbeitszimmer ein separates Zimmer innerhalb des Wohnbereichs sein, das durch eine Tür abgetrennt wird. Ein Durchgangszimmer wird in der Regel nicht anerkannt. Eine Abstellkammer, ein Zimmer im Anbau oder im Dachgeschoss des Einfamilienhauses kann dagegen als häusliches Arbeitszimmer durchgehen. Die Wohnung sollte so groß sein, dass ohne das Arbeitszimmer noch genügend Freiraum für die Privatsphäre bleibt. Ein „Wohnklosett mit Kochnische und Arbeitszimmer" geht nicht durch. Die Einrichtung sollte „büromäßig" ausfallen und überwiegend mit beruflich notwendigen Gegenständen wie Schreibtisch, Regalen oder Bücherschrank bestückt sein.

Die Einschränkungen gelten nur für die Anerkennung eines „häuslichen Arbeitszimmers". Ein Arbeitsraum in der Wohnung der Oma oder bei der Freundin um die Ecke ist nicht „häuslich", sondern „außerhäuslich", und dafür gelten diese Einschränkungen nicht. So ein Raum kann sich übrigens auch im selben Mehrfamilienhaus wie die Wohnung befinden, wenn er baulich klar von ihr getrennt ist. Oft geht es um die Frage, ob ein Raum überhaupt ein „Arbeitszimmer" ist. Wer zu Hause eine Werkstatt, ein Studio oder ein Lager beruflich nutzt, hat kein Arbeitszimmer. Ein solcher Raum sollte dann aber nicht eingerichtet sein wie ein Büro. Dann

können die Raumkosten voll und nicht nur bis 1 250 Euro abgesetzt werden.

TIPP

Wenn das Finanzamt Raumkosten für ein Arbeitszimmer nicht anerkennt, sind Computer und Schreibtisch, andere Büromöbel und Bürotechnik als Arbeitsmittel trotzdem absetzbar, wenn sie zu Hause für den Job genutzt werden. Sie gehören aber nicht in Zeile 44 sondern in Zeile 42 bis 43 (siehe Seite 98).

Zum Beispiel Familie N. Nora und Norbert N. sind beide Lehrer, verheiratet und haben die zweijährige Tochter Nina. Norbert arbeitet im Schuldienst, Nora pausiert wegen Nina. Das Arbeitszimmer in ihrer 100 Quadratmeter großen Mietwohnung hat eine Fläche von 15 Quadratmetern. Sie zahlen 850 Euro Monatsmiete (einschließlich aller Betriebskosten, Strom und Gas). Im Januar 2010 hat Norbert den Raum mit einer Büroschrankwand für 1 300 Euro und mit einem Schreibtisch für 400 Euro ausgestattet, außerdem einen Computer samt Drucker (1 500 Euro) angeschafft. Die Geräte nutzt er je zur Hälfte beruflich und privat. Für ihre Hausratsversicherung zahlte Familie N. 300 Euro. Norbert hat die Werbungskostenpauschale bereits mit Fahrten zur Arbeit ausgeschöpft. Von den Raumkosten kann er 1 250 Euro in **Zeile 44** geltend machen,

325 Euro bleiben wegen der Höchstgrenze von 1 250 Euro unberücksichtigt. Unabhängig von den Raumkosten kann Norbert 350 Euro für Arbeitsmittel in **Zeile 42 bis 43** schreiben.

Raumkosten	
Miete und Nebenkosten (850 mal 12 mal 15 Prozent anteilige Wohnfläche)	1 530
Hausratsversicherung (300 mal 15 Prozent)	+ 45
Raumkosten insgesamt	1 575
davon abzugsfähig (maximal 1 250, Angaben in Euro)	1 250
Arbeitsmittel	
Büroschrankwand (1 300 durch 13 Jahre Nutzungsdauer)	100
Schreibtisch (400 bereits 2010 voll abgeschrieben)	0
Computer mit Drucker	250
(1 500 durch 3 Jahre Nutzungsdauer mal 50 % berufliche Nutzung)	
Arbeitsmittel insgesamt (alle Angaben in Euro)	**350**

Wenn Nina im nächsten Jahr in den Kindergarten kommt, Nora wieder arbeitet und das Arbeitszimmer mitnutzt, kann das Lehrerehepaar trotzdem nicht mehr absetzen, denn die Abzugsbeschränkung von 1 250 Euro Raumkosten gilt pro Raum und jeder darf dann maximal 625 Euro in **Zeile 44** schreiben. Sollte sich Nora allerdings ein eigenes Arbeitszimmer einrichten, darf auch sie bis zu 1 250 Euro dafür absetzen. Das funktioniert übrigens auch dann, wenn sie sich während der Baby-Pause weiterbildet und dafür ein eigenes Heimbüro braucht.

INFO Heim-Büro: Die wichtigsten Abzugsposten

- Raumkosten für Mieter: Miete und die Mietnebenkosten. Hinzu kommen weitere Ausgaben, etwa für Strom, Heizung, Wasser, Gas, Reinigung, Renovierung oder Hausratsversicherung.
- Raumkosten für Eigentümer: Anstelle der Miet- und Mietnebenkosten machen Wohnungseigentümer die Ausgaben geltend, die sie im Fall einer Vermietung des Raums als Werbungskosten abziehen könnten, zum Beispiel Finanzierungskosten, Gebäudeabschreibung, Reparaturkosten, Gebäudeversicherung und Grundsteuer. Andere Raumkosten, beispielsweise für Energie, können sie wie Mieter absetzen.
- Raumausstattung: Ausgaben, die ausschließlich dem Arbeitszimmer zugeordnet werden können, etwa für die Ausstattung dieses Raums mit Lampen oder einem Teppich, sind grundsätzlich voll absetzbar ebenso die Renovierung und Reinigung. Hier kann allerdings die Höchstgrenze von 1 250 Euro als „Deckel" wirken. Beziehen sich Kosten nicht nur auf das Arbeitszimmer, sondern auf die gesamte Wohnung, beispielsweise für Heizung, Finanzierung, oder Versicherung, ist nur der Teil absetzbar, der auf das Arbeitszimmer entfällt. Der richtet sich nach dem Verhältnis von Gesamtwohnfläche zur Fläche des Arbeitszimmers (siehe Beispiel Seite 104).
- Arbeitsmittel: Ausgaben für Schreibtisch, Regal oder Bücherschrank, Computer, Fax, Drucker oder Kopierer sind sofort oder entsprechend ihrer festgelegten Nutzungsdauer als Werbungskosten absetzbar (siehe Seite 98). Das funktioniert unabhängig davon, ob sich die Sachen in einem steuerlich anerkannten Arbeitszimmer oder anderswo in der Wohnung befinden. Sie werden nicht auf die 1 250-Euro-Grenze angerechnet.

Zeile 45: Fortbildungskosten

Arbeitnehmer, die sich weiterbilden oder die umschulen, können Ausgaben dafür als Werbungskosten geltend machen. Das betrifft Bildungsveranstaltungen aller Art und jeden Umfangs, zum Beispiel Lehrgänge, Schulungen, Tagungen, Kurse, Studien, Übungen oder Vorträge. Erkennt das Finanzamt eine Bildungsmaßnahme als förderungswürdig an, ist die ganze Palette der angefallenen Kosten absetzbar. Dazu gehören etwa Lehrgangs- und Prüfungsgebühren, Fahrt- und Übernachtungskosten. Im Prinzip dürfen Arbeitnehmer alles, was an Werbungskosten für den Job absetzbar ist, auch in der Form von Fortbildungskosten geltend machen (siehe Infokasten Seite 108).

Es gibt aber eine wichtige Einschränkung. Ausgaben für eine erste Ausbildung, etwa für einen allgemein bildenden Schulabschluss wie das Abitur, sieht der Fiskus bisher als Privatsache an. Sie gelten damit im Regelfall nicht als unbegrenzt abzugsfähige Werbungskosten und werden bestenfalls als Sonderausgaben anerkannt (siehe Seite 47).

Der Bundesfinanzhof (BFH) hat in zwei aktuellen Urteilen erneut entschieden, dass auch Kosten einer Erstausbildung (VI R 38/10) und eines Erststudiums (VI R 7/10) als Werbungskosten abzugsfähig sein können. Es handelte sich dabei um eine Pilotenausbildung und um ein Medizinstudium, das gleich anschließend an das Abitur begann. Wie Verwaltung und Gesetzgebung darauf reagieren, stand zu Redaktionsschluss noch nicht fest. Betroffene sollten eine Steuererklärung abgeben, ihre Ausgaben in die Anlage N schreiben und erforderlichenfalls unter Berufung auf das entsprechende Aktenzeichen Einspruch gegen den Steuerbescheid einlegen.

Findet die Ausbildung im Rahmen eines Dienstverhältnisses statt, sind alle Ausgaben dafür ohnehin Werbungskosten. Wer als Azubi bei einer Firma angeheuert hat, gilt als Arbeitnehmer und seine Bildungsausgaben sind Werbungskosten. Gleiches trifft für die Kosten eines Erststudiums nach einer Berufsausbildung zu, egal ob als Direkt- oder Fernstudium.

Hobby-Kurse bleiben in jedem Fall Privatvergnügen. Wenn etwa der Buchhalter einer Computerfirma Kurse über Orchideen-Zucht belegt, wird er das Finanzamt kaum dafür gewinnen können, diese Kosten anzuerkennen. Damit das Amt mitspielt, muss eine Bildungsveranstaltung darauf gerichtet sein, in Zukunft steuerbare Einkünfte zu erzielen. Ob die später tatsächlich fließen, ist egal.

Bei Sprachkursen tut sich das Finanzamt oft schwer. Hier können nachvollziehbare Argumente zum beruflichen Zusammenhang der Bildungsmaßnahme und eine Bescheinigung des Arbeitgebers den Werbungskostenabzug erleichtern. Gleiches gilt für Bildungsveranstaltungen im Ausland, besonders wenn sie an Orten stattfinden, die touristisch interessant sind. Hier hilft außerdem die Vorlage eines Veranstaltungsprogramms, aus dem hervorgeht, dass die dort verbrachte Zeit weit überwiegend der beruflichen Bildung diente und wenig Freizeit zur Verfügung stand.

Die strikte Grenze zwischen privat und beruflich ist in letzter Zeit etwas durchlässiger geworden. Wer früher beispielsweise zu einem dreitägigen Weiterbildungsseminar von Berlin nach München fuhr und anschließend noch drei Tage Urlaub dort verbrachte, hatte teils berufliche und teils private Ausgaben mit der Folge, dass von derart „gemischten Aufwendungen" gar nichts absetzbar war. Das ist nun anders, wenn die Trennung zwischen „Dienst und Schnaps" klar nachweisbar ist, wie in diesem Fall. Alle direkten Seminarkosten, etwa die Teilnahmegebühr, sind Werbungskosten, ebenso die anteiligen Reise- und Übernachtungskosten, in diesem Fall drei Sechstel vom Gesamtaufwand. Die privaten Kosten sind weiterhin nicht absetzbar, aber sie vermasseln nun wenigstens den Werbungskostenabzug der beruflichen Ausgaben nicht mehr (siehe Seite 118).

Wer sich mit Abgrenzungsfragen herumschlagen muss, sollte Profirat einholen, besonders wenn es um höhere Beträge geht. Solche Fragen können beispielsweise sein: Was zählt als Ausbildung und was nicht, wann ist eine Ausbildung abgeschlossen, wann unterbrochen, was ist eine Erst- und was ist eine Zweitausbildung, was gilt als privat und was gilt als beruflich?

INFO Bildungskosten von A bis Z

Diese unterschiedlichen Arten von Bildungskosten sind grundsätzlich absetzbar, egal ob es sich dabei um Ausgaben für eine Erstausbildung oder für ein Zweitstudium handelt, ob es um einen Kongress, ein Seminar oder eine andere Veranstaltung geht. Solche Ausgaben können Arbeitnehmer je nach der steuerlichen Einordnung der Bildungsmaßnahme als Sonderausgaben auf dem Mantelbogen (siehe Seite 47) oder als Werbungskosten hier auf der Anlage N geltend machen.

- Arbeitsmittel

Das sind zum Beispiel Ausgaben für Fachliteratur, Büromaterial, Kopien und andere Leistungen des Copy-Shops, Schreibtisch, Stuhl und andere Büromöbel, Computer, Laptop und weitere erforderliche Geräte. Arbeitsmittel bis 487,90 Euro (mit Mehrwertsteuer) können Sie voll im Jahr der Anschaffung geltend machen. Teurere Arbeitsmittel schreiben Sie entsprechend der Nutzungsdauer ab, zum Beispiel einen Computer über drei Jahre (siehe Seite 99).

- Doppelter Haushalt

Wer am Ort der Bildung einen zweiten Haushalt führt, kann Kosten wie bei der doppelten Haushaltsführung geltend machen (siehe Seite 122), bei berufsbegleitender Fortbildung Fahrtkosten sogar wie bei Dienstreisen (siehe Seite 118).

- Fahrten

Wird die Bildungsstätte bei einer Vollzeitausbildung regelmäßig aufgesucht, etwa bei Studenten die Uni, bei Umschülern ein Weiterbildungsinstitut oder die entsprechende Einrichtung für Meisterkurse, gilt die Entfernungspauschale von 30 Cent pro Entfernungskilometer wie bei den Fahrten zur Arbeit (siehe Seite 93). Wer nur gelegentlich in Sachen Bildung unterwegs ist, kann 30 Cent pro Fahrtkilometer oder die tatsächlichen Kosten wie bei einer Auswärtstätigkeit geltend machen (siehe Seite 118). Fahren Azubis zu einer Berufsschule außerhalb ihres Ausbildungsbetriebs, stehen ihnen ebenfalls 30 Cent pro Fahrtkilometer zu und nicht nur die Entfernungspauschale. Die Förderung für behinderte Menschen gilt auch hier, egal ob die Fahrtkosten wie regelmäßige Fahrten zwischen Wohnung und Betrieb oder wie Reisekosten behandelt werden (siehe Seite 95).

▪ Gebühren aller Art

Für viele Bildungsaktivitäten werden Gebühren oder andere Zahlungen fällig, etwa Studien-, Kurs- oder Prüfungsgebühren, Bibliotheks- oder Fernleihe-Gebühren, Telefon- und Internet-Kosten.

▪ Häusliches Arbeitszimmer

Für Arbeitnehmer, die sich gewissermaßen „hauptberuflich" weiterbilden, etwa in der Elternzeit, kann das Arbeitszimmer der Mittelpunkt ihrer gesamten beruflichen Tätigkeit sein. Sie können Ausgaben für das Heimbüro als Werbungskosten geltend machen (siehe ab Seite 92) oder als Sonderausgaben bis 4 000 Euro (siehe Seite 47). Wer sich nebenbei weiterbildet und das Arbeitszimmer nur zum Selbststudium nutzt, kann bis zu 1 250 Euro absetzen, wenn für die Bildung anderswo kein Platz zur Verfügung steht.

▪ Übernachtung

Wer sich außerhalb seines Wohnorts bildet, darf die tatsächlich entstandenen Übernachtungskosten als Werbungskosten oder Sonderausgaben geltend machen (siehe Seite 119).

▪ Verpflegung

Für Bildungsmaßnahmen außerhalb des Wohnorts gelten dieselben Regeln wie für Auswärtstätigkeit: Je nach Dauer der Abwesenheit kann es 6 bis 24 Euro Verpflegungspauschale geben (siehe Seite 119). Das gilt aber nur befristet für die ersten drei Monate der Auswärtsbildung. Für Arbeitnehmer, die nur ein bis zwei Tage in der Woche eine Bildungseinrichtung aufsuchen, gilt die Dreimonatsfrist nicht. Sie dürfen die Verpflegungspauschale unbefristet geltend machen.

▪ Sonstige Bildungskosten

Zinsen und andere Kosten eines Bildungskredits sind ebenso absetzbar wie Ausgaben für eine juristische Auseinandersetzung im Zusammenhang mit Ausbildungs- und Fortbildungskosten, zum Beispiel bei einem Rechtsstreit um einen Studienplatz oder Prüfungsergebnisse.

Zum Beispiel Olaf O. Der angestellte Masseur bildet sich an zehn Wochenenden im Jahr zum Qigong-Lehrer weiter. Er fährt dafür jeweils 30 Kilometer (Hin- plus Rückweg) mit dem Auto und ist an jedem Kurstag elf Stunden von zuhause weg. Seine Aufwendungen kann Olaf als Werbungskosten geltend machen, weil es sich um eine Zweitausbildung handelt, die nach seinem Berufsabschluss als Masseur stattfindet. Die Kursgebühr gehört in **Zeile 45**, Fahrtkosten in **Zeile 50**, die Verpflegungspauschale in **Zeile 52**.

Kursgebühr pro Jahr	**1 700**
Fahrtkosten hin und zurück (30 km mal 20 Tage mal 0,30)	+ 180
Verpflegungspauschale (6 Euro mal 20 Tage, siehe Seite 119)	+ 120
Werbungskosten insgesamt (alle Abgaben in Euro)	**2 000**

Weil sein Arbeitnehmerpauschbetrag durch Fahrtkosten zur regelmäßigen Arbeitsstelle bereits komplett ausgeschöpft ist, kann Olaf die 2 000 Euro Fortbildungskosten als Werbungskosten voll absetzen.

Zeile 46 bis 49: Weitere Werbungskosten

In diese Zeilen gehören alle Werbungskosten, die sich nirgendwo sonst auf der Anlage N unterbringen lassen. Das Formular gibt allerdings eine gewisse Ordnung vor. So kommen in **Zeile 46** Fahrtkosten zwischen Wohnung und Betrieb, für die (eher wenigen) Arbeitnehmer, die mit Flugzeug oder Fähre zur Arbeit gelangen. Sie machen hier die tatsächlichen Kosten geltend. Die Entfernungspauschale steht ihnen nicht zu.

In **Zeile 47** wird unter anderem nach Bewerbungskosten gefragt. Dazu gehören alle Ausgaben, die in diesem Zusammenhang anfallen, beispielsweise sind das Ausgaben für Stellengesuche, Fachzeitschriften, Büromaterial, Kopien, Fotos, Telefon, Porto oder für das Internet, Ausgaben für Bewerbungstrainings oder Bewerbungsmappen gehören ebenfalls dazu. Kosten für Bewerbungsgespräche, einschließlich Fahrt, Übernachtung und Verpflegungspauschale, sind wie bei einer Auswärtstätigkeit absetzbar (siehe Seite 118). Wer den Einzelnachweis vermeiden will, kann es mit einer Pauschale von 2,50 pro elektronische Bewerbung versuchen. Erfolgte die Bewerbung mit einer per Post versandten Bewerbungsmappe, können auch pauschal 8,50 durchgehen. Als Nachweise gelten Kopien der Bewerbungsschreiben und Antwortschreiben. Ob eine Bewerbung Erfolg oder ob sie keine hatte, ist für den Werbungskostenabzug unerheblich.

 TIPP

Oftmals ergeben sich aus hohen Bewerbungskosten Verluste, weil in Bewerbungsphasen nur geringe oder keine positiven Einkünfte hereinkommen. Dann kann es sich trotzdem lohnen, eine Steuererklärung abzugeben, denn solche Verluste können die Steuern in anderen Jahren drücken (siehe Seite 72).

Kontoführungsgebühren für das Girokonto, auf dem der Lohn eingeht, gehören ebenfalls in **Zeile 47**. Sie dürfen pauschal mit 16 Euro absetzt werden. Beziehen beide Ehegatten Lohn, können beide jeweils 16 Euro eintragen.

Arbeitnehmer, die ihr privates Telefon oder Handy für dienstliche Gespräche nutzen, können pauschal 20 Prozent ihrer privaten Telefongebühren als Werbungskosten geltend machen, maximal 20 Euro im Monat. Liegt der dienstliche Anteil höher, empfiehlt es sich, über drei Monate eine Liste aller Gespräche zu führen. Die kann dann als Nachweis für eine höhere dienstliche Nutzung als 20 Prozent dienen und führt dazu, dass der ermittelte Anteil der Anschaffungskosten des Telefons, der Anschlusskosten und der Gesprächsgebühren als Werbungskosten absetzbar ist. Was für Telefongebühren funktioniert, gilt entsprechend für Internetgebühren.

Arbeitnehmer dürfen Steuerberatungskosten, die mit ihrer Erwerbstätigkeit zusammenhängen, weiterhin hier als Werbungskosten absetzen. Das betrifft zum Beispiel Kosten für die Erarbeitung der Anlage N durch einen Steuerberater oder durch einen Lohnsteuerhilfeverein. Sogenannte „private Steuerberatungskosten" sind seit 2006 nicht mehr absetzbar, beispielsweise Ausgaben für die Erarbeitung der Anlage Kind oder des Mantelbogens (siehe Seite 52 und 114). Steuerberater teilen in ihrer Gebührenabrechnung die Kosten in der Regel genau auf, die berufsbedingten gehören hierher.

Manchmal lassen sich Steuerberatungskosten aber nicht trennen, beispielsweise wenn jemand ein PC-Steuerprogramm oder diesen Steuerratgeber gekauft hat. Arbeitnehmer können in diesem „Mischfall" den Kaufpreis komplett als Werbungskosten in **Zeile 47 bis 49** geltend machen, denn Steuerberatungskosten bis 100 Euro müssen nicht aufgeteilt werden. Bei höheren Mischkosten akzeptiert das Finanzamt eine hälftige Aufteilung in absetzbare Werbungskosten und nicht absetzbare Sonderausgaben. Wer beispielsweise 300 Euro Steuerberatungskosten hat, etwa für Steuerfachliteratur (wie diesen Ratgeber), für PC-Steuerprogramme oder für den Mitgliedsbeitrag zum Lohnsteuerhilfeverein, kann davon 150 Euro als Werbungskosten absetzen.

Wenn Arbeitnehmer Bewirtungskosten als Werbungskosten geltend machen, prüft das Finanzamt den beruflichen Anlass besonders genau und akzeptiert nur wenige Anlässe, etwa Dienstjubiläen, Ernennungen, Beförderungen, Ein- und Ausstände, auch runde Geburtstage. Spielt das Finanzamt mit, sind 70 Prozent der Kosten abzugsfähig. Eine lange Liste von Finanzgerichtsprozessen zu diesem Thema zeugt von „vermintem Gelände". Wenn der Arbeitgeber solche Kosten übernimmt, muss sich ein Arbeitnehmer damit nicht plagen.

Ein größerer und oft genutzter Posten unter den sonstigen Werbungskosten (**Zeile 47 bis 49**) können beruflich bedingte Umzugskosten sein. Der erste Job, ein Jobwechsel, Versetzungen oder der Firmenumzug sind klare berufliche Gründe. Wenn der Umzug den Arbeitsweg um mindestens eine Stunde pro Tag verkürzt, gilt er ebenfalls als beruflich veranlasst. Das Finanzamt unterstützt auch Wohnungswechsel innerhalb eines Ortes, wenn dadurch eine wesentliche Verkürzung des Arbeitswegs erreicht wird. Die Verkürzung um mindestens eine Stunde ist ein wichtiges Kriterium, aber kein Dogma; im Einzelfall kann die Zeitersparnis deutlich darunter liegen. Das kann der Fall sein, wenn es sich um den Einzug in eine Dienstwohnung handelt oder um den Wegzug von dort, oder wenn der Betrieb bei häufigen Bereitschaftsdiensten nach einem Umzug in wenigen Minuten zu Fuß erreichbar ist. Es kommt also manchmal auf einen Versuch an. In Grenzfällen kann Profirat helfen, das Finanzamt vom berufsbedingten Charakter eines Umzugs zu überzeugen.

 TIPP

Auch wenn ein Umzug nichts mit der Arbeit zu tun hat, lassen sich Umzugskosten als haushaltsnahe Dienstleistungen geltend machen (siehe Seite 65). In Krankheits- oder Katastrophenfällen gilt ein Umzug manchmal als außergewöhnliche Belastung und kann in diesem Rahmen abzugsfähig sein (siehe Seite 58).

Eine Reihe umzugsbedingter Kosten sind absetzbar, zum Beispiel die nachgewiesenen Ausgaben für den Transport des Umzugsguts, die Reisekosten der Umzügler, Mietentschädigungen oder die Kosten für die Beschaffung einer Mietwohnung (siehe Infokasten Seite 116). Zusätzlich zu den dort genannten tatsächlichen Umzugskosten gewährt das Amt Pauschalbeträge für „sonstige Umzugskosten" (siehe Seite 117). Die werden oftmals aus Unkenntnis nicht geltend gemacht, obwohl sie ganz ordentlich bemessen sind und von Zeit zu Zeit etwas angehoben werden. Die Pauschalen gibt es für jeden berufsbedingten Umzug. Wer innerhalb von fünf Jahren zweimal umzieht, kann beim zweiten Mal 150 Prozent der Pauschalen geltend machen. Das ist vermutlich die fiskalisch-sparsame Auslegung der alten Volksweisheit: „Dreimal umgezogen ist so teuer wie einmal abgebrannt".

Wer die Pauschalen für sonstige Umzugskosten ansetzt, sollte nicht vergessen, daneben Transportkosten und die anderen Ausgaben, die im Infokasten auf Seite 116 unter den ersten vier Kostengruppen aufgelistet sind, geltend zu machen. Auch Umzugsfahrten mit dem eigenen Pkw schlagen übrigens mit 30 Cent pro Kilometer zu Buche. Für Umzüge im Rahmen einer doppelten Haushaltsführung gibt es keine Pauschalen (siehe Seite 126). Wer die danach aufgeführten „sonstigen Umzugskosten" auch in vollem Umfang per Einzelabrechnung an das Finanzamt weiterreichen will, muss aufpassen, denn dann sind die im Infokasten genannten Umzugspauschalen nicht nutzbar, und das dürfte sich in vielen Fällen negativ auswirken.

Zum Beispiel Familie P. Petra und Paul sind verheiratet, Tochter Pia besucht die siebte Klasse. Familie P. zieht von Berlin nach Rostock, weil Petra in einem nahe gelegenen Strandhotel als Küchenchefin angeheuert hat. Die Spedition stellt ihnen 1 500 Euro in Rechnung. Zusätzlich können sie Pkw-Anreisekosten am Umzugstag geltend machen (250 Kilometer mal 30 Cent für den Fahrer Paul plus 250 mal 4 Cent für die Mitfahrerinnen Petra und Pia) und Fahrtkosten für eine Wohnungsbesichtigung durch Petra und Paul. Dafür akzeptiert das Amt aber nur den preiswertesten Tarif für die Fahrkarte eines öffentlichen Verkehrsmittels, in diesem Fall der Bahn. Für ihre Berliner Wohnung musste Familie P. laut Vertrag für zwei weitere Monate nach dem Auszug Miete zahlen. Bei den „anderen Umzugskosten" schlug Pias Nachhilfeunterricht mit 500 Euro zu Buche, damit sie den Anschluss an die neue Schule gut schafft und im Rahmen der sonstigen Umzugskosten fielen 850 Euro für Schönheitsreparaturen und 150 Euro für weiteren Kleinkram an, insgesamt also 1 000 Euro. Familie P. nutzt die Umzugspauschalen und setzt insgesamt 5 411 Euro ab.

Speditionskosten	**1 500**
Umzugspauschale Petra und Paul (siehe Seite 117)	+ 1 283
Umzugspauschale Pia (siehe Seite 117)	+ 283
Wohnungsbesichtigung (billigster Bahntarif)	+ 160
Reisekosten am Umzugstag (250 km mal 0,34)	+ 85
Zwei Monate Mietentschädigung in Berlin (2 mal 800)	+ 1 600
Nachhilfe Pia	+ 500
Abzugsfähige Umzugskosten (alle Angaben in Euro)	**5 411**

INFO Umzugskosten

Der Begriff Umzugskosten umfasst eine ganze Reihe steuerlich abzugsfähiger Ausgaben. Andererseits gibt es ziemlich klar abgegrenzte Kostengruppen.

- Beförderungskosten

Hierzu gehören die Transportkosten des Umzugsguts, einschließlich Verpackung, Versicherung, Trinkgelder, der Aufwand für Transportschäden oder für den Ersatz von verloren gegangenem Hausrat.

- Reisekosten

Hier sind es zunächst Reisekosten vom alten zum neuen Wohnort während des eigentlichen Umzugs. Arbeitnehmer können Fahrtkosten wie bei einer Auswärtstätigkeit absetzen, zum Beispiel mit 30 Cent pro Fahrtkilometer oder mit den tatsächlichen Kosten (siehe Seite 118). Das gilt auch für erforderliche Übernachtungskosten und für die Verpflegungspauschale pro Person. Zu den Reisekosten gehören in beschränktem Umfang auch vor dem Umzug angefallene Ausgaben bei der Suche oder Besichtigen der neuen Wohnung. Geben Sie hier detailliert alle Kosten in einer gesonderten Anlage an. In der Regel übernimmt das Finanzamt nur Kosten von zwei Reisen einer Person oder von einer Reise zweier Personen zum preiswertesten Tarif, den öffentliche Verkehrsmittel bieten.

- Mietentschädigung

Muss ein Arbeitnehmer bereits für die neue Wohnung Miete zahlen, aber für die alte auch noch, kann er die alte Miete nach dem Umzug unbefristet als Werbungskosten geltend machen, Beamte dürfen das längstens für sechs Monate. Wer für die neue Wohnung schon zahlen muss, sie aber noch nicht beziehen kann, darf als Arbeitnehmer und Beamter sechs Monate lang die neue Miete als Werbungskosten geltend machen, wenn er gleichzeitig noch für die alte Wohnung zahlen muss. Ausnahme: Wenn die alte Wohnung sein Wohneigentum war, darf der Arbeitnehmer bis zu anderthalb Jahren eine Mietentschädigung geltend machen, die sich im Rahmen der ortsüblichen Miete bewegt. Wer sich mit solchen Problemen bei der Mietentschädigung herumschlagen muss, sollte besser einen Steuerprofi fragen, denn hier gibt es noch weitere, sehr spezielle Möglichkeiten und Stolpersteine.

■ Andere Umzugskosten

Abzugsfähig sind innerhalb dieser Kostengruppe ortsübliche Aufwendungen für Makler, Inserate, Telefon, Porto und andere Verbindungskosten, die für die Vermittlung der alten Mietwohnung angefallen sind. Geht es um eine Eigentumswohnung, zählen auch nur die Aufwendungen für eine vergleichbare Mietwohnung. Der Kauf eines neuen Kochherds kann bis zu 230 Euro Werbungskosten bringen und für notwendigen Nachhilfeunterricht pro Kind übernimmt das Amt pauschal bis zu 1 617 Euro.

■ Sonstige Umzugskosten

Der Unterschied zwischen „anderen" und „sonstigen" Kosten fällt in der Alltagssprache kaum auf. Die Steuersprache trennt das aber ganz klar. Bei den „Sonstigen" geht es um ziemlich viel Kleinkram, zum Beispiel um die Anpassung von Gardinenstangen, die Schönheitsreparatur in der alten Wohnung, Kosten des Telefon- und Kabelanschlusses, Ummeldegebühren für den Personalausweis und das Auto oder den Einbau eines Wasserenthärters für die Waschmaschine. Wer hier mit den gar nicht so knappen Pauschalen für sonstige Umzugskosten auskommt, ist schnell und unbürokratisch fertig. Sonstige Umzugskosten einzeln abzurechnen, lohnt sich nur, wenn mehr als die Pauschale herauskommt. Ab 1. August 2011 gibt es für ein Ehepaar 1 283 Euro, für Alleinstehende 641 Euro, für jeden weiteren Haushaltsangehörigen 283 Euro. Verwitwete und Geschiedene, die mit Angehörigen umziehen, werden wie Ehepaare behandelt.

Zeile 50 bis 56: Reisekosten

Wenn Arbeitnehmer beruflich unterwegs sind, können sie Reisekosten an das Finanzamt weitergeben. Der Begriff der Reisekosten
umfasst Fahrt-, Verpflegungs- und Übernachtungskosten, außerdem noch die Reisenebenkosten, zum Beispiel Ausgaben für den
Gepäcktransport oder Parkgebühren. Reisekosten entstehen, wenn
Arbeitnehmer dienstlich außerhalb ihrer Wohnung oder außerhalb
der Firma unterwegs sind, daher auch der Name „Auswärtstätigkeit" in **Zeile 50**. Der tägliche Weg zur Arbeit und wieder zurück
nach Hause gilt ausdrücklich nicht als Auswärtstätigkeit und Ausgaben dafür werden steuerlich auch ganz anders behandelt (siehe
Seite 93). Grundsätzlich sind nur berufliche Reisekosten absetzbar.
Hinter diesem Grundsatz verbirgt sich jetzt aber eine erfreuliche
Ausnahme: Seit 2010 kann der berufliche Teil von Reisekosten
auch dann als Werbungskosten abgesetzt werden, wenn die Reise
einen privaten Teil hatte. Früher hat die sogenannte „private Mit-
veranlassung" einer Reise immer zu „gemischten Aufwendungen"
geführt, und die fielen insgesamt dem Rotstift zum Opfer.

Heute gilt als Daumenregel: Arbeitnehmer können Reisekosten
komplett absetzen, wenn der berufliche Anteil mindestens 90 Prozent der Kosten ausmacht. Beläuft sich der berufliche Kostenanteil
auf unter 10 Prozent, ist gar nichts absetzbar. Bei einem beruflichen Anteil zwischen 10 und 90 Prozent der Kosten, sind die anteiligen beruflichen Kosten absetzbar. Fährt zum Beispiel ein Dienst-
reisender für 10 Tage nach Paris und nutzt einen Tag davon privat,
darf er alle Reisekosten geltend machen, weil es zu 90 Prozent eine
Dienstreise war. Nutzt er fünf Tage dienstlich und fünf Tage privat,
akzeptiert das Amt die Hälfte der abzugsfähigen Reisekosten.

Bei Gruppenreisen (besonders von Lehrern und besonders ins
Ausland) bleibt die Aufteilung in dienstlich und privat weiter proble-
matisch. Verwaltung und Gerichte unterstellen oft einen privaten
Anlass, wenn nicht an Hand von Reiseprogrammen, Veranstal-
tungsplänen und anderen geeigneten Unterlagen, etwa Bescheinigungen des Arbeitgebers, nachweisbar ist, dass der Zweck der

Reise eindeutig beruflich war und Freizeit so gut wie nicht stattfinden konnte.

Zeile 50 bis 51: Fahrt, Übernachtung & Co.

In **Zeile 50** gehört die Summe aller Reisekosten außer der Verpflegungspauschale. Das Amt will in der Regel eine genaue Einzelaufstellung der Kosten sehen. Wenn Sie die auf einem gesonderten Blatt gleich beilegen, sparen Sie Nachfragen. Arbeitnehmer dürfen ihre nachgewiesenen Fahrtkosten in der Regel ohne Einschränkung geltend machen.

Anstelle der tatsächlichen Kosten dürfen aber auch Pauschalen angesetzt werden, zum Beispiel 30 Cent für jeden Fahrtkilometer mit dem eigenen Pkw oder 13 Cent mit dem Motorrad. Für einen mitgenommenen Arbeitskollegen gibt es zusätzlich zwei beziehungsweise einen Cent pro Fahrtkilometer, Moped und Fahrrad schlagen mit acht beziehungsweise fünf Cent zu Buche. Gegen die (geringe) Höhe der Pkw-Pauschale läuft eine Verfassungsbeschwerde (siehe Seite 224). Ihre tatsächlichen Übernachtungskosten dürfen Arbeitnehmer laut Nachweis geltend machen. Sind darin Frühstückskosten enthalten, müssen die herausgerechnet werden, denn sie gelten nicht als Übernachtungskosten. Wer damit Probleme hat, kann das Frühstück im Inland mit 4,80 Euro schätzen.

In **Zeile 50** kommen auch Reisenebenkosten, dazu gehören zum Beispiel Ausgaben für Gepäck, Parkgebühren oder Telefon- und andere Verbindungskosten, die unterwegs anfielen.

Arbeitnehmer mit einer Fahrtätigkeit, etwa Berufskraftfahrer, rechnen ihre Reisekosten im Prinzip genauso ab. Das gilt auch für Arbeitnehmer mit wechselnden Arbeitsstellen, zum Beispiel Bau- oder Leiharbeiter (Fachbegriff: „Einsatzwechseltätigkeit").

Zeile 52 bis 56: Verpflegung

Sind Arbeitnehmer für die Firma auf Achse, stehen ihnen Verpflegungspauschalen zu. Ihre Höhe richtet sich danach, wie lange ein

Arbeitnehmer vom Betrieb, beziehungsweise von seiner Wohnung abwesend ist. Bis acht Stunden Abwesenheit gibt es gar nichts, erst zwischen acht bis 14 Stunden bringen im Inland pro Tag 6 Euro. Bei 14 bis 24 Stunden Abwesenheit gibt es 12 Euro und volle 24 Stunden schaffen 24 Euro Werbungskosten.

 Zum Beispiel Reiner R. Der angestellte Service-Techniker fährt für seine Computerfirma mit dem Zug von Berlin nach Hamburg. Er verlässt seine Wohnung am Montag um 7 Uhr. In Hamburg hatte Reiner die ganze Woche bei einem Kunden zu tun. Er trifft am Freitag um 17 Uhr wieder in seiner Berliner Wohnung ein. Die Bahnfahrkarte erstattet ihm der Arbeitgeber, ebenso die Hotelübernachtung. Die Taxifahrten zum und vom Bahnhof in Berlin und Hamburg zahlt Reiner selbst, ebenso die Kosten für öffentliche Verkehrsmittel in Hamburg. Er führte mehrere Rücksprachen mit Berliner Kollegen über sein privates Mobiltelefon. Von den insgesamt 740 Euro Reisekosten übernimmt der Arbeitgeber 520 Euro, 220 Euro macht Reiner R. als Werbungskosten geltend.

Bahnfahrkarten (zahlt Arbeitgeber)	**120**
Hotelübernachtung (zahlt Arbeitgeber)	+400
Erstattung durch den Arbeitgeber insgesamt (in Zeile 51)	520
Taxikosten in Berlin und Hamburg	80
Ausgaben für öffentliche Verkehrsmittel in Hamburg	+35
Reisenebenkosten (Mobiltelefon)	+9
Reiners Reise- und Reisenebenkosten (in Zeile 50)	124
Verpflegungspauschale Montag und Freitag (2 mal 12 in Zeile 53)	+24
Verpflegungspauschale Dienstag bis Donnerstag (3 mal 24 in Zeile 54)	+72
absetzbare Reisekosten (alle Angaben in Euro)	**220**

Wenn Arbeitnehmer dienstlich im Ausland unterwegs sind, gelten anstelle der inländischen Verpflegungspauschalen sogenannte „Tagegelder", die sich je nach Aufenthaltsort stark unterscheiden. Wer die aktuelle Liste braucht, gibt auf der Homepage des Bundesfinanzministeriums (www.bundesfinanzministerium.de) den Suchbegriff „Auslandstagegelder" ein. Dort erfahren Sie beispielsweise, dass ein voller Tag in Kopenhagen 42 Euro Tagegeld bringt und in Kalkutta 33 Euro. In der Regel ist auch die Buchhaltung auskunftsfähig. Hier sollten betroffene Arbeitnehmer sich ohnehin erkundigen, denn die Berechnung der Tagegelder ist manchmal etwas verzwickt, besonders am An- und Abreistag und bei eintägigen Reisen. Hat der Arbeitgeber Fahrt- und andere Reisekosten erstattet, gehören die Erstattungen in **Zeile 51**.

 TIPP

Erhalten Arbeitnehmer auf einer Dienstreise unentgeltliche Verpflegung, dürfen sie trotzdem Verpflegungspauschalen als Werbungskosten geltend machen.

	Pauschbeträge für Mehraufwendungen für Verpflegung					
	Bei einer Auswärtstätigkeit im Inland:	Zahl der Tage			EUR	
52	Abwesenheit von mindestens 8 Std.		× 6 € =			, ——
		Zahl der Tage				
53	Abwesenheit von mindestens 14 Std.	2	× 12 € = +		2 4	, ——
		Zahl der Tage				
54	Abwesenheit von 24 Std.	3	× 24 € = +		7 2	, ——
55	Bei einer Auswärtstätigkeit im Ausland (Berechnung lt. beigefügtem Blatt):		+	, —— ▶ 54	9 6	, ——

Zeile 61 bis 79: Doppelte Haushaltsführung

Wer weit weg von zu Hause arbeitet und deshalb eine Zweitwohnung am Arbeitsort unterhalten muss, kann Mehraufwand für den
Doppelhaushalt als Werbungskosten geltend machen. Das Amt
achtet dabei auf eine strikte Trennung zwischen beruflich und privat und das macht die Sache manchmal etwas unübersichtlich.
Trotzdem: Die Möglichkeiten, Kosten einer doppelten Haushaltsführung abzusetzen, haben sich in letzter Zeit etwas verbessert.

Zeile 61 bis 63: Gründe und Hintergründe

In diesen Zeilen klopft das Finanzamt ab, ob die Voraussetzungen
eines Werbungskostenabzugs für den Doppelhaushalt bestehen.
Der Beschäftigungsort (**Zeile 61**) sollte schon etwas entfernt vom
Wohnort liegen. Es gibt aber keine festgelegte Mindestentfernung.
So können zum Beispiel 20 Kilometer Entfernung ausreichen,
wenn dadurch die Erreichbarkeit des Arbeitsplatzes wesentlich verbessert wird, häufige Bereitschaftsdienste oder gesundheitliche
Probleme eine Rolle spielen. Der Grund einer doppelten Haushaltsführung (**Zeile 62**) kann im Prinzip nur berufsbedingt sein, etwa
ein Jobwechsel, eine Versetzung, der Umzug des Betriebs oder der
Antritt der ersten Stelle. Neuerdings gilt aber auch ein privat verur-
sachter Wegzug vom Arbeitsort als Begründung. Wer etwa weggezogen ist, weil er im Grünen wohnen wollte oder das Haus von
Tante Erna geerbt hat, kann Ausgaben einer doppelten Haushalts-

führung geltend machen, wenn er am Arbeitsort eine Unterkunft behält. Bis 2010 haben die Finanzämter in diesen sogenannten „Wegzugsfällen" den Werbungskostenabzug verweigert.

Kosten einer doppelten Haushaltsführung akzeptiert das Finanzamt nur, wenn am Heimatort ein „eigener Hausstand am Lebensmittelpunkt" unterhalten wird (**Zeile 63**, zweites Kästchen von links ankreuzen, Ort und seit wann ausfüllen). Es versteht unter eigenem Hausstand eine eingerichtete, den Lebensbedürfnissen entsprechende Miet- oder Eigentumswohnung eines Arbeitnehmers, der die Haushaltsführung dort wesentlich mitbestimmt und mitbezahlt. Verheiratete „Auswärtsarbeiter" haben damit in der Regel kein Problem. Bei Paaren ohne Trauschein nickt das Amt einen eigenen Hausstand auch dann ab, wenn ein Partner die Ausgaben für den gemeinsamen Haushalt trägt und der andere „nur" für die Miete sorgt. Wohnen Singles noch bei den Eltern, gibt es immer wieder Streit: Wer gegen Kostenbeteiligung ein Zimmer bewohnt, hat, so das Finanzamt, keinen eigenen Hausstand. Lebt er im Haus der Eltern in einer Wohnung, gilt die als eigener Hausstand, egal ob sie unentgeltlich oder mit Mietvertrag überlassen wird.

Mindestens so weit auslegbar wie der Begriff „eigener Hausstand" ist der Begriff „Lebensmittelpunkt". Das Finanzamt nimmt auch hier Alleinstehende besonders unter die Lupe. Für den Lebensmittelpunkt spricht neben sozialen Kontakten im Verwandten- und Freundeskreis und Aktivitäten in Vereinen auch die Häufigkeit von Heimfahrten. Je geringer die Entfernung, desto wichtiger sind sie als Indiz. Zwei Fahrten im Monat reichen aber in der Regel aus. Bei größeren Entfernungen, insbesondere wenn die Familie im Ausland lebt, genügt eine Familienheimfahrt im Jahr.

	Mehraufwendungen für doppelte Haushaltsführung			
61	Der **doppelte Haushalt** wurde aus beruflichem Anlass begründet	Beschäftigungsort BERLIN		
62	Grund NEUANSTELLUNG	am 0 1 0 7 1 1	und hat seitdem ununterbrochen bestanden	bis 3 1 1 2 2011
	Eigener Hausstand am Lebensmittelpunkt	seit		
63	Nein ✕ Ja, in HANNOVER	1 5 0 8 0 1		

Zeile 64 bis 72: Fahrtkosten

Arbeitnehmer dürfen hier sehr unterschiedliche Arten von Fahrtkosten geltend machen. In **Zeile 64 bis 65** gehören nur die Fahrtkosten für die erste Hinfahrt zu Beginn der doppelten Haushaltsführung und die letzte Heimfahrt bei Beendigung der doppelten Haushaltsführung. Das gilt natürlich nur, wenn diese Ereignisse 2011 stattgefunden haben. Wer 2010 oder vorher mit der doppelten Haushaltsführung am oben angegebenen Ort begonnen hat und erst 2012 oder später damit aufhören wird, trägt hier gar nichts ein. Gleiches gilt für Arbeitnehmer, die für diesen Zweck einen Firmenwagen oder einen kostenlosen Sammeltransport des Arbeitgebers genutzt haben. Für Fahrten mit öffentlichen Verkehrsmitteln sind die tatsächlichen Kosten laut Belegen absetzbar (**Zeile 64**). Haben Arbeitnehmer für diese Fahrten ihren privaten Pkw genutzt, dürfen sie in **Zeile 65** pauschal 30 Cent je Fahrtkilometer oder die tatsächlichen Kosten wie bei Auswärtstätigkeiten absetzen (siehe Seite 119).

Für eine sogenannte Familienheimfahrt zwischen den Wohnungen am Arbeitsort und am Lebensmittelpunkt können Arbeitnehmer einmal pro Woche 30 Cent je Entfernungskilometer pauschal als Fahrtkosten geltend machen. In **Zeile 66** gehören die Entfernung zwischen den Wohnungen am Wohn- und Arbeitsort und die Anzahl der Familienheimfahrten im Jahr. Das Ganze mal 0,30 Euro ergibt den pauschal absetzbaren Betrag für Familienheimfahrten. Wer öffentliche Verkehrsmittel genutzt hat, trägt die tatsächlichen Ticketkosten in **Zeile 67** ein. Der höhere Betrag kommt in **Zeile 71** und wird vom Amt berücksichtigt.

Menschen mit Behinderungen von mindestens 70 Prozent oder 50 Prozent plus Merkzeichen G nutzen **Zeile 69 bis 71** in gleicher Weise. Wichtigster Unterschied: In **Zeile 69** werden statt 30 Cent pro Entfernungskilometer pauschal 60 Cent angesetzt oder die nachgewiesenen tatsächlichen Pkw-Kosten.

Müssen wöchentliche Familienheimfahrten arbeits- oder krankheitsbedingt ausfallen, können an ihrer Stelle im selben Umfang

Besuche von Partnern oder Kindern am Arbeitsort abgerechnet werden. Finden weder Heim- noch Besuchsfahrt statt, zählen ersatzweise die Ausgaben für ein 15-minütiges Telefonat nach dem günstigsten Tarif als Werbungskosten.

 TIPP

Wenn Arbeitnehmer mehrmals in der Woche zwischen Erst- und Zweitwohnung pendeln, dürfen sie trotzdem nur eine wöchentliche Familienheimfahrt absetzen. Aber sie sollten prüfen, ob es für sie günstiger ist, alle Fahrten mit der Entfernungspauschale abzurechnen, und dafür auf Ausgaben für Unterkunft und Verpflegung zu verzichten. Für Arbeitnehmer mit häufigen oder weiten Heimfahrten und nur geringen Unterkunftskosten am Arbeitsort kann sich das lohnen.

In **Zeile 72** gehören Familienheimfahrten mit Flugzeug und Fähre. Sie haben in **Zeile 66 bis 71** nichts zu suchen, Arbeitnehmer dürfen sie nicht per Entfernungspauschale abrechnen, sondern ausschließlich mit den tatsächlichen Kosten.

Arbeitnehmer, die einen Firmenwagen oder einen kostenlosen Sammeltransport des Arbeitgebers genutzt haben, dürfen in der Steuererklärung keine Familienheimfahrten geltend machen.

Zeile 73: Unterkunft am Arbeitsort

Als Zweitwohnung am Arbeitsort zählt jede zur Übernachtung geeignete Unterkunft, eine gemietete Wohnung, die eigenen vier Wände, ein möbliertes Zimmer oder ein Zimmer im Hotel. Das Finanzamt akzeptiert aber keinen „Palast", sondern in der Regel nicht mehr als durchschnittliche Aufwendungen für eine maximal 60 Quadratmeter große Wohnung. Das gilt auch für Erwerbstätige, die sich am Arbeitsort eine Zweitwohnung, ein Haus oder eine Eigentumswohnung gekauft haben.

Miete und viele andere Ausgaben wie Betriebs-, Renovierungs-, Reinigungs- und Reparaturkosten sowie Maklergebühren und die Zweitwohnungsteuer sind abzugsfähig. Das Amt akzeptiert auch Kosten für die Wohnungseinrichtung, etwa für Möbel, Gardinen oder Teppiche, wenn es sich nicht um Luxusgüter handelt.

Wer am Arbeitsort eigene vier Wände bezieht, kann Ausgaben in der derselben Höhe geltend machen wie sie ihm als Mieter einer gleichwertigen Wohnung entstehen würden, dazu Schuldzinsen, Abschreibungen, Gemeindeabgaben, Reparatur- und Instandhaltungskosten.

Zeile 74 bis 79: Verpflegung & Co.

Das Finanzamt akzeptiert nur in den ersten drei Monaten der doppelten Haushaltsführung die Verpflegungspauschalen je nach Abwesenheitsdauer, wie sie auch bei Auswärtstätigkeit gewährt werden (siehe Seite 119). Die Angaben gehören in **Zeile 74 bis 76**. In „Wegzugsfällen" gibt es aber auch innerhalb der Drei-Monats-Frist keine Verpflegungspauschale.

In **Zeile 77** können noch andere Kosten der doppelten Haushaltsführung eingetragen werden, zum Beispiel Umzugskosten. Es gelten dabei dieselben Regeln wie auf Seite 113 beschrieben. Ausnahme: Die Pauschale für „sonstige Umzugskosten" gibt es im Rahmen der doppelten Haushaltsführung nicht. Umzugskosten vom Wohnort an den Arbeitsort zu Beginn der doppelten Haushaltsführung sind als Werbungskosten absetzbar. Gleiches gilt für den Umzug zurück vom Arbeitsort zum Wohnort am Ende der doppelten Haushaltsführung. In sogenannten „Wegzugsfällen" (siehe Seite 122) werden Umzugskosten allerdings nicht als Werbungskosten anerkannt. Die Ausgaben können dann aber wenigstens teilweise im Rahmen der haushaltsnahen Dienstleistungen geltend gemacht werden (siehe Seite 65). Hat der Arbeitgeber Verpflegungskosten ersetzt, gehört der Betrag in **Zeile 79**.

 Zum Beispiel Sven S. Seit dem 1. Juli diesen Jahres arbeitet Sven bei einem Wirtschaftsverband in Berlin. Er wohnt mit seiner Lebensgefährtin Svenja und der gemeinsamen 16-jährigen Tochter Silvana in Hannover. Dort bleibt auch sein Lebensmittelpunkt, denn Svenja arbeitet in Hannover im Schuldienst, Silvana besucht dort das Gymnasium. In Berlin hat Sven zunächst zwei Wochen im Hotel gewohnt, danach zog er für 1 500 Euro mit persönlichen Sachen nach Berlin um, wo er ein Zimmer in einer WG anmietete (Monatsmiete 200 Euro) und einrichtete (1 000 Euro). Von Juli bis Dezember kam Sven auf 20 wöchentliche Familienheimfahrten mit seinem Pkw, Svenja und Silvana besuchten ihn zweimal gemeinsam in Berlin, weil er wegen Bereitschaftsdiensten nicht heimfahren konnte. Insgesamt kommen 6 520 Euro zusammen.

Erste Fahrt nach Berlin mit dem Pkw (300 km mal 0,30 Euro)	**90**
20 wöchentliche Heimfahrten (300 mal 0,30 mal 20)	+1 800
Besuchsfahrten von Svenja und Silvana (300 mal 0,30 mal 2)	+180
Umzugskosten	+1 500
Verpflegungspauschale (50 Tage mal 24 plus 20 Tage mal 14 ist 1 480, vom Arbeitgeber ersetzt)	+0
Hotelübernachtung (10 Tage mal 85)	+850
Miete mit allen Nebenkosten (200 mal 5,5 Monate)	+1 100
Einrichtungsgegenstände für WG-Zimmer (Bett, Schreibtisch, Bürostuhl kosteten jeweils unter 487,90, siehe Seite 98)	+1 000
Werbungskosten insgesamt (alle Angaben in Euro)	**6 520**

Zeile 80: Vermögensbildung

Wenn Sie eine Arbeitnehmer-Sparzulage für vermögenswirksame
Leistungen beantragen wollen, vermerken Sie in **Zeile 80** nur die
Anzahl der Vordrucke VL, die Sie von der Bausparkasse, Bank
oder Versicherung erhalten haben, und legen diese der Steuererklärung bei.

Die Arbeitnehmer-Sparzulage bekommen Arbeitnehmer in der
Regel nur, wenn ihr zu versteuerndes Einkommen 17 900/35 800
Euro (Alleinstehende/Ehepaare) nicht übersteigt. Denken Sie daran,
dass ab sofort und rückwirkend bis 2009 Zinsen und andere Einkünfte aus Kapitalvermögen bei der Berechnung der Einkommensgrenze keine Rolle mehr spielen.

 TIPP

Wer wegen seiner Zinsen oder anderer Kapitaleinkünfte bisher
über der Einkommensgrenze lag, sollte nachrechnen, ob er
nach Abzug dieser Einkünfte jetzt Anspruch auf die Arbeitnehmer-Sparzulage hat.

Anlage Kind: Für Eltern

Viele Arbeitnehmer mit Kindern haben kaum Vorteile von der Anlage Kind. Sie erhalten Kindergeld und damit ist für sie die Kinderförderung fast erledigt. Gehören aber Arbeitnehmer-Eltern mit
Grenzsteuersätzen über 31,5 Prozent zu den „Steuererklärungs-
muffeln", gehen ihnen einige Steuervorteile verloren (siehe Seite
246). Ab einem zu versteuernden Einkommen von rund 31 700/
63 400 Euro (alleinstehend beziehungsweise verheiratet) wirkt sich
nämlich der Kinderfreibetrag entlastender aus als das Kindergeld.
Der Vorteil kann aber nur bei den Eltern ankommen, die eine Steuererklärung abgeben. Auch unabhängig vom Einkommen zahlt sich
die Anlage Kind für viele Eltern aus, denn nur über diesen Weg lassen sich Kinderbetreuungskosten und andere Förderungen rund
um „Kind und Kegel" nutzen (siehe auch das ausgefüllte Musterformular auf Seite 259).

Zeile 1 bis 12: Grunddaten

In die ersten drei Zeilen gehören die Angaben des Elternteils, der
die Kinderförderung beantragt. Weil für jedes Kind eine eigene
Anlage Kind erforderlich ist, kommt bei mehreren Kindern rechts
in **Zeile 3** eine laufende Nummer der Anlage. Geht es nur um ein
Kind, steht dort nichts oder die 01. In **Zeile 4** gehört die Steuer-
identifikationsnummer des Kindes, nicht die des Antragstellers. Ist
das Kind bereits verheiratet, kommt in das mittlere Feld der **Zeile 6**
das Hochzeitsdatum. Hintergrund: Nach dem Hochzeitsmonat steht
den Eltern kein Kindergeld mehr zu, es sei denn, die Eltern müssen
weiter für den Unterhalt ihres nunmehr verheirateten Kindes auf-
kommen, weil der Ehepartner dazu nicht in der Lage ist. Dafür will
das Amt Ausbildungs- und Einkommensnachweise des Ehepartners sehen.

   Im rechten Feld der **Zeile 6** wird es etwas unübersichtlich. Hier
will das Amt den „Kindergeldanspruch" sehen. Der richtet sich zunächst nach der Kinderzahl. Für das erste und zweite Kind gibt es

184 Euro im Monat, für das dritte Kind 190 Euro und für jedes weitere Kind 215 Euro. Wohnt beispielsweise das einzige 12-jährige Kind eines Ehepaars ganzjährig im gemeinsamen Haushalt der Eltern, kommt hierher „2 208" (12 Monate mal 184 Euro Kindergeld). Geht es aber nicht um ein Einzelkind, sondern etwa um das dritte Kind, trägt ein Ehepaar hier „2280" ein (12 mal 190), Wurde das zweite Kind eines Ehepaars beispielsweise am 5. Juli 2011 geboren, steht hier „1 104" Euro (6 mal 184), weil der Kindergeldanspruch nur für die sechs Monate von Juli bis Dezember bestand. Noch etwas unübersichtlicher ist es für getrennt lebende oder geschiedene Eltern. Lebt beispielsweise das (einzige) Kind ganzjährig bei der Mutter, die auch das komplette Kindergeld von 184 Euro im Monat bekommt, und der Vater zahlt regulär Unterhalt, steht beiden Elternteilen jeweils das halbe Kindergeld zu. Jeder schreibt 1 104 Euro in seine jeweilige Anlage Kind, auch der Vater. Der sieht zwar keinen Cent davon, kann den Kindergeldanspruch aber mit seinen Unterhaltszahlungen verrechnen.

	Angaben zum Kind		3
4	Identifikationsnummer 01 $0\ 8\ |\ 5\ 4\ |\ 7\ 1\ 1\ |\ 8\ 5\ 1$		
	Vorname	ggf. abweichender Familienname	
5	F A N N Y		
	Geburtsdatum	verheiratet seit dem	Anspruch auf Kindergeld oder vergleichbare Leistungen für 2011 EUR
6	16 $0\ 1\ 0\ 6\ 1\ 9\ 9\ 2$		15 $2\ 2\ 0\ 8,-$

TIPP

Viele weitere Sachverhalte sind möglich und wer hier Unklarheiten hat, etwa nach der Übertragung von Kinderfreibeträgen oder bei Auslandsproblemen, muss sich dafür nicht schämen, sondern lässt sich am besten von seinem Finanzamt aufklären. Das gilt auch für einen eventuellen Anspruch auf die hier abgefragten „vergleichbaren Leistungen". Dahinter kann sich ausländisches Kindergeld verbergen oder eine andere Leistung im In- oder Ausland und dann wird es oft ziemlich verzwickt.

Zeile 7 bis 8 fragt auch nach der Abgrenzung von „Inlands- und Auslandskindern". Das kann komplizierter sein, als es auf den ersten Blick aussieht. Wohnt das Kind das ganze Jahr über in Deutschland, ist in der Regel alles klar. Steht in **Zeile 7** eine Auslandsadresse und in **Zeile 8** ein Auslandszeitraum, kann das vielfältige Folgen für den Anspruch auf und die Höhe von Kinderförderungen haben. Die Eintragung selbst ist kein Problem. Aber Eltern, die das betrifft, sollten sich rechtzeitig über die Folgen bei einem Steuerprofi, der Familienkasse oder dem Finanzamt schlau machen.

In **Zeile 9 bis 12** geht es um den etwas seltsamen Begriff „Kindschaftsverhältnis". Das Amt will hier eigentlich nur wissen, in welchem Verhältnis der Ausfüller des Formulars zu dem hier behandelten Kind steht, ob es etwa ein leibliches oder ein Adoptivkind ist. In **Zeile 9** gehört die entsprechende Ziffer zwischen eins und drei in das linke Kästchen für den Antragsteller und gegebenenfalls in das rechte für die Ehefrau. **Zeile 10** fragt nach dem anderen Elternteil des Kindes, wenn es sich nicht um den Ehegatten handelt. Hier will das Amt erfahren, ob außer dem Antragsteller noch jemand einen Kindergeldanspruch für dieses Kind hat. Ist der andere Elternteil verstorben (**Zeile 12**), steht dem Antragsteller die volle Kinderförderung zu. Das gilt unter bestimmten Voraussetzungen auch, wenn der andere Elternteil im Ausland lebt (**Zeile 11**).

Zeile 13 bis 26: Erwachsene Kinder

Hier füllen nur Eltern von Kindern über 18 etwas aus. Die müssen jetzt tapfer sein, denn sie erleben eine Sternstunde des deutschen Bürokratismus. Für erwachsene Kinder gibt es Kindergeld nur, wenn das Kind zusätzliche Voraussetzungen erfüllt. Es muss zum Beispiel eine Ausbildung durchlaufen oder arbeitslos sein und darf nicht zu viel verdienen. Die Voraussetzungen werden hier einzeln abgeklopft und viele Ausnahmen bestätigen die Regel. Für arbeitslose Kinder kann es bis zum 21. Geburtstag die Kinderförderung geben und für Kinder in Ausbildung bis zum 25. Geburtstag, für behinderte Kinder unbefristet. Für Kinder, die den gesetzlichen Grundwehr- oder Zivildienst oder freiwilligen Wehrdienst geleistet haben, verlängert sich die Altersgrenze um die Länge der jeweils abgeleisteten Dienstzeit.

Zeile 13 bis 14 ist relativ nachvollziehbar. Gab es nur eine Ausbildung im Jahr, gehört der Zeitraum unter „1. Ausbildungsabschnitt". Ansonsten ist auch unter „2. Ausbildungsabschnitt" etwas einzutragen, beispielsweise, wenn 2011 der Schulabschluss und der Beginn des Studiums oder einer weiteren Ausbildung stattfanden. **Zeile 15** trägt unter anderem dem Mangel an Ausbildungsplätzen Rechnung. Wenn ein Kind trotz nachweislicher Bemühungen keinen Ausbildungsplatz findet, können die Eltern weiterhin die Kinderförderung erhalten. Tragen Sie deshalb den Zeitraum dieser Bemühungen hier ein. Als Nachweise dienen zum Beispiel schriftliche Bewerbungen, Zwischenbescheide, Zusagen und Ablehnungen oder auch eigene Suchanzeigen, außerdem die Registrierung des Kindes als Bewerber für einen Ausbildungsplatz oder für eine berufsvorbereitende Ausbildungsmaßnahme bei der Berufsberatung der Agentur für Arbeit oder bei der entsprechenden kommunalen Stelle. Heben Sie das ganze Zeug immer bis zum Ende eines möglichen Kindergeldbezugs auf, besonders dann, wenn die Bewerbungen erfolglos geblieben sind.

Zeile 16 fragt nach bestimmten freiwilligen Diensten im In- und Ausland, etwa einem freiwilligen sozialen Jahr oder einem freiwilligen ökologischen Jahr. Während der Zeitdauer solcher Dienste gibt es weiter Kindergeld, aber nur für festgelegte Aufgabenbereiche und anerkannte Träger. Familienkasse und Finanzamt haben eine genau Übersicht, was förderfähig ist und was nicht. Ein freiwilliges ökologisches und ein freiwilliges soziales Jahr (FÖJ/FSJ) dürfen übrigens auch unmittelbar nacheinander geleistet werden.

Der (vergebliche) Versuch das pralle Leben in eine Formularzeile zu quetschen, findet sich in **Zeile 17**. Übergangszeiten zwischen zwei Ausbildungsabschnitten können bekanntlich sehr vielfältig sein. Das Formular definiert maximal vier Monate als Übergangszeit. Hat zum Beispiel ein 19-Jähriger im Mai das Abitur gemacht, und beginnt im Oktober sein Studium, steht den Eltern weiter Kindergeld zu. In diesem Fall sind es mit Juni, Juli, August, September genau vier Monate Übergangszeit. Dabei ist unerheblich, an welchem Tag im Mai die Schule zu Ende ging und an welchem Tag im Oktober das Studium begann. Neben der Pause zwischen Abitur und Studium sind weitere Zwischenzeiten förderfähig, zum Beispiel zwischen einem Ausbildungsabbruch und dem Beginn einer neuen Ausbildung, zwischen dem Ende einer Erst- und dem Beginn einer Zweitausbildung. Auch in der Pause zwischen dem Ende der Ausbildung und dem Beginn des Wehr- oder Zivildienstes kann es weiter Kindergeld geben, wenn die Viermonatsfrist eingehalten wird.

Was wäre aber passiert, wenn der Abiturient aus dem Beispiel oben länger als vier Monate pausiert hätte? Praktisch nichts – aber formulartechnisch viel. Die Eltern hätten trotzdem weiter Kindergeld bekommen. Wenn sich das Kind ernsthaft um einen Ausbildungsplatz bemüht oder sogar bereits die Zusage für den Studienplatz in der Tasche hat, gilt es als „ausbildungswillig". Der Viermonatszeitraum spielt dann keine Rolle. In diesem Fall ist aber nicht **Zeile 17** zuständig, sondern **Zeile 15**.

In **Zeile 18** geht es um arbeitslose Kinder zwischen 18 und 21. Für sie gibt es die Förderung weiter, wenn sie bei der Agentur für Arbeit als Arbeitsuchende gemeldet sind. Die Förderung kann sich über den 21. Geburtstag hinaus verlängern, wenn das Kind vorher

Wehrdienst oder Zivildienst geleistet hat. Hat ein arbeitsuchendes Kind nur in einem Minijob bis 400 Euro im Monat gearbeitet, wird es hier trotzdem eingetragen, denn der Minijob gefährdet den Kindergeldanspruch der Eltern nicht. Wenn ein Kind seinen Arbeitsplatz verloren hat und unmittelbar danach eine Ausbildung begonnen hat oder als „ausbildungswillig" gilt (siehe **Zeile 15**), kann es weiter Kinderförderung geben.

Für behinderte Kinder (**Zeile 19**) gilt grundsätzlich keine Altersgrenze. Voraussetzung ist seit 2007 allerdings, dass die Behinderung vor dem 25. Geburtstag eingetreten sein muss. Vorher war der 27. Geburtstag maßgebend. Übrigens können auch Suchtkrankheiten wie die Abhängigkeit von Rauschgift als Ursache von Behinderung anerkannt werden. **Zeile 20** fragt nach Zeiten des gesetzlichen Grundwehr- oder Zivildienstes oder des freiwilligen Wehrdienstes, die den Kindergeldbezug verlängern können.

Wenn erwachsene Kinder mehr als 8 004 Euro verdienen, ist die Kinderförderung der Eltern futsch. Die Grenze ist genau definiert, schwer umstritten und ihre Berechnung eine bürokratische Spitzenleistung. In **Zeile 21 bis 26** geht es um die Einkünfte und Bezüge des Kindes. Dazu zählt so ziemlich alles, was einem Kind an Geld und Sachwerten zufließt (siehe Infokasten Seite 137). Immerhin gibt es ein paar Ausnahmen, die unberücksichtigt bleiben, dazu gehören zum Beispiel Unterhaltszahlungen der Eltern oder anderer kindergeldberechtigter Personen (etwa Stief-, Pflege-, Großeltern) an das Kind. Auch Leistungen der Pflegeversicherung bleiben unberücksichtigt, ebenso steuerfreie Aufwandsentschädigungen, etwa für Übungsleiter oder für ehrenamtliche Vereinstätigkeit (siehe Seite 91). Seit 2009 gilt das auch für Zinsen und andere Kapitalerträge unterhalb des Sparerpauschbetrags.

In **Zeile 21 und 24** werden die kompletten Jahresbeträge abgefragt. Die **Zeilen 22 und 25** fragen nach dem „Berücksichtigungszeitraum". Damit meint das Amt den Teil der in **Zeile 21 und 24** bereits eingetragenen Werte, der auf den Zeitraum entfällt, in dem Anspruch auf Förderung bestand. Beispiel: eine 22-Jährige beendete am 31. Juli 2011 ihre Ausbildung als Köchin. Ab 1. August wurde sie als Arbeitnehmerin übernommen. Kindergeld steht den Eltern nur von Januar bis einschließlich Juli zu, denn die Tochter ist ab August nicht mehr in Ausbildung. Januar bis Juli wäre in diesem Fall der „Berücksichtigungszeitraum". Die Zahlenangaben für die Monate Januar bis Dezember gehören in die **Zeilen 21 und 24**. Die darin enthaltenen Beträge für die Monate Januar bis Juli kommen nochmals separat in die **Zeilen 22 und 25**.

Einkünfte und Bezüge eines volljährigen Kindes					
	Bruttoarbeitslohn EUR	darauf entfallende Werbungskosten EUR	Einkünfte aus Kapitalvermögen EUR	Renten EUR	darauf entfallende Werbungskosten EUR
21 im Kalenderjahr	1 2 1 5 0	1 4 2 0			
22 davon innerhalb des Berücksichtigungszeitraums	3 1 5 0	3 0 0			

In den **Zeilen 23 und 26** will das Amt noch weitere Angaben separat sehen. Es handelt sich um den Teil der bereits in den **Zeilen 22 und 25** stehenden Beträge, der auf Zeiten entfällt, in denen ein Kind nicht bei den Eltern wohnte, sondern ausbildungsbedingt auswärts untergebracht war. Hat beispielsweise die oben erwähnte „Koch-Azubine" während der Ausbildungsmonate zu Hause bei den Eltern gewohnt, bleiben die **Zeilen 23 und 26** frei. Fand die Ausbildung aber an einem anderen Ort statt, an dem sie auch wohnte, kommen die Beträge aus den **Zeilen 22 und 25** komplett noch einmal in die **Zeilen 23 und 26**. An dieser Stelle gibt es eigentlich nur einen Trost: 2012 fällt die Begrenzung der Einkünfte und Bezüge des Kindes weitgehend weg und damit auch viel von der hier verhandelten nervigen Bürokratie (siehe Seite 227). Die Einträge in die einzelnen Spalten von **Zeile 21 bis 26** sind relativ nachvollziehbar bezeichnet. Was zu den Einkünften und Bezügen gehört, finden Sie im Infokasten auf Seite 137.

Wichtig sind vor allem zwei Abzugsposten, die Eltern und Kindern helfen können, unterhalb der kritischen Grenze zu bleiben. Das sind die „besonderen Ausbildungskosten" (**Zeile 24 bis 25**, letzte Spalte) und Ausgaben für bestimmte Versicherungen (vorletzte Spalte). Unter die besonderen Ausbildungskosten fällt im Prinzip alles, was auch ein Arbeitnehmer an Werbungskosten geltend machen kann, zum Beispiel Ausgaben für Fahrten zwischen Wohnung und Ausbildungsstätte (siehe Infokasten Seite 108). Auch vorab entstandene Ausgaben, zum Beispiel für eine Fortbildung oder für Bewerbungen, können zu den besonderen Ausbildungskosten, Werbungskosten oder Betriebsausgaben gehören, egal ob am Ende daraus ein Job oder ein Geschäft wird.

Die gesetzlichen Sozialversicherungsbeiträge, die ein Kind zahlt, mindern seine Einkünfte und Bezüge. Ebenfalls abzugsfähig sind Beiträge zur Kranken- und Pflegeversicherung, die das Kind als freiwilliges Mitglied in der gesetzlichen Krankenversicherung zahlt sowie Beiträge des Kindes für eine private Kranken- und Pflegeversicherung. Wenn der Arbeitgeber im Rahmen der betrieblichen Altersversorgung einen Teil der Ausbildungsvergütung per Gehaltsumwandlung in eine Pensionskasse, einen Pensionsfonds oder eine Direktversicherung einzahlt, zählt dieser Teil übrigens nicht zu den Einkünften und Bezügen des Kindes.

 TIPP

Prüfen Sie die Einnahmen und Ausgaben Ihres Kindes möglichst ganz genau; eine geringe Reduzierung der Einnahmen oder zusätzliche Ausgaben können manchmal das Kindergeld retten. Ein freiwilliger Verzicht auf zustehende Leistungen bringt dagegen nichts.

INFO Einkünfte und Bezüge des Kindes

Ein wenig vereinfacht gesagt sind Einkünfte alle steuerpflichtigen Einnahmen minus Werbungskosten oder Betriebsausgaben. Das bezieht sich auf alle Arten von Einnahmen, zum Beispiel auf den Lohn eines Arbeitnehmers, die Zinsen eines Sparers oder den Umsatz eines Unternehmers. Nahezu alles, was einem Kind im Rahmen der laut Einkommensteuergesetz „sieben Einkunftsarten" (siehe Seite 10) als Geld- oder Sachleistung zufließt, wird den Einkünften zugerechnet.

Zu den Bezügen zählt die Verwaltung fast alle Geld- oder Sacheinnahmen des Kindes, die sie mit dem Begriff der Einkünfte nicht erfassen kann. Eine kleine alphabetische Auswahl:

- Arbeitnehmersparzulage (nach Auszahlung)
- Arbeitslosengeld II (Hartz IV)
- Ausbildungshilfen (etwa der Zuschuss-Teil des BAföG, Stipendien)
- Elterngeld über 300 Euro im Monat
- Entlassungsgeld von Wehrdienst- und Zivildienstleistenden
- Geld- und Sachleistungen der Gasteltern für eine Au-pair-Tätigkeit
- Leistungen der Kinder- und Jugendhilfe
- Lohnersatzleistungen wie Arbeitslosen- oder Krankengeld
- Lottogewinne
- Pauschal versteuerter Arbeitslohn aus Minijobs
- Renten aus der gesetzlichen Unfallversicherung, der steuerfreie Teil einer Rente aus der gesetzlichen Rentenversicherung
- Sozialhilfe
- Steuerfreie Zuschläge für Sonntags-, Feiertags- oder Nachtarbeit
- Wohngeld

Zeile 31 bis 37: Beiträge zur Kranken- und Pflegeversicherung

Eltern können seit 2010 Beiträge zur Kranken- und Pflegeversicherung des Kindes als eigene Vorsorgeaufwendungen geltend machen. Sie gehören hier her und werden im Prinzip so abgefragt und behandelt wie Vorsorgeaufwendungen der Eltern, zum Beispiel aufgeteilt nach Basisabsicherung (**Zeile 31**) und Wahlleistungen (**Zeile 36**, Einzelheiten siehe Anlage Vorsorgeaufwand ab Seite 75). Das funktioniert aber nur, wenn das Kind die Vorsorgeaufwendungen nicht selbst absetzt. Ehegatten, die die getrennte Steuerveranlagung beantragen, können diese Ausgaben einvernehmlich untereinander aufteilen. Der Prozentsatz, der hier berücksichtigt werden soll, gehört in **Zeile 37**. Das Finanzamt will dazu einen von beiden unterschriebenen Antrag auf einem beigefügten Blatt sehen.

 TIPP

Eltern können von ihnen gezahlte Beiträge zur Kranken- und Pflegeversicherung des Kindes als eigene Sonderausgaben absetzen. Die Beiträge senken in einer zweiten Entlastung die eigenen Einkünfte und Bezüge des Kindes und gehören zusätzlich in die zweite Spalte von rechts der **Zeile 24 bis 26**.

Zeile 38 bis 41: Freibeträge übertragen

Der Kinderfreibetrag von insgesamt 4 368 Euro für ein Kind steht jedem Elternteil zur Hälfte zu. Er ist übertragbar, zum Beispiel auf den anderen Elternteil oder auf Großeltern und Stiefeltern. Der wohl häufigste Fall: Ein Elternteil beantragt die Übertragung des zweiten halben Kinderfreibetrags auf sich selbst mit dem Eintrag der Ziffer „1" in **Zeile 38**, weil der andere Elternteil seine Unterhaltsverpflichtungen nicht erfüllt hat. Das funktioniert, wenn weniger als 75 Prozent des Unterhalts ankommen und entsprechende

Nachweise vorliegen (zum Beispiel Kontoauszüge, Urteile). Wenn der andere Elternteil nicht zum Unterhalt verpflichtet ist, weil er das finanziell nicht schafft, ist die Übertragung seiner Hälfte des Kinderfreibetrags allerdings nicht möglich. Der Betreuungsfreibetrag (**Zeile 39**) nennt sich offiziell „Freibetrag für Betreuungs- und Erziehungs- oder Ausbildungsbedarf". Das klingt eindrucksvoll, ist aber praktisch nur eine Aufstockung des Kinderfreibetrags um 1 320 Euro für jeden Elternteil oder um 2 640 Euro pro Kind für beide Eltern zusammen. Ein Elternteil kann sich den Betreuungsfreibetrag für Kinder unter 18 unabhängig vom Kinderfreibetrag vom anderen Elternteil übertragen lassen. Das funktioniert hier durch Eintragung der Ziffer „1". Voraussetzung ist, dass das Kind nur bei dem Elternteil gemeldet ist, bei dem es lebt. Der andere Elternteil muss der Übertragung nicht zustimmen. Ob er Unterhalt zahlt oder nicht, spielt für die Übertragung keine Rolle (siehe Seite 225).

In **Zeile 40** bestätigt der ausfüllende Elternteil durch Eintragung der Ziffer „1", dass er der Übertragung der beiden Freibeträge auf Stief- beziehungsweise Großeltern zugestimmt hat. Für die Übertragung selbst ist zusätzlich die Anlage K erforderlich. **Zeile 41** füllen nur Stief- beziehungsweise Großeltern aus. Sie beantragen damit, dass die Freibeträge auf sie übertragen werden sollen.

Zeile 42 bis 47: Für Alleinerziehende

Der „Entlastungsbetrag für Alleinerziehende" beläuft sich auf 1 308 Euro im Jahr. Alleinstehende Eltern können ihn nutzen, wenn zu ihrem Haushalt mindestens ein Kind gehört. Aber die Bedingungen haben es in sich. Knackpunkt ist der Begriff „alleinstehend". Nach dem Einkommensteuergesetz sind das Menschen, die neben anderen Bedingungen „keine Haushaltsgemeinschaft mit einer anderen volljährigen Person bilden" dürfen.

Entlastungsbetrag für Alleinerziehende		vom	bis
42	Das Kind war mit mir in der gemeinsamen Wohnung gemeldet	42 _0 1 0 1_	_3 1 1 2_
43	Für das Kind wurde mir Kindergeld ausgezahlt	44 _0 1 0 1_	_3 1 1 2_

In **Zeile 42** gehört, wie lange das Kind in der Wohnung des Allein-
erziehenden gemeldet war und **Zeile 43** fragt, wie lange dem be-
antragenden Elternteil für das betreffende Kind in diesem Jahr
Kindergeld ausgezahlt wurde. Meldung und Kindergeldauszahlung
sind in der Regel Voraussetzungen des Entlastungsbetrags. In
Zeile 44 und 45 fragt das Formular auf ziemlich verschwiemelte
Art, ob und wie lange eine Haushaltsgemeinschaft mit anderen
Erwachsenen bestand. Bei der Antwort „ja" wird postwendend der
Entlastungsbetrag gestrichen.

Ausdrücklich ausgenommen vom „Haushaltsgemeinschafts-
verbot" sind erwachsene Kinder, die zum Haushalt gehören und
für die dem allein erziehenden Elternteil Kindergeld zusteht, beziehungsweise die Zivil- oder Wehrdienst leisten. Alle anderen Mitglieder der Haushaltsgemeinschaft gefährden den Entlastungsbetrag, der neue Freund genauso wie die alte kranke Mutter oder
auch das erwachsene Kind, das nunmehr endlich seine Ausbildung
abgeschlossen hat, aber weiter die Füße unter Mutters Tisch
steckt. Prüfen Sie deshalb Ihre Meldeverhältnisse und tilgen Sie
gegebenenfalls verflossene Untermieter, Ex-Lover oder andere Ab-
gänge. Wenn das erwachsene Kind nicht mehr zu Hause wohnt,
sondern beispielsweise bei der Freundin, in einer WG oder bei der
Oma um die Ecke, kann der Entlastungsbetrag für minderjährige
Geschwister gerettet werden. Auch ein neuer Partner sollte mit einer Ummeldung nichts überstürzen. **Zeile 46 und 47** fragt nach
näheren Angaben zu den Menschen, mit denen eine (oder hoffentlich keine) Haushaltsgemeinschaft gebildet worden ist.

 TIPP

Geschiedene oder getrennt lebende Eltern mit zwei oder mehr
Kindern können beide jeweils einen Entlastungsbetrag von
1 308 Euro erhalten, wenn mindestens eins der Kinder ausschließlich bei ihnen gemeldet ist.

Zeile 48 bis 50: Freibetrag für auswärtige Ausbildung

Amtlich nennt er sich „Freibetrag zur Abgeltung des Sonderbe-
darfs". Abgekürzt wird er auch „Bedarfsfreibetrag" genannt und
beläuft sich auf 924 Euro im Jahr. Dieser Freibetrag steht nur Eltern
mit Kindergeldanspruch zu, deren Kinder mindestens 18 und „auswärtig untergebracht" sind, und die einer Berufsausbildung nach-
gehen. Häufiger Streitpunkt ist die „auswärtige Unterbringung".
Die bedeutet, dass das Kind außerhalb der elterlichen Wohnung
lebt und wohnt. Das kann im gleichen Ort sein, bei der Freundin
oder bei der Oma. „Auswärtig untergebracht" ist ein Kind übrigens
auch, wenn es in der Woche am Ausbildungsort wohnt, etwa in
einem Internat, und am Wochenende bei den Eltern.

In **Zeile 48** erfragt das Formular, wie lange das Kind außerhalb
der elterlichen Wohnung lebte, denn es gibt den Freibetrag nur für
die Monate, in denen diese Voraussetzung zutraf. Beendete zum
Beispiel ein Azubi seine Lehre im Juli, steht der Ausbildungsfreibetrag den Eltern nur für die sieben Monate von Januar bis einschließlich Juli zu. Das sind sieben Zwölftel des Jahresbetrags,
also 539 Euro (924 durch 12 mal 7). Wenn in **Zeile 49** eine ausländische Adresse auftaucht, ist der Bedarfsfreibetrag zwar nicht
futsch, kann aber je nach Aufenthaltsland niedriger ausfallen.
Besucht beispielsweise das Kind für ein Jahr eine Schule in den
USA, steht er den Eltern auch während dieser Zeit in voller Höhe
zu. Besucht das Kind eine Schule in der Türkei, wird er auf die
Hälfte gekürzt (siehe Tipp auf Seite 152). Getrennt lebende Eltern
können den Bedarfsfreibetrag in **Zeile 50** einvernehmlich untereinander aufteilen. Das Finanzamt will dazu einen von beiden unterschriebenen Antrag auf einem beigefügten Blatt sehen.

		vom	bis	
48	Das Kind war aus- wärtig untergebracht	0 1 0 1	3 1 0 7	
	Anschrift			
49	*08150 LERNWALDE, INTERNATSWEG 13*			

Es gibt eine weitere Hürde und das ist die Einkommensschwelle von 1 848 Euro im Jahr. Jeder Euro, den das Kind an Einkünften und Bezügen mehr verdient als 1 848 Euro, reduziert den Bedarfsfreibetrag um einen Euro (siehe Infokasten Seite 137). Spätestens bei eigenen Einkünften und Bezügen des Kindes von 2 772 Euro ist der Bedarfsfreibetrag bei null angekommen (1 848 plus 924).

 TIPP

Die Höhe des Bedarfsfreibetrags ist umstritten. Der Steuerbescheid bleibt in diesem Punkt offen. Eltern sollten kontrollieren, ob das auch auf ihren Steuerbescheid zutrifft und erforderlichenfalls Einspruch einlegen (siehe Seite 223).

Zeile 51 bis 53: Schulgeld

Eltern dürfen Schulgeld für Privatschulen geltend machen. Das Finanzamt akzeptiert davon maximal 30 Prozent. Um auf den Höchstbetrag von 5 000 Euro zu kommen, müssen Eltern mindestens etwa 16 667 Euro Schulgeld ausgegeben haben (16 667 mal 30 Prozent ist 5 000). Kosten für Unterkunft (zum Beispiel in einem Internat), Betreuung und Verpflegung, Schulbücher oder Schulkleidung berücksichtigt das Finanzamt nicht.

Begünstigt sind nicht nur Schulen in Deutschland, sondern auch Schulen im EU- Ausland und deutsche Schulen weltweit. In **Zeile 51** gehören die Adresse der Privatschule und alle abzugsfähigen Aufwendungen. Tragen Sie das gesamte Schulgeld ein; das Finanzamt kürzt von sich aus auf 30 Prozent. Elternteile, die keine gemeinsame Steuererklärung abgeben, tragen in **Zeile 52** den von ihnen gezahlten Betrag ein. Getrennt lebende Eltern können den Höchstbetrag einvernehmlich untereinander aufteilen. Der Prozentsatz, der hier berücksichtigt werden soll, gehört in **Zeile 53**. Das Finanzamt will dazu einen von beiden unterschriebenen Antrag auf einem beigefügten Blatt sehen.

Zeile 54 bis 56: Behinderten- und Hinterbliebenen-Pauschbeträge übertragen

Die Einzelheiten zum Behinderten- und Hinterbliebenen-Pauschbetrag lesen sie auf Seite 53. Wenn Kinder keine nennenswerten eigenen Einkünfte haben, bringen ihnen diese Pauschbeträge steuerlich nichts. Deshalb können Eltern solche Freibeträge des Kindes auf sich selbst übertragen lassen. In **Zeile 54** gehören Status und Behinderungsgrad entsprechend der Dokumente (zum Beispiel Ausweis des Versorgungsamts), deren Ausstellungs- und Gültigkeitsdaten in **Zeile 55** abgefragt werden. Legen Sie Kopien der Dokumente bei, wenn dem Finanzamt dazu bisher nichts vorliegt.

Grundsätzlich ist die Übertragung des Behindertenpauschbetrags von Kindern auf Eltern, Groß- oder Stiefeltern möglich, wenn denen für das Kind ein Kinderfreibetrag oder Kindergeld zusteht. Getrennt lebende und geschiedene Eltern können den Behindertenpauschbetrag für ein Kind einvernehmlich per formlosen Antrag untereinander aufteilen. Der Prozentsatz, der hier berücksichtigt werden soll, gehört in **Zeile 56**. Auch in diesem Fall will das Finanzamt einen von beiden unterschriebenen Antrag auf einem beigefügten Blatt sehen.

Zeile 61 bis 90: Kinderbetreuungskosten

Elternpaare und Alleinerziehende dürfen bis 6 000 Euro pro Kind und Jahr „wie Werbungskosten" steuerlich geltend machen. Von den Betreuungskosten übernimmt das Finanzamt zwei Drittel, also maximal 4 000 Euro. Voraussetzung: Das Kind ist nicht älter als 14 Jahre. Für behinderte Kinder gelten allerdings keine Altersgrenzen (siehe Info-Kasten, Seite 146). Hinter der etwas schrägen Formulierung „wie Werbungskosten" verbirgt sich eine elternfreundliche Absicht. Wären Kinderbetreuungskosten „echte" Werbungskosten, würde sich der Arbeitnehmerpauschbetrag auswirken. Folge: Nur Betreuungskosten oberhalb der Pauschale wären steuersenkend wirksam.

Zum Beispiel das Ehepaar Tanja und Thomas T. Beide sind Arbeitnehmer und zahlen für ihre fünfjährige Tochter Tina jährlich 3 000 Euro Elternbeitrag an die Kita. Andere Werbungskosten haben sie nicht. Sie dürfen zwei Drittel davon, also 2000 Euro, als erwerbsbedingte Kinderbetreuungskosten absetzen.

Die Betonung liegt auf „erwerbsbedingten" Kinderbetreuungskosten, die Förderung im selben Umfang dürfen aber auch Eltern nutzen, die nicht erwerbstätig sind, sondern sich in einer Ausbildung befinden, krank oder behindert sind. Manche Eltern, die gar nicht erwerbstätig sind oder nur teilweise die bisher genannten Bedingungen erfüllen, erhalten trotzdem Förderung. Das ist beispielsweise bei Einverdiener-Paaren der Fall. Typische Konstellation: Der Mann sorgt fürs Geld, die Frau sorgt für Haus und Kind. Hier werden Kinder aber nur zwischen dem 3. und dem 6. Geburtstag gefördert.

Den Begriff „Kinderbetreuungskosten" engt das Finanzamt auf den Aufwand für unmittelbar betreuende Tätigkeiten ein, beispielsweise auf Ausgaben für Kinderkrippe, Kindergarten, Hort, Tagesmutter, Internat oder Babysitter. Sachleistungen wie Essen und Aktivitäten, die nicht der unmittelbaren Betreuung dienen, bleiben ungefördert.

Bei so unübersichtlichen Bestimmungen verwundert es nicht, dass die Verwaltung eine ganze Formularseite braucht, um den Überblick zu behalten. Die Seite drei der Anlage Kind sieht aber auf den ersten Blick schlimmer aus, als sie ist.

Kinderbetreuungskosten						Gesamtaufwendungen der Eltern EUR
	Art der Dienstleistung, Name und Anschrift des Dienstleisters			vom	bis	
61	*KITA, SPATZENWEG 1*			*0 1 0 1*	*3 1 1 2* 51	*4 2 0 0,—*
	Kinderbetreuungskosten als		Grund			Aufwendungen
62	(Pflege-) Vater	× (Pflege-) Mutter	Erwerbstätigkeit	*0 1 0 1*	*3 1 1 2*	*4 2 0 0,—*
63			Bei der Erwerbstätigkeit handelt es sich um eine geringfügige Beschäftigung oder um eine nicht sozialversicherungspflichtige nichtselbständige Tätigkeit.			

In **Zeile 61** gehören Name und Anschrift der Kita, Tagesmutter, oder anderer betreuende Personen oder Einrichtungen, der Zeitraum der Betreuung und die abzugsfähigen Gesamtkosten. Sollte eine Zeile nicht ausreichen, weil es sich um unterschiedliche Betreuer oder Zeiträume handelt, hilft eine formlose Anlage mit allen Angaben weiter. In **Zeile 62** gehört ein Kreuz entweder bei Vater oder Mutter und gegebenenfalls bei Erwerbstätigkeit. Hierher müssen auch der Zeitraum der Erwerbstätigkeit und die vom angekreuzten Elternteil aufgebrachten Betreuungskosten. **Zeile 63** kreuzen Eltern mit 400-Euro-Job an. Sie gelten auch als erwerbstätig. In **Zeile 64 bis 67** gehören die förderfähigen Lebenslagen, die nichts mit der Erwerbstätigkeit zu tun haben und zwar jeweils mit Kreuz, Zeitangabe und den Kosten, die auf den angekreuzten Zeitraum entfallen. Die etwas rätselhafte Formulierung in **Zeile 67** zielt auf nichterwerbstätige Eltern und auf das zusammenlebende Einverdiener-Paar ab. **Zeile 68** fragt nach dem steuerfreien Ersatz von Betreuungskosten, beispielsweise durch den Arbeitgeber (siehe Seite 196). Die **Zeilen 69 bis 76** stellen im Prinzip dieselben Fragen für den jeweils anderen Elternteil. In **Zeile 77 bis 86** geht es nur noch um „echt" erwerbsbedingte Betreuungskosten und zwar um deren Aufteilung auf die unterschiedlichen Erwerbstätigkeiten. Ist beispielsweise der Vater Gewerbetreibender, kreuzt er in **Zeile 77** das linke Kästchen an. In **Zeile 79** schreibt er Tätigkeitsbezeichnung, Steuernummer und Betriebsfinanzamt, die Gesamtsumme seiner Kinderbetreuungskosten (vorletzte Spalte) und zwei Drittel davon in die letzte Spalte. Da geht es wohl vor allem um Kontrolle und Statistik. Mit **Zeile 87 bis 88** prüft das Finanzamt, ob und wie lange ein gemeinsamer Haushalt bestand und ob und wie lange das Kind dazu gehörte. Bei nicht zusammenlebenden Eltern darf grundsätzlich derjenige Kinderbetreuungskosten absetzen, bei dem das Kind lebt. Dabei ist der Steuervorteil bei demjenigen am größten, der die höhere Einkommensteuer zahlt. In **Zeile 90** können zusammenlebende nicht verheiratete Eltern den Höchstbetrag der Betreuungskosten für ein gemeinsames Kind einvernehmlich aufteilen. Das empfiehlt sich, wenn etwa ein Elternteil einen pauschal versteuerten Minijob hat und der andere sozialversicherungspflichtig beschäftigt ist. Nur Letzterer kann den Steuervorteil nutzen. Dazu muss ein von beiden unterschriebener Antrag beigelegt

INFO Tipps zu den Kinderbetreuungskosten

- **Alleinerziehende:** Sie dürfen Kinderbetreuungskosten in gleicher Höhe wie zusammenlebende Eltern geltend machen. Sie sollten besonders darauf achten, dass ein Kind auch offiziell zu ihrem Haushalt gehört. Dazu muss es im Haushalt leben und in der Regel dort auch gemeldet sein. Ist das Kind an mehreren Stellen gemeldet, gehört es üblicherweise zum Haushalt desjenigen, der das Kindergeld erhält. Auch wenn jemand mit seinem Kind bei den Eltern, Großeltern oder in einer WG wohnt, gehört das Kind zum eigenen Haushalt.
- **Behinderte Kinder:** Für behinderte Kinder gibt es keine Altersbegrenzung. Voraussetzung ist ein Behinderungsgrad von mindestens 50 Prozent, der bis zum Alter von 25 Jahren eingetreten sein muss (vor 2007 bis zum 27. Geburtstag). Als Nachweis dient in der Regel der Schwerbehindertenausweis.
- **Besonderheit:** Arbeitnehmer dürfen bis 2011 Kinderbetreuungskosten nicht „als", sondern „wie" Werbungskosten steuerlich geltend machen. Für 2012 sind hier Änderungen vorgesehen (siehe Seite 227).

werden. Hier ist aber Vorsicht geboten. In einem ungewöhnlich lebensfremden Urteil entschied der Bundesfinanzhof kürzlich, dass bei nicht verheirateten Eltern nur der Elternteil, der den Vertrag mit der Betreuungseinrichtung abgeschlossen hat und die Gebühren zahlt, die Kinderbetreuungskosten auch steuerlich absetzen darf. (Az. III R 79/09). Wie sich die Finanzverwaltung dazu verhält, war bei Redaktionsschluss noch unklar. Elternpaare ohne Trauschein sollten aber auf der Hut sein und rechtzeitig untereinander regeln, dass möglichst der Elternteil mit dem höheren Einkommen den Betreuungsvertrag abschließt und die Kosten von seinem Konto überweist.

- **Betreuungspersonal:** Wer ein Kind betreut, ist dem Finanzamt egal, solange es sich um jemanden handelt, der die Betreuung leisten kann. Das gilt auch für nahe Verwandte (zum Beispiel Oma und Opa). Damit es bei innerfamiliären Abmachungen mitspielt, muss es klare (am besten schriftliche) Vereinbarungen über Leistung und Gegenleistung geben, wie sie auch unter Fremden üblich sind.
- **Höchstbetrag:** Eine Kürzung des Höchstbetrags von 4 000 Euro erfolgt nicht, wenn die Betreuung weniger als 12 Monate im Jahr stattfand. Der Höchstbetrag ist allerdings umstritten. Der Fall liegt beim Bundesverfassungsgericht und Steuerbescheide bleiben in diesem Punkt vorläufig (siehe Seite 223).
- **Nachweise:** Eltern dürfen Betreuungskosten nicht bar bezahlen, sondern müssen sie überweisen. Als Nachweise gegenüber dem Finanzamt brauchen sie eine Rechnung der betreuenden Stelle, zum Beispiel der Tagesmutter, und den Überweisungsbeleg der Bank. Sie müssen diese Nachweise der Steuererklärung nicht mehr automatisch beifügen, brauchen sie aber, wenn das Finanzamt sie sehen will.
- **Unterbrechung:** Wird die Erwerbstätigkeit unterbrochen, zum Beispiel durch Arbeitslosigkeit, dürfen trotzdem bis zu vier Monate lang weiter Kinderbetreuungskosten abgesetzt werden.

Anlage AV: Für Riester-Verträge

Die Anlage AV (Altersvorsorge) füllen Arbeitnehmer aus, die mindestens einen Riester-Vertrag abgeschlossen haben. Sie haben in der Regel bereits ihre Altersvorsorgezulage über den Anbieter von Riester-Verträgen beantragt und die Zulage ist (hoffentlich) auf ihr Sparkonto geflossen.

Mit der Anlage AV beantragen Arbeitnehmer beim Finanzamt zusätzlich den Sonderausgabenabzug für die Riester-Beiträge und die Zulagen. Die Riester-Förderung läuft nämlich doppelgleisig. Zunächst gibt es 154 Euro Grundzulage pro Sparer und Jahr. Für jedes Kind kommen jährlich 185 Euro Kinderzulage hinzu, für ab 2008 geborene Kinder sogar 300 Euro. Für die Zulage ist die Anlage AV nicht erforderlich. Zusätzlich steht aber ein Sonderausgabenabzug bis 2100 Euro zur Verfügung und den gibt es nur per Anlage AV. Damit prüft das Finanzamt, ob Zulage oder Sonderausgabenabzug mehr entlasten und gewährt die günstigere Förderung. Voraussetzung ist natürlich, dass ihm eine Anlage AV überhaupt vorliegt.

An mehreren Stellen geht es hier um „unmittelbare" und „mittelbare" Begünstigung. Jeder pflichtversicherte Arbeitnehmer und jeder Beamte ist unmittelbar begünstigt. Dazu kommen weitere Menschen, die alle in der Anleitung zur Anlage AV zu finden sind, beispielsweise pflichtversicherte Selbstständige, Arbeitslose oder Erwerbsminderungsrentner. Die „mittelbar Begünstigten" sind zum Beispiel Selbstständige, Rentner, pauschal versicherte Minijobber und alle anderen in der Anleitung zur Anlage AV aufgeführte Personen. Sie können nur in ihrer Eigenschaft als Ehepartner die Riester-Förderung nutzen, wenn ihr Ehepartner zu den unmittelbar begünstigten Personen zählt.

Den Sonderausgabenabzug bekommt außerdem nur, wer der Datenübermittlung nicht widersprochen hat. Das ist der Regelfall. Wer widersprochen hat, kann sich die Anlage AV schenken (siehe auch das ausgefüllte Formular Seite 266).

Zeile 1 bis 9: Grunddaten

Zeile 1 bis 5 lassen sich relativ einfach ausfüllen. Die in **Zeile 4 und 5** erfragten Nummern finden sich normalerweise auf der Zulagenbescheinigung des Anbieters. In **Zeile 6** steht die eigentlich selbstverständliche Feststellung, dass ein „zusätzlicher Sonderausgabenabzug geltend gemacht" wird. Eine Eintragung dazu ist nicht vorgesehen.

Die **Zeilen 6 bis 9** wurden gegenüber dem Vorjahr übersichtlicher gestaltet. **Zeile 6** enthält die selbstverständliche Feststellung, dass der Sonderausgabenabzug für die Riester-Beiträge beantragt wird. In **Zeile 7** gehört lediglich die Anzahl der Riester-Verträge, gegebenenfalls getrennt nach Ehegatten. **Zeile 8** fragt nach den tatsächlich geleisteten eigenen Zahlungen in Riester-Verträge, einschließlich Tilgungsleistungen von Eigenheimbesitzern im Rahmen des sogenannten „Wohn-Riester". Riester-Zulagen haben hier nichts zu suchen. Für eventuelle Änderungen von Vertragsdaten, für einen Neuvertrag oder die erstmalige Abgabe der Anlage AV steht die Ziffer „1" (ja) in **Zeile 9**. Blieben die Vertragsdaten unverändert gegenüber der letzten Steuererklärung: Ziffer „2" einfügen. Eine Änderung der Beitragshöhe gilt nicht als Vertragsänderung.

10	**Ich bin für das Jahr 2011 unmittelbar begünstigt.** (Bitte die Zeilen 11 bis 19 ausfüllen.)	106	*1* 1 = Ja	306		1 = Ja
			EUR		306	EUR
11	Beitragspflichtige Einnahmen i. S. d. deutschen gesetzlichen Rentenversicherung in **2010**	100	*3 5 0 0 0 ,—*	300		,—

Zeile 10 bis 20: Einnahmen

In **Zeile 10** tragen ausschließlich unmittelbar begünstigte Menschen die Ziffer „1" ein. Nur sie müssen bis **Zeile 19** Angaben zu ihren Einnahmen machen. Die will das Amt kontrollieren, weil es Arbeitnehmern die volle Förderung nur gewährt, wenn sie mindestens vier Prozent ihres Bruttolohns des Vorjahrs in einen Riester-Vertrag eingezahlt haben. Hatte beispielsweise ein alleinstehender, kinderloser Arbeitnehmer 2010 einen Bruttolohn von 35 000 Euro, trägt er den in **Zeile 11** ein. Was Arbeitnehmer hier eintragen müssen, ergibt sich aus der Meldung des Arbeitgebers an die Sozialversicherung. Lohnersatzleistungen (siehe Seite 203) gehören nicht hierher, sondern separat in **Zeile 13**. Für Beamte sind vor allem **Zeile 12 und 16** wichtig.

Der Hintergrund für die Fragen nach den Einnahmen ist folgender: Für die volle Förderung müsste der Arbeitnehmer im Beispiel mindestens 4 Prozent von 35 000 Euro in einen Riester-Vertrag einzahlen. Das sind 1 400 Euro. Tatsächlich zahlen muss er aber nur 1 246 Euro, weil die Zulage in Höhe von 154 Euro von den 1 400 Euro abgezogen wird (1 400 minus 154 ist 1 246). Zahlt der Arbeitnehmer weniger ein, kürzt das Amt die Zulage prozentual. Zahlt er mehr ein, sind zusätzliche 700 Euro als Sonderausgaben abzugsfähig (2 100 Euro geförderter Höchstbetrag minus 1 400).

Mittelbar begünstigte Ehepartner tragen hier bis einschließlich **Zeile 19** gar nichts ein, denn ihr Einkommen hat auf die Förderung keinen Einfluss. Sie stimmen erst wieder in **Zeile 20** mit „ja" ab (Ziffer „2").

Zeile 21 bis 24: Zulagen für Kinder

Bei den Kinderzulagen gilt wieder eine strikte Trennung. Zusammenlebende Elternehepaare füllen **Zeile 21 bis 22** aus und zwar unterschieden danach, ob das Kind (wie üblich, **Zeile 21**) der Mutter zugeordnet ist oder (auf Antrag der Eltern, **Zeile 22**) dem Vater. In den beiden Spalten rechts wird außerdem nach Geburtsdatum unterschieden, weil 2008 und später geborene Kindern eine höhere Zulage bekommen. Alle anderen Eltern nutzen **Zeile 23 bis 24**. Der „erste Anspruchszeitraum 2011" ist in der Regel der Januar. Mit dieser Vorgabe in **Zeile 23** versucht die Verwaltung, bei Wechseln des Kindergeldberechtigten die Übersicht zu behalten.

Die zweite Seite der Anlage AV ist 2011 erstmals entfallen.

Anlage Unterhalt: Für Helfer

Arbeitnehmer füllen die Anlage Unterhalt aus, wenn sie ihre Unterstützung für Bedürftige als außergewöhnliche Belastung absetzen wollen. Die wichtigsten Voraussetzungen und Bedingungen dazu finden Sie zusammengefasst bei den Hinweisen zum Mantelbogen ab Seite 55. Lesen Sie bitte dort, bevor Sie die Anlage Unterhalt ausfüllen (siehe auch das ausgefüllte Musterformular Seite 262).

Zeile 1 bis 6: Allgemeine Angaben

Name und Steuernummer des Unterstützers gehören in **Zeile 1 bis 3**. Für jeden unterstützten Haushalt ist eine gesonderte Anlage Unterhalt erforderlich. Wer mehrere Anlagen Unterhalt abgibt, schreibt in das rechte Feld in **Zeile 3** die laufende Nummer der entsprechenden Anlage. In **Zeile 4** gehört die Anschrift des unterstützten Haushalts. Nur wenn der im Ausland liegt, ist eine Eintragung in **Zeile 5** erforderlich. In **Zeile 6** kommt die Anzahl der Menschen, die im unterstützten Haushalt leben, egal ob sie unterhaltsberechtigt sind oder nicht.

Zeile 7 bis 16: Unterhaltsleistungen

In **Zeile 7** schreiben Sie, von wann bis wann Sie 2011 Unterhalt gezahlt haben. Wie viel das insgesamt war, kommt in das rechte Feld. **Zeile 8** will den genauen Zeitpunkt der ersten Zahlung wissen. Lag der beispielsweise zu Weihnachten 2010, wird die Zahlung für 2011 nicht anerkannt. Floss die erste Zahlung im März 2011, verringert sich der Höchstbetrag auf maximal zehn Zwölftel von 8 004 Euro. Je früher die Zahlung beginnt, umso mehr Unterhalt ist absetzbar. Eine Kürzung unterbleibt nur, wenn der im Ausland lebende Ehegatte unterstützt wird.

    Zeile 9 bis 10 ist nur auszufüllen, wenn die Unterhaltszahlung einmal im Jahr unterbrochen und wieder aufgenommen wurde.

Häufigere Unterbrechungen gehören auf ein separates Blatt. Für die Zahlungen will das Amt in der Regel Nachweise sehen.

Seit 2010 dürfen zusätzlich zum Höchstbetrag von 8 004 Euro für den Unterstützten gezahlte Beiträge zur Kranken- und Pflegeversicherung als Unterhalt geltend gemacht werden. Das passiert in **Zeile 11 bis 16** und zwar in der Weise und mit den Beschränkungen, die generell gelten und bei den Erläuterungen zur Anlage Vorsorgeaufwand ab Seite 75 beschrieben sind.

Zeile 17 bis 26: Zahlungen ins Ausland

Hier geht es ausschließlich um Unterhaltszahlungen an Personen im Ausland. Es wird etwas komplizierter, denn es gelten teilweise andere Bestimmungen und erhöhte Nachweispflichten. Die Verwaltung hat die Welt in vier Ländergruppen aufgeteilt. Wie viel Unterhalt abzugsfähig ist, hängt davon ab, in welchem Land die Unterstützten wohnen. In **Zeile 17 bis 19** müssen Unterstützer genau angeben (und mit beigefügten Nachweisen belegen), wie, wann und wie viel sie gezahlt haben. In **Zeile 21 bis 25** geht es ausschließlich um Zahlungen an den Ehegatten, die im Rahmen von Besuchsreisen erfolgt sind. Hier will das Amt Nachweise dafür sehen, dass die Reise tatsächlich stattfand. In **Zeile 26** schreibt der Unterstützer seinen Nettolohn. Damit will das Amt überprüfen, ob die Unterhaltszahlung nicht so hoch ausfällt, dass der eigene Lebensunterhalt des Unterstützers gefährdet wird.

 TIPP

Wie viel Unterhalt für Personen in ihrem jeweiligen Aufenthaltsland abzugsfähig ist, lässt sich mit der sogenannten „Ländergruppeneinteilung" des Bundesfinanzministeriums ermitteln, siehe www.bundesfinanzministerium.de (Eingabe im Suchfeld: Ländergruppeneinteilung) oder www.test.de/Steuerratgeber-Extra.

Zeile 31 bis 45: Angaben zum Unterstützten

Die Fragen in **Zeile 31 bis 35** beziehen sich auf die unterstützte Person und sind relativ übersichtlich. Wer Menschen im Ausland unterstützt, muss eine „Bedürftigkeitserklärung" der dortigen Behörden vorlegen und die entsprechende Ziffer in **Zeile 34** eintragen. Muster gibt es unter www.formulare-bfinv.de. Betroffene sollten sich rechtzeitig beim Finanzamt oder einem Steuerprofi erkundigen, welche Unterlagen erforderlich sind und wie man die beschaffen kann.

In **Zeile 35** ist der Ehepartner des Unterstützten gemeint. Lebt die unterstützte Person im Haushalt des Unterstützers, geht das Amt ohne Nachweis davon aus, dass Unterhaltsaufwand bis zum absetzbaren Höchstbetrag entstanden ist (**Zeile 36**). Wer **Zeile 37** bejaht, darf keinen Unterhalt absetzen, wenn und solange ihm oder irgendjemandem für das Kind ein Kinderfreibetrag oder Kindergeld zusteht. Eltern dürfen für ihre Kinder in der Regel erst Unterhaltszahlungen geltend machen, wenn der Nachwuchs älter als 18 beziehungsweise 25 Jahre ist (siehe Seite 132). In **Zeile 38 bis 42** wird abgefragt, ob eine der hier aufgeführten Unterhaltsverpflichtungen vorliegt. Das betrifft geschiedene oder getrennt lebende Ehegatten (**Zeile 38**), den Ehegatten der im Ausland lebt (**Zeile 39**), die Mutter oder den Vater des gemeinsamen Kindes (**Zeile 40**) oder Menschen, die nach dem Lebenspartnerschaftsgesetz unterhaltsberechtigt sind (**Zeile 41**). In **Zeile 42** geht es um Menschen, die zwar nicht unterhaltsberechtigt sind, denen wegen der Partnerschaft aber Zuwendungen wie Sozialhilfe gekürzt oder gestrichen wurden. In **Zeile 43** gehört das Vermögen, das ein Unterstützter nur begrenzt haben darf (siehe Seite 56).

Zeile 44 bis 45 betrifft den Fall, dass sich mehrere Menschen am Unterhalt beteiligt haben. Wenn beispielsweise mehrere Geschwister Unterhalt an ihre Eltern geleistet haben, wird der Höchstbetrag von 8 004 Euro im Jahr aufgeteilt, und zwar nicht pro Kopf, sondern entsprechend der Höhe der Unterhaltsleistungen.

Zeile 46 bis 54: Einkünfte und Bezüge des Unterstützten

Hierher gehört ziemlich alles, was dem Unterstützten zufließt. Was zu den Einkünften und Bezügen zählt und was nicht, finden Sie auf Seite 137.

Jeder Euro oberhalb von 624 Euro verringert das Abzugsvolumen von Unterhaltsaufwendungen. Wenn Unterstützte im Ausland leben, verringert sich auch der Betrag von 624 Euro entsprechend der Ländergruppeneinteilung (siehe Tipp Seite 152). Die Fragen hier sind relativ gut nachvollziehbar. Unter „Versorgungsbezügen" versteht das Amt Pensionen (**Zeile 46 bis 47**, 5. bis 7. Spalte von links). Mit „öffentlichen Ausbildungshilfen" ist unter anderem der Teil des BAföG gemeint, der als Zuschuss gezahlt wurde (**Zeile 54**). Auf Seite 3 und 4 der Anlage Unterhalt lassen sich die Daten von zwei weiteren Unterhaltsempfängern desselben Haushalts in der gleichen Weise eintragen. Für mehr als drei Unterhaltsempfänger in einem Haushalt ist eine weitere Anlage Unterhalt erforderlich.

Anlage KAP: Für Sparer und Anleger

Die Anlage KAP (wie „Einkünfte aus Kapitalvermögen") kann für
Arbeitnehmer interessant sein, die neben ihrem Lohn noch ein paar
Zinsen und andere Kapitalerträge haben. Die werden seit 2009 in
der Regel gleich an der Quelle mit Abgeltungsteuer belegt und somit „abgegolten" und erledigt. Im Prinzip bedeutet das, die Bank
behält von steuerpflichtigen Kapitalerträgen 25 Prozent Steuer ein
(plus 5,5 Solidaritätszuschlag und gegebenenfalls Kirchensteuer).
Das alles überweist sie direkt an das Finanzamt. Sparer und Anleger können per Freistellungsauftrag an die Bank 801 Euro steuerfrei kassieren. Dieser „Sparerpauschbetrag" verdoppelt sich für
Ehepaare auf 1 602 Euro.

Damit sollte eigentlich alles einfacher und übersichtlicher werden. Die Anlage KAP dokumentiert das Gegenteil. Sie ist der Versuch, das riesige Universum der Kapitalerträge auf zwei Formularseiten zu quetschen. Heraus kam ein schwer verständliches und
unübersichtliches Formular. Für viele Sparer hat die Abgeltungsteuer leider gar nichts vereinfacht. Wer das glaubt, kann sogar
ordentlich draufzahlen, wenn er nicht aufpasst.

Hier soll es vor allem um ganz praktische Ausfüllhilfen in den
Bereichen gehen, die für viele Arbeitnehmer zutreffend und überschaubar sind. Das funktioniert mit etwas Anleitung in der Regel
„unfallfrei". Bei betrieblichen Vorgängen, speziellen Kapitalanlagen
oder Verlustverrechnungen ist professionelle Beratung dringend
geboten. Wir weisen an den entsprechenden Stellen darauf hin
(siehe auch ausgefülltes Musterformular Seite 264).

Wichtige Ausfüllhilfen sind die Steuerbescheinigungen, die Banken und andere Finanzdienstleister ihren Kunden ausstellen. Die
Anbieter von Finanzprodukten sind dazu zwar nicht mehr verpflichtet, die meisten tun es aber in der Regel von sich aus. Auf Antrag
sollen es alle machen. Auf den Bescheinigungen sind Kapitalerträge,
einbehaltene Steuern und andere Informationen vermerkt und ein
ganz wichtiger Hinweis: in welche Zeile der Anlage KAP gehören
welche Beträge.

Bei Unklarheiten helfen oft Nachfragen bei der Bank, beim Finanzamt oder bei einem Steuerprofi.

Zeile 1 bis 6: Abgabepflicht und Abgabekür

Arbeitnehmer, die Zinsen und andere Kapitalerträge bis zum Sparerpauschbetrag von 801 Euro kassiert haben (Ehepaare 1 602 Euro), können sich die Anlage im Prinzip sparen. Aber es gibt Ausnahmen: Wurden im Jahresverlauf trotzdem Steuern auf Kapitalerträge abgezogen, sollten sie sie unbedingt abgeben. Das konnte beispielsweise passieren, wenn Freistellungsaufträge bei der Bank nicht oder nicht richtig gestellt wurden oder wenn ausländische Quellensteuer einbehalten wurde. Dann hilft nur die Anlage KAP, um zu viel gezahlte Steuern zurückzuholen. Auch Arbeitnehmer mit Zinsen oberhalb des Sparerpauschbetrags müssen keine Anlage KAP mehr abgeben, wenn die Bank von ihren Kapitalerträgen Steuern abgeführt hat. Von dieser Regel gibt es allerdings viele Ausnahmen. Die schreiben einerseits eine Abgabe der Anlage KAP vor, zum Beispiel, wenn von bestimmten Zinsen keine Abgeltungsteuer einbehalten wurde. Andererseits kann es sich auch in solchen Fällen lohnen freiwillig abzugeben, wenn zu viel Steuer einbehalten wurde.

Zunächst füllen Sie **Zeile 1 bis 3** mit den persönlichen Angaben aus und kreuzen rechts den Zweck an (in der Regel „zur Einkommensteuererklärung") und die Person, um die es geht. Bei Ehepaaren werden immer zwei Anlagen KAP fällig, auch wenn ein Partner alle und der andere gar keine Kapitaleinkünfte hat. In **Zeile 4 bis 6** geht es um die Abgabegründe. Die Eintragung der Ziffer „1" in **Zeile 4** beantragt die sogenannte „Günstigerprüfung". Das Finanzamt prüft dann, ob die Abgeltungsteuer günstiger war als die Versteuerung der Kapitaleinkünfte mit dem persönlichen Steuersatz des Sparers. Hier ist der „Grenzsteuersatz" entscheidend. Das ist der Steuersatz, mit dem der letzte steuerpflichtige Euro versteuert wird. Hat beispielsweise ein Ehepaar ein zu versteuerndes Einkommen von 40 000 Euro, so wird der 40 000ste Euro mit 27 Prozent

Grenzsteuersatz versteuert, oder anders gesagt: Vom 40 000sten Euro holt sich der Fiskus 27 Cent Einkommensteuer (siehe Seite 246). Liegt der persönliche Grenzsteuersatz unter 25 Prozent, zahlt das Finanzamt via Steuererklärung bereits abgeführte Abgeltungsteuer zurück. Das funktioniert aber nur, wenn das hier mit der Ziffer „1" beantragt wird. Sonst findet keine Günstigerprüfung statt, denn von sich aus tut das Amt gar nichts.

Wenn das zu versteuernde Einkommen ohne die Kapitaleinkünfte unterhalb von 15 700 / 31 400 Euro (alleinstehend / verheiratet) liegt, ist der persönliche Grenzsteuersatz geringer als 25 Prozent. Dann lohnt sich für Sparer und Anleger in der Regel die Günstigerprüfung. Wer wissen will, wie hoch sein persönlicher Grenzsteuersatz ist, kann das mit Hilfe der Tabelle auf Seite 246 überschlagen und unter www.abgabenrechner.de („Berechnung der Einkommensteuer") genau feststellen. Sparer, die im Bereich des Grenzsteuersatzes von 25 Prozent liegen, sollten immer einen Antrag auf Günstigerprüfung stellen. Verlieren können sie dabei nie, manchmal aber gewinnen.

Wenn Arbeitnehmer Zinsen und andere Kapitaleinkünfte bis 1 211 Euro haben, kann sich eine Günstigerprüfung unabhängig von der Höhe des Grenzsteuersatzes lohnen. Arbeitnehmer können nämlich zusätzlich zu ihrem Lohn Kapitaleinkünfte (oder andere Einkünfte) bis 410 Euro im Jahr steuerfrei einnehmen. Sogar für Beträge bis 820 Euro gibt es im Rahmen des sogenannten „Härteausgleichs" Steuererleichterung. Wie das funktioniert, lesen Sie ab Seite 197.

Zum Beispiel Undine U. Die ledige 33-jährige Hotelangestellte verdient 30 000 Euro Brutto im Jahr. Nach Abzug aller Werbungskosten und Sonderausgaben kommt Undine auf ein zu versteuerndes Einkommen von 24 000 Euro. Darauf zahlt sie rund 4 025 Euro Einkommensteuer und Solidaritätszuschlag. Zusätzlich hat sie 1 201 Euro Zinsen. Nach Abzug des Sparerpauschbetrags von 801 Euro führt die Bank von den verbleibenden 400 Euro Zin-

sen rund 106 Euro an das Finanzamt ab. So wird Undine insgesamt mit 4 131 Euro zur Kasse gebeten (4 025 plus 106). Per Anlage KAP holt sich Undine die Zinssteuer zurück, weil sie neben ihrem Lohn andere Einkünfte bis 410 Euro steuerfrei einnehmen kann. Bemerkenswert ist auch, dass der Grenzsteuersatz hier ohne Einfluss bleibt. Selbst wenn Undine das Doppelte oder noch mehr Lohn hätte, bekäme sie 106 Euro vom Finanzamt zurück.

zu versteuerndes Einkommen ohne Zinsen	24 000
Zinsen	+ 1 201
minus Sparerpauschbetrag	− 801
minus steuerfreie Zinsen bis 410 Euro	− 400
zu versteuerndes Einkommen mit Zinsen	24 000
Einkommensteuer plus Solidaritätszuschlag nach Tabelle	4 025
gezahlte Einkommensteuer einschließlich Abgeltungsteuer	4 131
Steuerersparnis durch Günstigerprüfung (4 131 minus 4 025) (alle Angaben in Euro)	**106**

TIPP

Wenn Arbeitnehmer die 410-Euro-Grenze und den Härteausgleich für ihre Kapitaleinkünfte nutzen können, sollten sie
unabhängig von der Höhe ihres Steuersatzes immer eine
Günstigerprüfung beantragen.

Noch mehr Kapitaleinkünfte bleiben für Arbeitnehmer steuerfrei,
wenn sie 65 oder älter sind und den Altersentlastungsbetrag für
Zins & Co. verwenden können (siehe Seite 176 und 241). Bis
1 900 Euro sind auf diese Weise steuerfrei und zwar zusätzlich
zum Sparerpauschbetrag.

Wer in **Zeile 5** die Ziffer „1" in das Kästchen schreibt, erreicht
die Überprüfung seiner im Jahresverlauf bereits an das Finanzamt
abgeführten Steuern auf Kapitaleinkünfte. Das kann beispielsweise
sinnvoll sein, wenn Abgeltungsteuer abgeführt wurde, obwohl
der Sparerpauschbetrag von 801 Euro (Ehepaare 1 602 Euro) nicht
ausgeschöpft wurde, weil etwa die Freistellungsaufträge nicht
richtig verteilt waren oder weil beim Bank- oder Depotwechsel
etwas schief gelaufen ist. Auch ausländische Quellensteuer lässt
sich so zurückholen.

In **Zeile 6** markieren kirchensteuerpflichtige Menschen mit der
Ziffer „1", dass für ihre laufenden Kapitalerträge von der Bank
keine Kirchensteuer abgeführt wurde und dass sie das im Rahmen
der Steuererklärung nachholen (auch Mantelbogen Zeile 2 ankreuzen, siehe Seite 39). Die Möglichkeit, zunächst zusammen mit
Abgeltungsteuer die Kirchensteuer abführen zu lassen, auf diesem
Weg den pauschalierten Sonderausgabenabzug zu nutzen und
danach im Rahmen der Steuererklärung zusätzlich die Kirchensteuer
als Sonderausgaben geltend zu machen, funktioniert ab 2011
nicht mehr. Der Sonderausgabenabzug der Kirchensteuer über die
Steuererklärung ist nur noch für solche Kapitalerträge möglich,
für die im Rahmen der Abgeltungsteuer keine Kirchensteuer abgeführt wurde.

→ **TIPP**

Wer vermeiden will, nur wegen der Kirchensteuer eine Steuererklärung abgeben zu müssen, beauftragt seine Bank formlos,
die Kirchensteuer zusammen mit der Abgeltungsteuer abzu-
führen.

Es gibt weitere, in **Zeile 4 bis 6** nicht genannte Gründe, die Sparer
und Anleger verpflichten, eine Anlage KAP abzugeben: etwa ausländische Kapitaleinkünfte, die nicht der Abgeltungsteuer unterlagen oder Zinsen aus bestimmten privaten Darlehen, für die die
Abgeltungsteuer ebenfalls nicht gilt (siehe Seite 163).

Zeile 7 bis 14a: Abgeltungsteuer abgeführt

In **Zeile 7** schreiben Sie zusammengefasst sämtliche Kapitalerträge,
für die im Jahresverlauf Abgeltungsteuer abgeführt wurde. Dazu
gehören auch die per Freistellungsauftrag im Rahmen des Sparerpauschbetrags freigestellten Beträge bis 801 / 1 602 Euro (alleinstehend / verheiratet). Hier geht es unter anderem um laufende Kapitalerträge wie etwa Zinsen und Dividenden. Die genauen Beträge
ergeben sich aus den Steuerbescheinigungen von Banken, Fonds-
gesellschaften und anderen Finanzdienstleistern. Diese Bescheinigungen will das Finanzamt immer im Original sehen. Hierher
gehören auch Erträge aus Lebensversicherungen, die seit 2005
abgeschlossen wurden und Erträge aus vorher abgeschlossenen
Verträgen, die nicht steuerbegünstigt sind (siehe Seite 85). **Zeile 8**
fragt nach Gewinnen aus dem Verkauf von Wertpapieren aller Art,
etwa Aktien Anleihen oder Zertifikaten, aus Termingeschäften oder
aus dem Verkauf von „gebrauchten" Lebensversicherungen. Ob
diese Vorschrift zutrifft, ergibt sich in der Regel aus den vorliegenden Steuerbescheinigungen. In **Zeile 9** müssen Gewinne aus Ak-
tienverkäufen (aus **Zeile 8**) nochmals separat erscheinen, weil sie
steuerlich etwas anders als andere Kapitalerträge behandelt werden.

			Beträge lt. Steuerbescheinigung(en) EUR		korrigierte Beträge (Erläuterungen auf besonderem Blatt) EUR
7	Kapitalerträge	10	*1 9 5 2,—*	20	, —
8	In Zeile 7 enthaltene Gewinne aus Kapitalerträgen i. S. d. § 20 Abs. 2 EStG	11	, —	21	, —
9	In Zeile 8 enthaltene Gewinne aus Aktienveräußerungen i. S. d. § 20 Abs. 2 Satz 1 Nr. 1 EStG	12	, —	22	, —

Sogenannte „Stillhalterprämien" aus Optionsgeschäften gehören gesondert in **Zeile 10**. In **Zeile 12 bis 13** fragt das Formular das ziemliche schwierige Thema der Verluste aus Wertpapiergeschäften ab (unterteilt nach Aktien- und anderen Verlusten). In der rechten Spalte dieser Zeilen („korrigierte Beträge") geht es zum Beispiel darum, Verluste von Konten bei unterschiedlichen Banken zu berücksichtigen oder Kosten von Veräußerungsgeschäften, die die Bank in ihre Abrechnung nicht einbezogen hat. Auch wenn die Bank pauschal 30 Prozent des Verkaufserlöses als Gewinnabschlag mit der Abgeltungsteuer belegt hat, lassen sich in **Zeile 11** die tatsächlichen Gewinne oder Verluste unterbringen. **Zeile 10 bis 13** ist für Steuerlaien schwer zu überblicken und teilweise „vermintes Gelände". Wer sich mit solchen Spezialproblemen herumschlagen muss, sollte einen Steuerprofi konsultieren.

Ob und in welcher Höhe der Sparerpauschbetrag genutzt wurde, ergibt sich im Regelfall aus den vorliegenden Steuerbescheinigungen. **Zeile 14** fragt nach dem Teil des Sparerpauschbetrags, der für die in **Zeile 7 bis 13** aufgeführten Kapitalerträge verwendet worden ist. Normalerweise erscheint hier der gesamte genutzte Sparerpauschbetrag von 801 Euro. In **Zeile 14a** kommt eine Ausnahme. Hierher gehört der Teil des Sparerpauschbetrags, der für Kapitalerträge genutzt wurde, die nicht in den **Zeilen 7 bis 13** auftauchen. Ein solcher Fall kann beispielsweise dann eintreten, wenn die Bank bereits ordnungsgemäß und unter Berücksichtigung des Freistellungsauftrags Abgeltungsteuer abgeführt hat und der Sparer daran auch nachträglich nichts ändern möchte.

Zeile 15 bis 48: Ohne Abgeltungsteuer

In **Zeile 15 bis 21** werden Kapitalerträge abgefragt, die nicht der Abgeltungsteuer unterlegen haben. Dabei kann es sich zum Beispiel um ausländische Zinsen handeln, ausländische Fondserträge oder auch um Kreditzinsen aus einem Privatdarlehen. Alle diese Kapitalerträge gehören zusammengefasst in **Zeile 15**. In den **Zeilen 16 und 17** will das Finanzamt eine gesonderte Aufstellung der bereits in **Zeile 15** enthaltenen Gewinne (beziehungsweise Verluste) aus Veräußerungsgeschäften sehen, getrennt nach Aktien und anderen Wertpapieren. Ausgenommen von der Zusammenfassung in **Zeile 15** sind Zinsen für Steuererstattungen, die das Finanzamt (obwohl es sie genau kennt) in der **Zeile 21** ebenfalls separat sehen will und die im letzten Steuerbescheid zu finden sind. Die Verwaltung besteht auf der Steuerpflicht von Erstattungszinsen, obwohl sie nach Auffassung des Bundesfinanzhofs steuerfrei sind.

 TIPP

Der Bundesfinanzhof muss erneut über die Verfassungsmäßigkeit der Steuerpflicht von Erstattungszinsen entscheiden. Betroffene können mit Bezug darauf Einspruch gegen ihren Steuerbescheid einlegen (siehe Seite 224).

Bei Kapitalerträgen, die nicht mit der Abgeltungsteuer, sondern mit dem persönlichen Steuersatz versteuert werden müssen (**Zeilen 22 bis 26**), geht es vor allem um Erträge, die im betrieblichen Bereich anfallen und für Normalsteuerzahler in der Regel kein Thema sind. Hier sollte unbedingt ein Steuerprofi helfen. Gleiches gilt für Beteiligungen & Co. (**Zeilen 31 bis 48**). Es handelt sich dabei um Erbengemeinschaften, geschlossene Gesellschaften oder andere Zusammenschlüsse von Personen im In- oder Ausland, meist aber um höhere Beträge und verzwickte Regelungen. Das Finanzamt stellt dafür besondere Feststellungsbescheide aus, deren Angaben über-

nommen werden können, wenn sie überschaubar sind. In **Zeile 22** gehören übrigens auch Zinsen aus Darlehen an Verwandte. Die unterliegen nicht der Abgeltungsteuer, sondern immer dem persönlichen Steuersatz, wenn sie beim Schuldner als Werbungskosten oder als Betriebsausgaben absetzbar sind.

Zeile 49 bis 61: Steuerabzug, Verluste & Co.

Hier will das Amt sehen, wie viel Steuern auf Kapitalerträge abgeführt wurden und zwar zusammengefasst nach Steuerarten. So gehört die insgesamt abgeführte Abgeltungsteuer in **Zeile 49**, und zwar separat nach der in den (beizufügenden!) Steuerbescheinigungen aufgeführten Steuer und der Steuer, die auf Beteiligungen abgeführt wurde. In **Zeile 50 bis 54** wiederholt sich die Prozedur für andere Steuerarten, etwa für den Solidaritätszuschlag und die Kirchensteuer.

Steuerabzugsbeträge zu Erträgen in den Zeilen 7 bis 20 und zu Beteiligungen in den Zeilen 31 bis 46		lt. beigefügter Bescheinigung(en)		aus Beteiligungen	
		EUR	Ct	EUR	Ct
49	Kapitalertragsteuer	80	8 7,5 0	90	,
50	Solidaritätszuschlag	81	4,8 1	91	,

Die sogenannte „fiktive Quellensteuer" (**Zeile 54**) gilt für manche Anleihen ausländischer Staaten. Der deutsche Fiskus erstattet sie dem Anleger trotzdem so, als wäre sie einbehalten worden. Das erhöht die Rendite der Anleihen und gilt als eine Art Entwicklungshilfe.

In einigen europäischen Staaten, zum Beispiel, Belgien, Luxemburg, Österreich, Schweiz, Liechtenstein sowie in bestimmten Steueroasen, wird eine Quellensteuer für Zinszahlungen erhoben. Die kann voll auf die deutsche Einkommensteuer angerechnet werden, wenn sie denn erklärt und nachgewiesen wird (**Zeile 58**). Wer in dieser Abteilung erstmals etwas einzutragen hat, sollte vorher einen Steuerprofi konsultieren, denn hier lauern Stolpersteine. Gleiches gilt für die **Zeilen 55 bis 57** und für die Bereiche „Verrechnung von Altverlusten" (**Zeile 59 bis 60**) und „Steuerstundungsmodelle" (**Zeile 61**). Bei den Altverlusten, das sind Verluste von vor 2009, ist zudem Eile geboten, denn ihre Verrechnung ist nur noch bis Ende 2013 begünstigt.

Weitere Anlagen: Zusatzeinkünfte

Die meisten Arbeitnehmer und Beamten kommen mit den bisher dargestellten Anlagen zu ihrer Steuererklärung aus. Wer aber neben Lohn und Zinsen weitere steuerpflichtige Einnahmen hat, beispielsweise als Vermieter, Rentner oder im Zusammenhang mit einer selbstständigen Nebentätigkeit, braucht weitere Anlagen. Die gibt es hier im Überblick.

Anlage SO: Sonstige Einkünfte

In Anlage SO (Sonstige Einkünfte) fragt das Finanzamt ein Sammelsurium von Einkünften ab, die anderswo nicht unterzubringen waren. In **Zeile 4** geht es um sehr spezielle Zahlungen, zum Beispiel Altenteilsleistungen in der Land- und Forstwirtschaft oder bestimmte Schadensersatzrenten. Hier geht ohne Steuerprofi gar nichts.

Zeile 5 bis 23: Unterhalt & Co.

In **Zeile 5** trägt der Empfänger die von seinem Ex-Gatten erhaltenen Unterhaltsleistungen ein, wenn der andere sie als Sonderausgaben absetzt (siehe Seite 45). Der Zahler hat den Vorteil, dass die Unterhaltszahlung bei ihm steuerlich gefördert wird. Wenn Ex-Gatten sich auf eine faire Verteilung des Steuervorteils einigen können, bringt dieses sogenannte „Realsplitting" beiden Vorteile. Beide müssen gemeinsam die Anlage U ausfüllen. Die hat übrigens nichts mit der Anlage Unterhalt zu tun und ist zum Glück auch wesentlich überschaubarer.

Der Zahler darf seit 2010 zusätzlich zu den maximal 13805 Euro Unterhalt von ihm übernommene Beiträge zur Kranken- und Pflegeversicherung des Unterstützten als Sonderausgaben absetzen. Die sind beim Empfänger ebenso steuerpflichtig wie der Unterhalt und gehören deshalb mit in die **Zeile 5**. Der Empfänger darf sie aber auch als eigene Sonderausgaben in seine Anlage Vorsorgeaufwand schreiben (siehe Seite 75).

Unter „Leistungen" (**Zeile 7 bis 13**) versteht das Finanzamt Gelegenheitsgeschäfte, zum Beispiel die private Vermietung eines Autos, eines Wohnmobils oder die Provision für gelegentliche Vermittlungstätigkeiten. Hierher gehören auch Einnahmen, die andere Arbeitskollegen für die Mitnahme zur Arbeit im Rahmen einer Fahrgemeinschaft bezahlt haben. Solche Leistungen sind bis 255 Euro im Jahr steuerfrei, ab dem 256sten Euro wird aber alles steuerpflichtig, auch die ersten 255 Euro. Wer hart an der Grenze liegt, kann mit einem kleinen Preisnachlass Steuern sparen. Die Kollegen haben sicher nichts dagegen.

Zeile 31 bis 51: Private Veräußerungsgeschäfte

Unter den Begriff „Private Veräußerungsgeschäfte" kann der Verkauf aller möglicher Dinge fallen, von Grundstücken über Kunstgegenstände, Schmuck, Edelmetallen, Briefmarken bis hin zu Büchern. Früher hieß so etwas „Spekulationsgeschäft". Der Gewinn ist steuerpflichtig, wenn Kauf und Verkauf innerhalb einer bestimmten Frist liegen: Bei Immobilien sind es zehn Jahre, bei den meisten anderen Gegenständen ist es ein Jahr. Ob das Finanzamt tatsächlich etwas abbekommt, ist aber eine andere Frage, denn Spekulationsgewinne unter 600 Euro im Jahr bleiben steuerfrei, für Ehepaare kann es das Doppelte sein, wenn beide entsprechende Einkünfte haben. Auch hier gilt: Nur ein Euro mehr und alles wird steuerpflichtig.

Wer ein Grundstück verkauft (**Zeile 31 bis 40**), sollte das immer mit Hilfe eines Steuerexperten tun. Das kann manchmal auch für den eigentlich steuerfreien Verkauf eines Eigenheims wichtig sein. Wer zum Beispiel einen Raum seines verkauften Hauses als häusliches Arbeitszimmer nutzte oder an die Enkelin vermietete, hat diese oder andere Teile seines Hauses nicht zu „eigenen Wohnzwecken" genutzt. Das hat zur Folge, dass ein Verkaufsgewinn, der auf diese Teile entfällt, steuerpflichtig sein kann.

Auch der Verkauf anderer Gegenstände aus dem Privatvermögen kann steuerliche Folgen haben (**Zeile 41 bis 48**). Das betrifft etwa Schmuck, Edelmetalle, Kunstgegenstände, Sammlungen, wertvolle

Bücher und andere Vermögenswerte. Der Verkauf alltäglicher Gebrauchsgegenstände, etwa Autos, ist neuerdings nicht mehr steuerpflichtig, wenn diese Gegenstände nach dem 13. Dezember 2010 angeschafft wurden. Damit wirken sich Verluste, die sich aus Kauf und Verkauf von Pkw innerhalb eines Jahres regelmäßig ergeben, steuerlich nicht mehr aus. Gewinne bei Verkäufen von Jahreswagen bleiben nun allerdings auch unbesteuert. Der Verkauf von Wertpapieren unterliegt in der Regel der Abgeltungsteuer (siehe Seite 155) und gehört nicht mehr hierher.

In **Zeile 41 bis 46** kann man nur ein einziges privates Veräußerungsgeschäft eintragen. Wenn es um mehrere Veräußerungsgeschäfte geht, kommt das Ergebnis des ersten Geschäfts zusammen mit dem Ergebnis aller anderen Veräußerungsgeschäfte in **Zeile 47**. Die Einzelheiten aller anderen Geschäfte will das Finanzamt möglichst nach dem Muster der **Zeilen 41 bis 46** auf Extrablättern sehen.

Die **Zeilen 49 bis 50** drehen sich um Anteile aus einem Verkauf, beispielsweise an Grundstücksgemeinschaften. Das ist schwieriges Gelände und ohne professionelle steuerliche Beratung kaum unfallfrei zu passieren. Gleiches gilt für die Begrenzung der Verlustverrechnung aus privaten Veräußerungsgeschäften in **Zeile 51**.

Anlagen G und S: Für Nebenerwerbsunternehmer

Wenn sich Arbeitnehmer als Gewerbetreibende oder Freiberufler etwas hinzuverdienen, tun sie das in der Regel als Kleinunternehmer. Gewerbetreibende füllen die Anlage G aus, Freiberufler die Anlage S (Gewerbebetrieb, Selbstständige Tätigkeit). Kleinunternehmer sind Menschen, deren Umsatz im vergangenen Kalenderjahr nicht über 17 500 Euro lag und im laufenden Jahr voraussichtlich 50 000 Euro nicht übersteigen wird. Sie bleiben von Umsatzsteuer, Gewerbesteuer und Bilanzierungspflicht verschont. Erzielen Arbeitnehmer Einkünfte aus gewerblicher und freiberuflicher Tätigkeit bis 410 Euro im Jahr, ist dafür weder eine Steuererklärung noch Steuer fällig (siehe Seite 197).

Wer Gewerbetreibender und wer Freiberufler ist, steht indirekt im Einkommensteuergesetz (§ 18). Dort sind die Berufsgruppen definiert, die das Finanzamt als Freiberufler akzeptiert. Wer dort nicht steht, gilt in der Regel als Gewerbetreibender, wobei die Grenze fließt. Ärzte, Anwälte, Ingenieure, Architekten und Journalisten können fraglos Freiberufler sein. Der steuerlich wichtigste Unterschied: Freiberufler müssen keine Gewerbesteuer zahlen. Für Arbeitnehmer, die sich als Nebenberufsunternehmer etwas hinzuverdienen, dürfte das aber ohnehin ein Randthema sein, denn Gewerbesteuer wird erst oberhalb eines Freibetrags von 24 500 Euro Jahresgewinn fällig, und das muss im Nebenjob erstmal zusammenkommen.

Kleinunternehmer haben bei der Umsatzsteuer ein Wahlrecht. Sie können sich gegen die Umsatzsteuer entscheiden, müssen dann keine Umsatzsteuer an das Finanzamt abführen und keine Umsatzsteuererklärung abgeben. Allerdings bekommen sie die von ihnen selbst gezahlte Umsatzsteuer auch nicht vom Finanzamt zurück. Das ist nicht immer günstig, denn wer beispielsweise gerade seine Unternehmerkarriere startet, hat in der Regel hohe Ausgaben (Investitionen) und bescheidene Einnahmen. Fällt in dieser Phase die Entscheidung pro Umsatzsteuer, bleibt in der Regel unter dem Strich mehr in der Kasse.

Die ziemlich nervige (weitere) Anlage EÜR (Einnahmenüberschussrechnung) können sich Kleinunternehmer sparen. Sie dürfen ihren Gewinn weiterhin formlos ermitteln und angeben. Das ist gar nicht so schwer. Kleinunternehmer stellen die Einnahmen (mit dem Datum des Zahlungseingangs) und die Ausgaben (mit dem Datum des Zahlungsausgangs) gegenüber und tragen die Differenz als Gewinn oder Verlust in **Zeile 4** der Anlage S oder G ein.

Überschreitet der Umsatz jedoch den Kleinunternehmerbereich, dann sollten auch „Nebenberufsunternehmer" regelmäßig einen Steuerberater konsultieren, der ihnen über die Klippen der Anlagen G und S und der Umsatzsteuer hilft. Besonders wichtig kann die Hilfe eines Steuerprofis zum Beispiel vor oder zu Beginn der unternehmerischen Tätigkeit sein, um die wichtigsten Steuerprobleme zu erkennen und um künftig eine professionelle Steuererklärung fortschreiben zu können. Bei Verkauf oder Aufgabe des Unternehmens kann Profirat nützlich sein, denn damit sind immer besondere Steuerprobleme (und Steuervorteile) verbunden.

Arbeitnehmer, die sich in kleinerem Rahmen freiberuflich betätigen, können ihre Betriebskosten manchmal pauschal abrechnen. Das ist nicht nur einfacher als die Aufstellung der einzelnen Ausgaben, sondern kann auch vorteilhaft sein, wenn die tatsächlichen Kosten unterhalb der Pauschale bleiben. Bei wissenschaftlicher, künstlerischer, schriftstellerischer oder lehrender Nebentätigkeit sind es 25 Prozent der Einnahmen, maximal 614 Euro, die ohne Nachweis als Betriebskostenpauschale geltend gemacht werden können. Hebammen dürfen ebenfalls 25 Prozent ihrer Einnahmen pauschal als Betriebsausgaben abziehen, allerdings bis zu einer Höhe von 1 535 Euro. Für Tagesmütter gibt es je nach Aufwand eine Betriebsausgabenpauschale bis zu 3 600 Euro im Jahr pro Kind.

Bei der Gewinnermittlung spielt die Abschreibung eine zentrale Rolle. Oft ist sie für Nebenerwerbsunternehmer ein Buch mit sieben Siegeln. Arbeitnehmer kennen aus ihrer angestellten Tätigkeit die Möglichkeit, Arbeitsmittel abzuschreiben (siehe Seite 98). Im unternehmerischen Bereich funktioniert das ähnlich, es gibt aber mehr Möglichkeiten. Arbeitnehmer dürfen sogenannte „geringwertige Wirtschaftsgüter (GWG)" im Jahr des Kaufs voll als Werbungskosten geltend machen. Als geringwertig gelten Wirtschaftsgüter, wenn sie ohne Umsatzsteuer nicht mehr als 410 Euro gekostet haben, mit Umsatzsteuer nicht mehr als 487,90 Euro. Alles was teurer ist, müssen Arbeitnehmer über die vorgegebene Nutzungsdauer abschreiben, Computer beispielsweise über drei Jahre, Büromöbel über 13 Jahre. Als Unternehmer dürfen sie GWG auch sofort abschreiben, und sie sollten das in der Regel auch machen. Sie haben aber eine zusätzliche Wahlmöglichkeit. Sie können einen sogenannten „jahresbezogenen Sammelposten" einrichten. In diesen Posten gehen alle im Verlauf eines Jahres angeschafften Wirtschaftsgüter ein, deren Anschaffungs- oder Herstellungskosten zwischen 150 und 1 000 Euro (ohne Umsatzsteuer) liegen. Der gesamte Sammelposten ist über fünf Jahre gleichmäßig verteilt mit jeweils 20 Prozent abzuschreiben. Das bedeutet, alle Wirtschafts-güter innerhalb des Sammelpostens werden steuerlich wie ein einziges Wirtschaftsgut behandelt.

Kauft sich etwa ein Nebenerwerbsunternehmer 2011 einen PC für 900 Euro, ist es in der Regel nicht sinnvoll, ihn in den Sammel-posten einzustellen, denn dann muss er den PC fünf Jahre lang abschreiben. Normalerweise ist ein Computer in drei Jahren kom-plett abgeschrieben. Anders sieht es etwa bei einem Schreibtisch für 900 Euro aus. Im Sammelposten dauert die Abschreibung fünf Jahre, normal dauert es wie bei allen Büromöbeln 13 Jahre. Kleine und mittlere Unternehmen haben weitere Abschreibungsvorteile, etwa den Investitionsabzugsbetrag und Sonderabschreibungen. Wer damit erstmals umgehen möchte, sollte Profihilfe holen.

Menschen, die selbstständig in Vereinen oder in anderen Einrich-tungen arbeiten, die gemeinnützigen, mildtätigen oder kirchlichen Zwecken dienen, können bis zu 2100 Euro steuerfreie Aufwands-entschädigung erhalten. Die Einnahmen für solche Tätigkeiten werden in **Zeile 36 und 37** der Anlage S eingetragen. Dort ist zu-nächst die Tätigkeit zu benennen, dann vermerken Sie die gesam-ten Einnahmen aus dieser Tätigkeit und in die nächste Spalte ge-hört die steuerfreie Aufwandsentschädigung. Diesen sogenannten Übungsleiter-Freibetrag gibt es für ausbildende, erzieherische, be-treuende, künstlerische oder pflegerische Arbeiten. Seit 2011 ge-hören auch ehrenamtliche Vormünder und rechtliche Betreuer zum begünstigten Personenkreis. Für andere gemeinnützige Tätigkei-ten, etwa für den Kassenwart oder für Bürokräfte im Verein, bleiben Zahlungen bis 500 Euro pauschal steuerfrei. Für dieselbe Tätigkeit gibt es aber immer nur die eine oder die andere Förderung, ein Zu-sammenfassen auf 2600 Euro funktioniert nicht (siehe auch Seite 91). Ist aber der Vereinsvorstand auch der Trainer der Jugendmann-schaft, stehen ihm sowohl der 2100-Euro-Übungsleiter-Freibetrag, als auch die 500-Euro-Pauschale zu.

Anlage R: Für Rentner

Viele Arbeitnehmer, die im Laufe des Jahres 2011 Rentner geworden sind, müssen eine Steuererklärung abgeben, auch wenn sie bis 2010 davon verschont waren und ab 2012 mit hoher Wahrscheinlichkeit wieder darauf verzichten können. Der Grund: Wer neben Lohn und Gehalt weitere Einkünfte über 410 Euro im Jahr hatte, ist zur Abgabe einer Steuererklärung verpflichtet (siehe Seite 20 und 197). Zu den weiteren Einkünften gehören auch Renteneinkünfte, die im Jahr des Ruhestandsbeginns in der Regel zwangsläufig mit Lohn zusammentreffen.

 Zum Beispiel Viktor V. Der ledige Arbeitnehmer ist am 1. Juli 2011 in Rente gegangen, hat also ein halbes Jahr Lohn bezogen und ein halbes Jahr Rente. Er kommt 2011 um eine Steuererklärung nicht herum, weil er neben seinem Lohn mehr als 410 Euro weitere Einkünfte hatte, nämlich aus seiner Rente. Bezieht der Ex-Arbeitnehmer und Neu-Rentner Viktor V. nur eine durchschnittliche Rente und hat er keine oder nur geringe anderen Einkünfte, kann er ab 2012 wieder auf eine Steuererklärung verzichten. Seine Rente ist nur zu 62 Prozent steuerpflichtig (siehe Tabelle Seite 239). Auch wenn Viktor eine Jahresbruttorente von 15 000 Euro bekommt, bleibt er 2012 von Steuererklärung und Steuer verschont. Er kann von seinem steuerpflichtigen Rentenanteil von 9 300 Euro (15 000 mal 62 Prozent) in jedem Fall 102 Euro Werbungskostenpauschale, 36 Euro Sonderausgabenpauschale und 1 560 Euro Kranken- und Pflegeversicherungsbeitrag (10,4 Prozent von 15 000) abziehen. Allein damit kommt Viktor V. unter den Grundfreibetrag von 8 004 Euro und das „Gastspiel" beim Finanzamt ist 2012 beendet.

Viele Ehepaare haben das gleiche Problem, wenn einer der beiden Rentner ist und der andere Arbeitnehmer. Geben sie eine gemeinsame Steuererklärung ab, ist das für das Amt ein einheitlicher Steuerfall, bei dem Arbeitslohn und andere Einkünfte zusammentreffen. Damit wird in der Regel die Steuererklärung Pflicht.
   Pensionäre müssen sich mit der Anlage R zunächst nicht befassen, denn Beamtenpensionen und vom Arbeitgeber finanzierte Werkspensionen gelten als Arbeitslohn und gehören nicht hierher, sondern auf die Anlage N. Aber auch bei Pensionären können andere Einkünfte hinzukommen, etwa aus einer Rente des Ehepartners oder aus einer eigenen Rente. Dann kommen sie in der Regel nicht um die Anlage R herum. Eine Steuererklärung müssen die meisten Pensionäre ohnehin machen, weil ihre Versorgungsbezüge im Unterschied zu Renten bereits jetzt voll steuerpflichtig sind und auch ihre Steuervorteile weiter abschmelzen (siehe Seite 242).

 TIPP

Alles über die Besteuerung von Renten, Pensionen und anderen Alterseinkünften finden Sie im Ratgeber der Stiftung Warentest „Steuererklärung für Rentner 2011/2012", 6. Auflage.

Leibrenten	1. Rente	2. Rente	3. Rente
4 1 = aus inl. gesetzlichen Renten- versicherungen 2 = aus inl. landwirtschaftlichen Alters- kassen 3 = aus inl. berufsständischen Versor- gungseinrichtungen 4 = aus eigenen zertifizierten Basisrentenverträgen 9 = aus ausl. Versicherungen / Rentenverträgen	100 *1* Bitte 1, 2, 3, 4 oder 9 eintragen.	150 Bitte 1, 2, 3, 4 oder 9 eintragen.	200 Bitte 1, 2, 3, 4 oder 9 eintragen.
5 Rentenbetrag einschließlich Einmalzahlung	101 EUR *1 2 6 7 2,—*	151 EUR *—* ,	201 EUR *—* ,
6 Rentenanpassungsbeträge (in Zeile 5 enthalten)	102 *6 7 2,—*	152 *—* ,	202 *—* ,

Zeile 1 bis 13: Gesetzliche Renten & Co.

Neben den allgemeinen Angaben gehört rechts in **Zeile 3** ein Kreuz. Wenn beide Ehepartner Rente beziehen, muss jeder von ihnen eine eigene Anlage R abgeben. Sie tragen die Ziffern „1", „2", „3", „4" oder „9" in die Kästchen der **Zeile 4** ein. In **Zeile 5 bis 10** kommen Renten aus der gesetzlichen Rentenversicherung und steuerlich gleichbehandelte Renten. Bei berufsständischen Versorgungsein-richtungen (Ziffer „3") handelt es sich etwa um Versorgungswerke von Ärzten, Anwälten oder anderen Freiberuflern. Ziffer „4" meint die Rürup-Rente. Die erste Rente kommt in die erste Spalte, eine zweite, etwa eine gesetzliche Witwenrente, die Sie neben der eige-nen Altersrente bekommen, tragen Sie in die zweite Spalte ein. In **Zeile 5** gehört die jährliche Bruttorente, einschließlich der eigenen Beiträge zur Kranken- und Pflegeversicherung. Die Höhe ergibt sich aus der Leistungsmitteilung des Rentenversicherungsträgers. Beitragszuschüsse des Versicherungsträgers sind steuerfrei und bleiben hier unberücksichtigt. In **Zeile 6** gehören alle Rentenerhö-hungen, die es nach dem Jahr gegeben hat, in dem der persönli-che Rentenfreibetrag festgelegt worden ist. Hintergrund: Renten-erhöhungen sind voll steuerpflichtig und nicht nur mit dem durch den Rentenbeginn festgelegten Prozentsatz (siehe Seite 239). Die **Zeilen 7 bis 10** sind relativ nachvollziehbar. In **Zeile 8** ist mit der „vorhergehenden Rente" zum Beispiel die Rente eines verstorbe-nen Ehepartners oder eine eigene Erwerbsunfähigkeitsrente gemeint, die die Grundlage der gegenwärtigen Rente bildet. **Zeile 11 bis 13** betrifft nur Rentner, die vor 2005 mindestens zehn Jahre lang Beiträge oberhalb des Höchstbetrags zur gesetzlichen Rentenversicherung (West) eingezahlt haben. Das sind in der Regel Freiberufler, zum Beispiel Ärzte oder Anwälte. Sie müssen sich bei Ihrem Versorgungswerk 2011 unbedingt eine neue Bescheinigung darüber besorgen und den Prozentsatz in **Zeile 11** eintragen.

Zeile 14 bis 20: Private Renten

Hier geht es um Renten, die überwiegend aus bereits versteuerten Mitteln finanziert wurden. Sie sind mit dem Ertragsanteil steuerpflichtig (siehe Seite 240). Beispielsweise kann es sich um eine Rente aus einer privaten Rentenversicherung handeln (Ziffer „6") oder um eine private Erwerbsminderungsrente (Ziffer „7"). Auch Renten, die aus privaten Vermögensübertragungen entstanden sind (Ziffer „8"), gehören hierher. Typisches Beispiel: Ein Grundstück oder Betriebsvermögen wurde gegen die Zahlung einer lebenslangen Rente verkauft. Dafür ist professioneller steuerlicher Rat erforderlich.

Die Rentenversicherungsträger informieren in ihren Mitteilungen in der Regel nicht nur über die Höhe der Bezüge, sondern auch darüber, wie sie steuerlich zu behandeln sind. Bei Unklarheiten können Betroffene dort nachfragen. Werden Renten zwischen Privatpersonen vereinbart, zum Beispiel nach einer Vermögensübertragung, sollte die Steuererklärung zumindest beim ersten Mal von einem Profi gemacht und der entsprechende Vertrag beigelegt werden.

Zeile 31 bis 49: Riester & Co.

Hier wird nach Riester-Renten, nach bestimmten Leistungen aus Pensionsfonds, Pensionskassen und nach anderen Formen der geförderten betrieblichen Altersvorsorge gefragt. Empfänger solcher Leistungen, zum Beispiel aus Lebensversicherungen oder anderen Geldanlagen, erhalten einen amtlichen Vordruck, auf dem die unterschiedlichen Arten der Besteuerung solcher Leistungen aufgeführt sind. Die Beträge dieser Leistungsmitteilung können in die jeweils dafür vorgesehene Zeile der Anlage R übertragen werden. Das sollte im Regelfall auch keine Probleme bereiten. Die Fragen sind relativ klar gestellt und die Beträge eindeutig zuzuordnen. Bei Unklarheiten oder aber bei Zweifeln über die Richtigkeit der Leistungsmitteilung hilft in der Regel nur ein Gang zum Steuerprofi wirklich weiter.

Zeile 50 bis 58: Werbungskosten

Das Finanzamt berücksichtigt von sich aus pauschal 102 Euro für Werbungskosten im Zusammenhang mit der Rente, egal ob welche angefallen sind oder nicht. Rentner, die mehr ausgeben mussten, können hier mehr nachweisen. Die Zeilen beziehen sich jeweils auf bestimmte Renten beziehungsweise auf Angaben aus den vorangegangenen Zeilen. Hier müssen Sie auf die richtige Zuordnung achten. Werbungskosten sind Kosten für den Erwerb und die Sicherung der Rente. Dazu gehören zum Beispiel Aufwendungen für Telefon, Fahrten oder Porto, die bei Beantragung der Rente anfallen. Auch Ausgaben für eine Rentenberatung oder juristische Auseinandersetzungen um die Rente lassen sich absetzen, ebenso Gewerkschaftsbeiträge. Finanzierungskosten im Zusammenhang mit einer sofort beginnenden Rente sind unter bestimmten Voraussetzungen abzugsfähig. Eine solche Konstruktion sollte aber mit der Hilfe eines Steuerexperten angegangen werden.

In **Zeile 58** geht es um Rentenzahlungen, die mit Verlustzuweisungsgesellschaften und anderen komplexen Steuersparmodellen zusammenhängen. Wer solche Renten bezieht, hat (und braucht!) einen Steuerberater.

 TIPP

Gesetzliche Unfallrenten, Kriegs- und Wehrdienstbeschädigtenrenten sind steuerfrei und gehören nicht hierher.

INFO Altersentlastungsbetrag

Für viele Rentner und Pensionäre spielt der Altersentlastungsbetrag eine wichtige Rolle. Es ist ein Freibetrag, der allen zusteht, die 65 Jahre und älter sind. Er wird nicht extra beantragt, sondern das Finanzamt berücksichtigt ihn von sich aus, wenn die Voraussetzungen stimmen. Sie sollten allerdings den Steuerbescheid immer auch daraufhin kontrollieren.

Um den Altersentlastungsbetrag für das Jahr 2011 nutzen zu können, muss man vor dem 2. Januar 1947 geboren sein. Er ist auf alle Einkünfte anwendbar, außer auf Renten und Pensionen. Wer aber beispielsweise Arbeitslohn, Zinsen, Mieten oder Gewinne zu versteuern hat, kann ihn nutzen. Dieser Freibetrag beläuft sich auf maximal 40 Prozent der begünstigten Einkünfte, höchstens aber auf 1 900 Euro im Jahr. Seit 2005 schmilzt er für jeden neuen Nutzerjahrgang. Hat beispielsweise ein Arbeitnehmer 2011 seinen 65. Geburtstag gefeiert, bekommt er 30,4 Prozent der begünstigten Einkünfte steuerfrei, maximal 1 444 Euro. Er behält den Freibetrag in dieser Höhe lebenslang (siehe Seite 241).

Berechnungsgrundlage für den Altersentlastungsbetrag sind in der Regel die Einkünfte (siehe Seite 10), beim Arbeitslohn ist es der Bruttolohn. Ehepartner erhalten den Altersentlastungsbetrag nur, wenn sie selbst die entsprechenden Einkünfte haben. Sind beispielsweise beide Eigentümer eines Depots mit Bundesschatzbriefen, können beide ihren jeweiligen Altersentlastungsbetrag für die Zinsen nutzen. Ist nur einer Depoteigentümer, geht der andere auch beim Altersentlastungsbetrag leer aus. Vermögen verteilen kann sich also steuerlich lohnen.

Anlage V: Für Vermieter

Arbeitnehmer mit Vermietungseinkünften sollten wenigstens ab und zu professionelle steuerliche Hilfe nutzen. Wer die Anlage V allein schaffen will, muss sich richtig gut auskennen und immer am Ball bleiben, denn auf diesem Gebiet sind Gesetzgebung, Verwaltung und Rechtsprechung besonders aktiv, Änderungen an der Tagesordnung. Haben Arbeitnehmer Vermietungseinkünfte bis 410 Euro pro Jahr, bleiben die steuerfrei (siehe Seite 197).

Auf Vermietungsverluste reagiert das Finanzamt zunehmend kritischer. Wenn eine Vorausschau ergibt, dass über die gesamte Dauer der Vermietung keine Einnahmeüberschüsse erreicht werden können, vermuten die Beamten steuerlich unbeachtliche „Liebhaberei" und streichen die Verluste. Vermieter sollten möglichst alles vermeiden, was den Fiskus misstrauisch machen könnte: zum Beispiel befristete Mietverträge, extrem verbilligte Mieten oder vertraglich vereinbarte kurzfristige Selbstnutzungs- oder Verkaufsabsichten. Bei einer langfristigen Vermietungsabsicht muss das Finanzamt aber weiterhin nachvollziehbare Verluste anerkennen.

 TIPP

Wer nur gelegentlich vermietet oder untervermietet, kann mit Zustimmung des Finanzamts bis 520 Euro Miete im Jahr steuerfrei einnehmen.

Auch die verbilligte Vermietung an Angehörige nimmt das Finanzamt intensiv unter die Lupe. Nur wer als Vermieter mindestens 75 Prozent der ortsüblichen Marktmiete verlangt, darf die Werbungskosten komplett absetzen. Muss der Mieter weniger als 56 Prozent zahlen, beteiligt sich das Finanzamt an den Werbungskosten nur prozentual entsprechend der Miethöhe. Wer zum Beispiel nur ein Drittel der ortsüblichen Miete verlangt, darf auch nur

ein Drittel seiner Werbungskosten absetzen. Bewegt sich die Miete zwischen 56 und 75 Prozent der ortsüblichen Marktmiete, kann das Amt eine langfristige Prognose der Mieteinkünfte verlangen. Auf dieser Grundlage entscheiden die Beamten über Anerkennung oder Kürzung der Werbungskosten. Es kann sich also lohnen, die Entwicklung der ortsüblichen Marktmiete im Auge zu behalten und die verbilligte Miete für Angehörige rechtzeitig anzupassen. Ab 2012 gelten in diesem Punkt etwas vermieterfreundlichere Regeln.

Aufwendungen für Baumaßnahmen können Vermieter als Werbungskosten absetzen. Wie hoch der Steuervorteil ausfällt, hängt aber davon ab, ob die Maßnahmen als Modernisierung, Renovierung, Instandsetzung oder als Herstellung zu bewerten sind. Herstellungsaufwand darf nur über die gesamte Nutzungsdauer des Gebäudes abgeschrieben werden. Kosten für Modernisierung, Renovierung und Instandsetzung sind auf einen Schlag oder wahlweise gleichmäßig über einen Zeitraum von zwei bis fünf Jahren absetzbar. In der Praxis liegen Modernisierung und Herstellung manchmal dicht beieinander und die richtige Formulierung kann Abschreibungsvorteile bringen. Solche Fälle sollten besser mit einem Steuerberater besprochen werden. Das gilt auch für die Frage, ob ein Sofortabzug von Erhaltungsaufwand günstiger ist, oder ein über bis zu fünf Jahren verteilter Abzug.

Vermieter von Ferienwohnungen sollten jetzt stärker auf der Hut sein. Bei hohem Leerstand darf das Finanzamt Vermietungsverluste streichen. Weist der Vermieter für seine Ferienimmobilie nur

75 Prozent oder noch weniger der „ortsüblichen Vermietungszeit" vor, wird eine Prognose fällig. Wenn die Prognose langfristig keinen Überschuss der Mieteinnahmen erwarten lässt, fallen die Verluste dem Rotstift zum Opfer. Während das Finanzamt früher einen Prognosezeitraum von 100 Jahren ansetzte, sind es jetzt 30 Jahre, in denen ein Überschuss der Mieteinnahmen über die Werbungskosten erreicht werden muss.

Leerstand ist fast immer schlecht für Vermieter. Bei allem Ärger kann er aber wenigstens zu einem Nachlass bei der Grundsteuer führen. Tritt eine sogenannte „wesentliche Ertragsminderung" einer vermieteten Immobilie ein, weil zum Beispiel hohe Arbeitslosigkeit in der Region zu einem Überangebot an Wohnungen führte, kann der Vermieter Grundsteuererlass beantragen. Seit 2008 gibt es 25 Prozent Erlass bei einer Ertragsminderung von mehr als 50 Prozent und 50 Prozent Grundsteuererlass bei einer Ertragsminderung von 100 Prozent. Die Ertragsminderung darf aber nicht vom Vermieter verschuldet sein und der Antrag für 2011 muss spätestens am 31. März 2012 beim Finanzamt eingehen.

WEITERE SPARTIPPS

Sind die Formulare dann endlich erledigt, hält sich der Bedarf an weiteren Steuerinformationen vermutlich in Grenzen. Aber: Die nächste Steuererklärung kommt bestimmt. Und damit die noch besser klappt, gibt es in diesem Kapitel Tipps und Hinweise, die über das unmittelbare Ausfüllen der Formulare hinausgehen. Sie können schon für das nächste Jahr Entlastung und Orientierung bieten.

Das Jahresprinzip

Für Arbeitnehmer ist die Steuer vor allem ein „Jahresgeschäft". Sie kommt und geht mit dem Kalenderjahr. So läuft das auch mit Freibeträgen, Freigrenzen, Höchstbeträgen, mit bestimmten Fristen und anderen Festlegungen. Auch steuerpflichtige Einnahmen und steuerlich nutzbare Ausgaben eines Kalenderjahres werden zunächst miteinander verrechnet. Dieses sogenannte Jahresprinzip hat ganz praktische Auswirkungen und wer es richtig anwendet, kann Steuern sparen. Arbeitnehmer sollten deshalb versuchen, bereits im Jahresverlauf die Weichen richtig zu stellen, denn nach dem Ende des Kalenderjahres ist vieles nicht mehr zu beeinflussen.

Ausgaben für den Job

Arbeitnehmern steht der Arbeitnehmerpauschbetrag zu, und das Jahr für Jahr (siehe Seite 92). Die meisten Arbeitnehmer kommen mit dieser Pauschale aus, weil sie im Jahresverlauf normalerweise

keine höheren Werbungskosten haben. Mit etwas guter Planung
und mit dem Blick auf das Jahresprinzip lassen sich bei gleicher
Ausgabenhöhe manchmal trotzdem höhere Werbungskosten geltend machen.

 Zum Beispiel Wanda W. Die alleinstehende Arbeitnehmerin hat außer der Entfernungspauschale von
350 Euro keine Werbungskosten. In diesem Jahr
plant sie jedoch eine Fortbildung, die sie 500 Euro
kosten wird. Im nächsten Jahr folgt ein Anschluss-
kurs zum gleichen Preis. Wanda könnte in beiden Jahren jeweils
850 Euro an Werbungskosten geltend machen (350 plus 500). In
beiden Jahren würden die Fortbildungskosten im Arbeitnehmerpauschbetrag „verschwinden" und steuerlich wirkungslos bleiben.
Wanda verhindert das: Sie zahlt in diesem Jahr die Kursgebühren
für beide Jahre. Das bringt ihr 1 350 Euro Werbungskosten (2 mal
500 plus 350) und damit 350 Euro oberhalb der Pauschale (1 350
minus 1 000).

Bei einem Grenzsteuersatz von 30 Prozent (siehe Seite 246) hat
Wanda durch die einfache Zahlungsverlagerung gut hundert Euro
Steuern gespart.
    Das oben genannte Beispiel ist auf alle Werbungskosten von
Arbeitnehmern anwendbar. Es kommt also immer darauf an, das
Jahresprinzip und die vorhandenen Möglichkeiten nicht aus den
Augen zu verlieren.

Einnahmen verschieben

Ein geschickter Umgang mit Einnahmen, kann ebenfalls steuersenkend wirken. Arbeitnehmer haben hier aber relativ geringen Spielraum, denn reguläre Lohnzahlungen lassen sich zeitlich kaum beeinflussen. Bei Sonderzahlungen, etwa Prämien, lässt sich der Chef manchmal auf eine zeitliche Verschiebung ein. Die könnte zweckmäßig sein, wenn etwa ein Arbeitnehmer in diesem Jahr relativ viel und im nächsten Jahr voraussichtlich relativ wenig verdient. Kommt die Prämie erst im nächsten Jahr, sorgt das für einen Belastungsausgleich und damit unter dem Strich über beide Jahre für weniger Steuern. Bei Abfindungen kann sich das erheblich auswirken. Verlässt ein Arbeitnehmer im Dezember seinen Job mit einer ordentlichen Abfindung, ist es manchmal zweckmäßig, dass diese erst im Januar darauf ausgezahlt wird. In solchen Fällen sollte aber ein Steuerprofi alles vorher durchrechnen. Haben Arbeitnehmer Nebeneinnahmen, zum Beispiel als Freiberufler oder Vermieter, sind sie flexibler. Sie können den zeitlichen Fluss ihrer Einnahmen und Ausgaben durch das Stellen und Bezahlen von Rechnungen auch unter steuerlichen Gesichtspunkten mitgestalten.

Private Kosten

Krankheitskosten sind als außergewöhnliche Belastung absetzbar. Sie bewirken aber nur dann eine steuerliche Entlastung, wenn sie die sogenannte „zumutbare Belastung" überschreiten. Das ist eine Rechengröße, die je nach Verdienst und Familiensituation, zwischen 1 und 7 Prozent der Einkünfte liegt. Wie das genau funktioniert, steht ab Seite 68 und 234. Auch hier gilt wieder das Jahresprinzip: Wenn die Krankheits- und Gesundheitskosten eines Jahres die Hürde der zumutbaren Belastung nicht überspringen, bleiben sie steuerlich unwirksam. Im nächsten Jahr steht dieselbe Hürde in gleicher oder in ähnlicher Höhe wieder da. Krankheiten lassen sich nicht „planen", Krankheitskosten manchmal schon, etwa bei (teurem) Zahnersatz, bei Kuren, neuen Brillen oder größeren Medikamentenbestellungen. Gelingt das Zusammenschnüren von Kosten in einem Jahr, wirkt sich das steuerlich vorteilhaft aus (siehe Beispiel Seite 60). Ansonsten „verschwindet" Jahr für Jahr alles in der zumutbaren Belastung.

Für Handwerkerleistungen in der Privatwohnung gibt es pro Jahr eine Steuererstattung von bis zu 1 200 Euro (siehe ab Seite 67). Sanieren beispielsweise Maler, Klempner und Fliesenleger im selben Jahr Räume des Eigenheims und stellen dafür 10 000 Euro Personalkosten in Rechnung, wären im Prinzip maximal 20 Prozent davon, also 2 000 Euro, absetzbar. Praktisch ist aber bei 1 200 Euro im Jahr Schluss mit der Steuererstattung für Handwerkerkosten. Würde in diesem Jahr nur ein Teil der Arbeiten in Rechnung gestellt, der andere Teil im nächsten Jahr, wären insgesamt 800 Euro Steuererstattung mehr möglich. Eine Überlegung sollte es wert sein, auch wenn es nach doppeltem Sanierungsstress klingt.

Prüftermin 1. Advent

Wegen des Jahresprinzips ist Silvester ein entscheidender Steuertermin. Alles, was bis Mitternacht an Einnahmen und Ausgaben geflossen ist, gehört grundsätzlich zum abgelaufenen Jahr. Was danach fließt, wirkt sich bereits für das nächste Jahr aus. Um den 1. Advent herum empfiehlt sich neben weihnachtlicher Einkehr auch eine steuerliche. Dann ist es ganz gut möglich, das alte Jahr zu überblicken und das neue Jahr bereits ins Visier zu nehmen. Bis Silvester bleibt noch etwas Zeit, zum Beispiel um noch in Arbeitsmittel zu investieren, um die Zahnarztrechnung zu bezahlen oder den Maler zu beauftragen und seine Rechnung anzuzahlen. Es ist auch die Zeit, um zu überprüfen, ob die gewählte Lohnsteuerklasse optimal ist, ob der Freistellungsauftrag bei der Bank reicht oder wie sich mit Freibeträgen der laufende Lohnsteuerabzug verringern lässt.

Fazit: Es kommt nicht darauf an, ständig mit der „Steuerbrille" durch die Gegend zu schauen. Das schaffen nicht mal Steuerberater. Es kann sich aber für Arbeitnehmer auszahlen, ein paar steuerliche Grundmuster im Hinterkopf zu haben. Das Jahresprinzip gehört dazu.

Freibeträge für Arbeitnehmer

In den meisten Fällen fordert das Finanzamt von Arbeitnehmern zunächst mehr, als ihm zusteht. Warum das so ist, steht ab Seite 16. Um das zu ändern, haben Arbeitnehmer nur eine Möglichkeit: Sie können ihre voraussichtlich anfallenden Werbungskosten, Sonderausgaben oder außergewöhnlichen Belastungen in sogenannte Freibeträge umwandeln. Wenn sie angeben, dass ihnen im Jahresverlauf bestimmte Aufwendungen entstehen werden, berücksichtigt die Finanzverwaltung die voraussichtlichen Kosten als Freibeträge und teilt ab 2012 diese sogenannte „Lohnsteuerermäßigung" dem Arbeitgeber per Datenübertragung mit. Der Arbeitgeber behält dann entsprechend weniger Lohnsteuer ein und zahlt dem Arbeitnehmer mehr Nettolohn aus. Damit verringern Arbeitnehmer ihre Steuerzahlung schon im Jahresverlauf und müssen nicht auf die späte Erstattung zu viel gezahlter Steuern per Steuererklärung warten.

Unter dem Strich zahlen sie dann zwar auch nicht weniger Steuern, aber sie haben sofort mehr Netto in der Tasche und das hilft manchmal schon weiter. Und sei es nur, um den Dispo-Kredit nicht unnötig zu strapazieren.

Weil Freibeträge die (unsichere) Zukunft betreffen, will das Finanzamt manchmal Nachweise darüber, dass die beantragten Kosten mit hoher Wahrscheinlichkeit auch auftreten werden. Das ist in vielen Fällen kein Problem. So können zum Beispiel Arbeitnehmer mit einem langen Arbeitsweg, mit einem auswärts studierenden Kind oder einer erheblichen Kirchensteuerbelastung klar belegen, dass ihnen eine laufende Entlastung zusteht. Andere Fälle sind schwieriger, etwa wenn eine aufwändige Ausbildung oder der Kauf von teuren Arbeitsmitteln geplant ist. Dann müssen Arbeitnehmer künftige Ausgaben „glaubhaft machen", indem sie erklären, dass sie anstehen. Normalerweise akzeptiert das Amt solche Erklärungen, wenn sie nachvollziehbar sind. Die Finanzverwaltung geht dabei ohnehin kein Risiko ein, denn wenn sie Freibeträge berücksichtigt, verlangt sie in der Regel nach Ablauf des betreffenden Jahres auch eine Steuererklärung vom Arbeitnehmer. Anhand dieser

Steuererklärung kann sie dann zu hoch eingetragene Freibeträge nachträglich wieder korrigieren.

Hürde beachten

Das Finanzamt trägt aber nicht jeden Minifreibetrag ein. Es wird erst aktiv, wenn im Jahr insgesamt mehr als 600 Euro an Freibeträgen aller Art zusammenkommen. Das ist die sogenannte „allgemeine Antragsgrenze", und die hat Folgen. So müssen Arbeitnehmer künftig mehr als 1 600 Euro Werbungskosten haben, bevor das Amt einen Freibetrag für Werbungskosten berücksichtigt. Grund: Sie müssen zunächst den Arbeitnehmerpauschbetrag von jetzt 1 000 Euro überwinden, denn der wird bereits beim laufenden Lohnsteuerabzug automatisch berücksichtigt. Haben sie das geschafft, müssen sie zusätzlich die 600-Euro-Hürde der allgemeinen Antragsgrenze nehmen. Beispielsweise muss ein Arbeitnehmer, der ausschließlich Fahrtkosten zwischen Wohnung und Betrieb als Freibetrag geltend machen kann, bei 230 Arbeitstagen im Jahr mindestens 24 Kilometer entfernt vom Betrieb wohnen. Er kommt so auf 1 656 Euro (230 Tage mal 24 km mal 0,30 Euro, siehe Seite 93). Bei 23 km Entfernung würde er mit 1 587 Euro den Freibetrag knapp verfehlen.

Zum Glück gilt die allgemeine Antragsgrenze für einige „freibetragsträchtige" Positionen nicht.
So dürfen beispielsweise

- der Hinterbliebenenpauschbetrag,
- Ausgaben für Handwerkerleistungen im Haushalt,
- Kinderfreibeträge für im Ausland lebende Kinder, für die es kein Kindergeld gibt,
- Verlustvorträge,
- der Behindertenpauschbetrag,
- Ausgaben für haushaltsnahe Dienstleistungen oder
- Verluste

auch dann als Freibetrag berücksichtigt werden, wenn sie unter 600 Euro bleiben.

Ausgaben für den Job

Für Arbeitnehmer sind Werbungskosten aller Art in der Regel die wichtigste Quelle von Freibeträgen, vor allem die Entfernungspauschale von 30 Cent für jeden Entfernungskilometer zwischen Wohnung und Betrieb. In dieser Entfernungspauschale sind grundsätzlich sämtliche Fahrzeugkosten eingerechnet. Ausgaben für die Beseitigung von Unfallkosten dürfen aber zusätzlich zur Pauschale geltend gemacht werden (siehe Seite 96).

Auch wer im Job viel unterwegs ist, kann das Finanzamt an Kosten für Fahrt, Unterkunft und Verpflegung beteiligen. Arbeitnehmer, die beispielsweise vorübergehend in einen Filialbetrieb beordert werden, auf Montage oder auf Dienstreise sind, können die tatsächlichen Fahrt- und Übernachtungskosten unabhängig von der jeweiligen Tätigkeitsdauer am gleich bleibenden Einsatzort in der Regel zeitlich unbefristet als Werbungskosten abrechnen. Auch hier gibt es für jeden gefahrenen Kilometer mit dem Pkw pauschal 30 Cent und je nach Abwesenheitsdauer für maximal drei Monate im Inland Verpflegungspauschalen von 6 bis 24 Euro.

Ausgaben für Fortbildung, Fachbücher, Fachzeitschriften, Werkzeug, Computer, Büromöbel, Arbeitsbekleidung und andere Arbeitsmittel sorgen ebenfalls für Freibeträge. Kosten für ein häusliches Arbeitszimmer spielen in Sachen Freibetrag nun wieder eine größere Rolle, ebenso Ausgaben für eine doppelte Haushaltsführung (weitere Einzelheiten zu den Werbungskosten siehe ab Seite 92).

Entlastung für Eltern

Arbeitnehmer dürfen pro Kind maximal 6 000 Euro Kinderbetreuungskosten geltend machen. Weil das Finanzamt zwei Drittel dieser Summe akzeptiert, können bis zu 4 000 Euro pro Kind als Freibetrag eingetragen werden. Kinderbetreuungskosten haben einen besonderen Vorteil: Sie werden als Freibetrag immer bis 4 000 Euro berücksichtigt. Eine Verringerung durch den Arbeitnehmerpauschbetrag gibt es nicht. Ist nur ein Elternteil erwerbstätig, können Elternpaare nur für Kinder von drei bis sechs Jahren Kinderbetreuungskosten eintragen lassen. Sonderregeln gelten auch für Eltern in Ausbildung sowie für kranke und behinderte Eltern (siehe ab Seite 143). Eltern dürfen Schulgeld für Privatschulen in einen Freibetrag umwandeln (bis 5 000 Euro) sowie erhöhte Aufwendungen bei auswärtiger Ausbildung eines Kindes (siehe Seite 142 und 141). Der Kinderfreibetrag und der Betreuungsfreibetrag spielen beim laufenden Lohnsteuerabzug in der Regel keine Rolle, weil die Kinderförderung zunächst über das Kindergeld läuft. Erst wenn sich nach Ablauf des Jahres herausstellt, dass Eltern mit den Freibeträgen besser fahren als mit dem Kindergeld, bekommen sie die dann höhere Entlastung per Freibetrag im Rahmen von Steuererklärung/Steuerbescheid. Deshalb taugen die Freibeträge nicht zur laufenden Lohnsteuerentlastung.

Besonderes und Außergewöhnliches

Sonderausgaben wie Spenden, Kirchensteuer, Unterhaltszahlungen an den Ex-Ehepartner oder Ausbildungskosten für eine erstmalige Berufsausbildung können zu Freibeträgen führen (siehe ab Seite 44). Freibetragsfähig sind aber auch außergewöhnliche Belastungen wie Krankheits-, Behinderungs- und Scheidungskosten.

Wenn absehbar ist, dass bestimmte Krankheitskosten (chronische Leiden, Kur, Gebisssanierung) anstehen, kann man dafür einen Freibetrag beim Finanzamt beantragen. Ein anderer Fall: Wenn man weiß, dass der Scheidungsanwalt im nächsten Jahr 5 000 Euro verlangt, geht das auch. Wichtig ist, dass man es belegen oder zumindest glaubhaft darlegen kann. Und dann entscheidet das Amt, ob es mitgeht oder ablehnt. Es gibt darauf keinen Rechtsanspruch und der Ermessensspielraum ist groß. Eine Klage läuft deshalb meist ins Leere. Auch Behindertenpauschbeträge, Ausbildungsfreibeträge für Kinder über 18, die auswärts wohnen, und Unterhaltszahlungen an Angehörige lassen sich in Freibeträge verwandeln (siehe ab Seite 53).

Aber: Ihre Beiträge zur Sozialversicherung können Arbeitnehmer nicht zu Freibeträgen machen, weil die schon als Vorsorgeaufwand den laufenden Lohnsteuerabzug senken.

Rund um den Haushalt

Für Dienstleistungen rund um den Haushalt fallen die einzutragenden Freibeträge besonders üppig aus. Grund: Hier handelt es sich nicht um Abzugsbeträge vom steuerpflichtigen Einkommen, sondern um eine Verringerung der tatsächlich zu zahlenden Steuer um maximal 4 000 Euro (siehe ab Seite 63). Der Freibetrag beläuft sich deshalb auf das Vierfache der voraussichtlichen Steuererstattung, also maximal auf 16 000 Euro (4 mal 4 000).

Bei Handwerkerleistungen sind es 4 800 Euro (4 mal 1 200). Für eine Haushaltshilfe mit Minijob gibt es einen Freibetrag von bis zu 2 040 Euro im Jahr (4 mal 510) und das sogar zusätzlich zu den Freibeträgen für haushaltsnahe Dienst- und Handwerkerleistungen.

 Zum Beispiel Andrea und Andreas A. Beide sind Arbeitnehmer mit Lohnsteuerklasse IV. Andreas verdient 3 000 Euro brutto im Monat, Andrea 1 500 Euro. Sie sind verheiratet und haben zwei Kinder von 5 und 10 Jahren. Beide fahren gemeinsam den täglichen Arbeitsweg von 10 Kilometern zu ihrem Betrieb.

Wie schaut es in diesem Fall mit den möglichen Freibeträgen aus?

- Kinderbetreuungskosten: Für Kindergarten, Tagesmutter, Hort und Hausaufgabenbetreuung muss Familie A. voraussichtlich 5 400 Euro Kinderbetreuungskosten zahlen. Das Finanzamt berücksichtigt zwei Drittel davon, also 3 600 Euro als Freibetrag für Andreas.

- Reparaturen: Für Reparaturarbeiten am Dach ihres Einfamilienhauses hat die Baufirma Personalkosten von 5 500 Euro veranschlagt. Davon 20 Prozent, das sind 1 100 Euro, winken als Steuererstattung. Als Freibetrag für Andreas berücksichtigt das Finanzamt hier das Vierfache, also 4 400 Euro.

- Fahrtkosten: Die Fahrtkosten zum Betrieb führen in diesem Fall nicht zu einem Freibetrag, denn 10 Kilometer mal 230 Tage mal 0,30 Euro bringen Andreas nur 690 Euro Werbungskosten und die „verschwinden" im Arbeitnehmerpauschbetrag von 920 Euro. Zusammen mit den 690 Euro Kilometerpauschale von Andrea würde er die Hürde nehmen. Das funktioniert aber nicht, weil für einen Freibetrag Werbungskosten immer nur derjenige geltend machen kann, dem sie tatsächlich entstehen werden. Die strikte Trennung gilt auch bei Ehepaaren.

Unter dem Strich bekommt Andreas einen Freibetrag von 8 000 Euro (3 600 Euro Kinderbetreuung plus 4 400 Euro Dachsanierung). Das bringt Familie A. etwa 210 Euro mehr Netto pro Monat, denn sie zahlen im Jahresverlauf dank Freibetrag rund rund 2 520 Euro weniger Einkommensteuer und Solidaritätszuschlag.

Lohnersatzleistungen

Freibeträge können in manchen Fällen auch zu mehr Lohnersatzleistungen führen. Sie erhöhen bei der Berechnung von Elterngeld, Krankengeld, Mutterschaftsgeld & Co. das Nettoeinkommen und damit die Berechnungsgrundlage dieser Leistungen. Ganz anschaulich lässt sich dies im Fall von Elterngeld darstellen: Ließen sich beispielsweise ein Mann oder eine Frau diesen oder jenen

Freibetrag eintragen und stellt sich dann der Nachwuchs ein, erhalten Vater oder Mutter nach der Geburt mehr Elterngeld, weil die Berechnungsgrundlage des Elterngelds sich auf das Nettoeinkommen der vorhergehenden zwölf Monaten bezieht (siehe Seite 203).

Richtig beantragen

Wer zum ersten Mal einen Freibetrag beantragt oder den alten Freibetrag erhöhen will, muss den sechsseitigen „Antrag auf Lohnsteuerermäßigung" ausfüllen. Bis zum 30. November kann der Antrag für das laufende Jahr direkt beim Finanzamt gestellt werden. (Die Gemeindeverwaltungen und Bürgerbüros sind seit 2011 in keinem Fall mehr für die Eintragung von Freibeträgen zuständig.) Ein Freibetrag wirkt sich immer zum nächsten Monatsersten aus. Wenn der Finanzbeamte den Antrag im Juni genehmigt, gibt es ab Juli mehr Nettogehalt. Wer im November beantragt, erhält im Dezember die Entlastung für das ganze Jahr und organisiert sich so ein zusätzliches Weihnachtsgeld. Soll derselbe Freibetrag des Vorjahres erneut eingetragen werden oder ein geringerer, reicht der zweiseitige und deutlich übersichtlichere Kurzantrag aus.

Die Formulare gibt es beim Finanzamt oder unter www.formulare-bfinv.de, dort nacheinander anklicken: „Steuern" und den Buchstaben „L". Unter „Lohnsteuer" sind der „Antrag auf Lohnsteuerermäßigung" und der „Vereinfachte Antrag auf Lohnsteuerermäßigung" zu finden.

 TIPP

Arbeitnehmer mit eingetragenem Freibetrag müssen grundsätzlich eine Steuererklärung abgeben. Wenn ihr Bruttolohn aber 10 200 Euro im Jahr nicht übersteigt, entfällt neuerdings die Abgabepflicht (Ehepaare bis 19 400 Euro).

Gehalts-Extras vom Chef

Wenn Arbeitnehmer beim Chef wegen höherer Bezüge anklopfen, ernten sie in der Regel wenig Begeisterung. Da könnten schlüssige Argumente helfen, und die liefert ausgerechnet das Finanzamt. Es gibt eine ganze Reihe von Leistungen, die Arbeitgeber ihren Mitarbeitern ganz oder teilweise steuerfrei zukommen lassen können, in vielen Fällen auch frei von Sozialabgaben. Davon profitieren unter dem Strich beide Seiten, denn steuerbegünstigte Gehalts-Extras bringen Arbeitnehmern unterm Strich mehr als übliche Gehaltserhöhungen und der Arbeitgeber spart bei seinen Sozialabgaben. Zusatzargument: Extras können das Betriebsklima fördern. Sie können auch das Familienklima verbessern, etwa wenn sich der Ehepartner über einen Zusatzvorteil vom „Ehegatten-Chef" freut.

Die Regelungen zu Gehalts-Extras sind seit 2011 etwas flexibler geworden. Arbeitnehmer dürfen wählen, ob sie eine Gehaltserhöhung ganz oder teilweise in bar oder als steuerbegünstigte Arbeitgeberleistung möchten. Voraussetzung für einen Steuerbonus bleibt aber, dass die Arbeitgeberleistung zusätzlich zum geschuldeten Lohn erfolgt. Eine begünstigte Gehaltsumwandlung gibt es nur ausnahmsweise.

Die Palette von Möglichkeiten umfasst zum Beispiel Zuschüsse zum Mittagessen, die abgabenfreie Erstattung von Fortbildungs- oder Umzugskosten oder Rabattfreibeträge. Im Folgenden finden Sie eine Auswahl, die Sie als Anregungen und Hilfsargumente nutzen können.

Arbeitgeberdarlehen

Kleinkredite vom Chef bis 2 600 Euro lösen keine Belastung mit Steuer oder Sozialversicherung aus. Sie dürfen sogar zinslos sein. Für höhere Darlehensbeträge fallen ebenfalls keine Abgaben an, wenn der Arbeitgeber marktübliche Zinsen verlangt. Bei einem niedrigeren Effektivzins muss der Arbeitnehmer nur die Differenz zwischen dem marktüblichen Zins und dem geringeren Zinssatz des Arbeitgeberkredits versteuern. Beispiel: Bei einem Arbeitgeber-darlehen von 100 000 Euro zu einem Zins von 2 Prozent zahlt der Arbeitnehmer im Jahr 2 000 Euro Zinsen an seinen Chef. Da der Zinssatz nur die Hälfte eines für die Darlehensart angenommenen marktüblichen Zinssatzes von 4 Prozent beträgt, berechnet der Fiskus dem Arbeitnehmer 2 000 Euro als steuerpflichtigen Vorteil (2 Prozent von 100 000). Bei einem Grenzsteuersatz von 25 Prozent erhöht das die Steuerlast des Arbeitnehmers um 500 Euro (2 000 mal 25 Prozent). Unter dem Strich bleiben 2,5 Prozent Kostenbe-lastung für den Arbeitnehmer trotzdem günstig. Beschäftigte bei Banken oder Sparkassen können von einem Zusatzbonus profitie-ren. Dank eines Personalrabattes (siehe Seite 195) werden auch bei deutlich verbilligten Zinsen nicht in jedem Falle Steuern fällig.

BahnCard

Der Arbeitgeber kann für Arbeitnehmer, die dienstlich viel unter-wegs sind, die Kosten einer BahnCard steuer- und beitragsfrei übernehmen. Auch die private Mitnutzung der BahnCard durch den Arbeitnehmer löst unter bestimmten Voraussetzungen keine Abgabenbelastung aus. Nutzt ein Arbeitnehmer eine BahnCard ausschließlich für Fahrten zwischen Wohnung und Betrieb, kann der Arbeitgeber die Kosten der BahnCard übernehmen und ist mit 15 Prozent Pauschalsteuer „preiswerter" dran als mit einer klassi-schen Gehaltserhöhung.

Entfernungspauschale

Der Arbeitgeber kann die Entfernungspauschale von 30 Cent pro Kilometer einfacher Entfernung für Fahrten zwischen Wohnung und Betrieb übernehmen. Dafür zahlt der Arbeitgeber 15 Prozent Pauschalsteuer. Weitere Steuern und Sozialversicherungsbeiträge fallen nicht an. Die Kosten eines Monatstickets für Bus und Bahn kann der Arbeitgeber bis zu 44 Euro im Monat sogar völlig abga-benfrei ersetzen.

Erholungsbeihilfen

Wenn der Arbeitgeber seinem Arbeitnehmer bis 156 Euro im Jahr Erholungsbeihilfe zahlt, bis 104 Euro für dessen Ehepartner und bis 52 Euro pro Kind, bleibt das versicherungsfrei. Der Arbeitgeber muss die Zahlung allerdings pauschal mit 25 Prozent versteuern.

Firmenwagen

Einen Dienstwagen schätzen viele Arbeitnehmer mehr als eine Gehaltserhöhung. Kein Wunder, denn sie können den Wagen auch privat nutzen und der Arbeitgeber übernimmt nicht nur den Kauf, sondern begleicht auch die Tankfüllungen, zahlt die Versicherung, Kfz-Steuer und die Werkstattkosten. Die Mitarbeiter haben am Monatsende zwar etwas weniger in der Lohntüte, sparen sich damit aber die Kosten eines Privatwagens. Das Finanzamt berechnet den steuerpflichtigen privaten Nutzen in der Regel nach der 1-Prozent-Methode. Dabei gelten monatlich 1 Prozent vom Listenpreis des Autos plus eine Pauschale für jeden Fahrtkilometer zwischen Wohnung und Arbeitsstelle als fiktiver Zusatzlohn, auf den Einkommensteuer erhoben wird.

Gesundheitsförderung

Für Massagen, Rückenschulen, Raucherentwöhnung, Stressbewältigungskurse und andere Gesundheitsmaßnahmen innerhalb und außerhalb der Firma kann der Arbeitgeber seinem Arbeitnehmer pro Jahr 500 Euro spendieren. Die Ausgaben bleiben steuer- und versicherungsfrei. Achtung: Beiträge an Sportvereine oder an Fitness-Studios sind nicht begünstigt.

Gutscheine

Der Arbeitgeber kann seinem Arbeitnehmer pro Monat Sachleistungen von maximal 44 Euro steuer- und versicherungsfrei zuwenden. Dabei kann es sich beispielsweise um Benzin- oder andere Warengutscheine handeln.

Mitarbeiterbeteiligungen

Belegschaftsaktien und andere Formen der Vermögensbeteiligung am Unternehmen des Arbeitgebers bleiben bis 360 Euro im Jahr steuer- und beitragsfrei. Der Arbeitnehmer hat hier sogar die Möglichkeit bis 360 Euro seines regulären Lohns in eine Mitarbeiterbeteiligung umwandeln zu lassen. Dann hat er zwar weniger Lohn, aber dafür die Hoffnung, dass sich seine Beteiligung ordentlich entwickelt. Und er zahlt weniger Abgaben.

PC & Co.

Nutzt ein Arbeitnehmer einen PC des Arbeitgebers (samt Drucker und anderen Peripheriegeräten) sowie Telekommunikationsgeräte des Arbeitgebers privat im Betrieb oder außerhalb, bleibt das steuer- und beitragsfrei. Bei einer Schenkung solcher Geräte an den Arbeitnehmer kann der Arbeitgeber den geldwerten Vorteil pauschal mit 25 Prozent versteuern. Der Arbeitnehmer bleibt unbelastet.

Personalrabatt

Überlässt der Chef dem Arbeitnehmer Waren oder Dienstleistungen aus seiner Produktion oder aus seinem Angebot, bleiben im Kalenderjahr bis zu 1080 Euro davon steuer- und beitragsfrei.

Kinderbetreuung

Übernimmt der Arbeitgeber Kosten für die Betreuung des Nachwuchses im Vorschulalter, fallen weder für ihn noch für den Arbeitnehmer Lohnsteuer und Sozialversicherung an. Die Betreuung muss aber außerhalb des eigenen Haushalts der Eltern erfolgen.

 Zum Beispiel Bettina B. Die alleinerziehende Angestellte mit 3 000 Euro Monatsgehalt (Steuerklasse II) zahlt monatlich 280 Euro Kindergartengebühr. Sie verhandelt mit dem Chef, ob der statt einer Gehaltserhöhung die monatliche Kindergartengebühr übernimmt. Die einfache Rechnung unten überzeugt ihn. Er hat dadurch 56 Euro weniger Lohnnebenkosten (336 minus 280) und Bettina B. hat so 139 Euro mehr „in der Tasche" als durch die Gehaltserhöhung (2 200 minus 2 061).

Vergleichsrechnung für Bettina B.	Mit Kindergartenzuschuss	Mit Gehaltserhöhung
Bruttogehalt vorher	3 000	3 000
Nettogehalt vorher	1 920	1 920
Bruttogehalt nachher	3 000	**3 280**
Nettogehalt nachher	1 920	2 061
Kindergartenzuschuss	280	0
Netto insgesamt (Nettogehalt nachher plus Zuschuss)	2 200	2 061
Zusatzkosten des Arbeitgebers (alle Angaben in Euro)	**280**	**336**

Nebeneinkünfte

Wenn Arbeitnehmer neben ihrem Lohn weitere Einkünfte haben, können sie insgesamt bis zu 410 Euro im Jahr steuerfrei kassieren. Das sind beispielsweise

- Einkünfte aus einer selbstständigen Tätigkeit,
- Kapitaleinkünfte,
- Mieteinkünfte,
- Renteneinkünfte.

Vermietet etwa ein Arbeitnehmer eine Ferienwohnung, die ihm nach Abzug von Abschreibung, Zinsen und anderen Werbungskosten jährlich 400 Euro steuerpflichtige Einkünfte beschert, bleiben die steuerfrei. Das ist ein Vorteil, den nur Arbeitnehmer haben, und sie müssen wegen solcher Zusatzeinkünfte bis 410 Euro auch keine Steuererklärung abgeben.

Sobald die Nebeneinkünfte über 410 Euro liegen, verändert sich die Lage: Die Nebeneinkünfte des Arbeitnehmers sind nicht mehr steuerfrei und er muss eine Steuererklärung abgeben. Aber der Vorteil ist nicht gleich komplett verloren, er schmilzt nur langsam dahin – wie Schnee in der Sonne. Dieser Schmelzvorgang, den ebenfalls nur Arbeitnehmer nutzen dürfen, heißt „Härteausgleich". Er bewirkt, dass Nebeneinkünfte bis 820 Euro etwas milder besteuert werden.

Das passiert durch eine einfache Formel: 820 Euro minus Nebeneinkünfte ergibt den Freibetrag für die Nebeneinkünfte. Hätte der Arbeitnehmer und Nebenerwerbsvermieter aus dem Beispiel oben nicht 400 Euro, sondern 500 Euro Mieteinkünfte, würde das Finanzamt zunächst die 820-Euro-Grenze um die Mieteinkünfte von 500 Euro verringern. Das Ergebnis wären 320 Euro (820 minus 500).

Diese 320 Euro mindern das Einkommen. Unter dem Strich wären nicht alle 500 Euro Mieteinkünfte steuerpflichtig, sondern nur 180 Euro (500 minus 320). Je mehr sich die Nebeneinkünfte der 820-Euro-Grenze nähern, umso geringer wird der steuerfreie

Betrag. Erreichen sie 820 Euro, beträgt er null und sämtliche Nebeneinkünfte sind voll steuerpflichtig.

Für Arbeitnehmer-Ehepaare gilt übrigens die gleiche Grenze von 410 Euro. Sie verdoppelt sich nicht, obwohl die Nebeneinkünfte beider Partner zusammengerechnet werden. Ehepaare sollten überlegen, ob sich deswegen zwei getrennte Steuererklärungen lohnen. Hat etwa die Ehefrau 400 Euro Nebeneinkünfte und der Ehemann 600 Euro, müssten sie das zusammen voll versteuern, weil mit 1000 Euro Nebeneinkünften die 820-Euro-Hürde gerissen wäre. Bei getrennten Steuererklärungen blieben die Nebeneinkünfte der Ehefrau dagegen ganz steuerfrei, weil sie unter 410 Euro liegen. Der Ehemann könnte den Härteausgleich nutzen und damit einen Freibetrag von 220 Euro (820 minus 600). In diesem Fall sollte ein Steuerprofi helfen, denn getrennte Steuererklärungen können Ehepaaren an anderer Stelle Nachteile bringen (siehe Seite 41 und 206).

Auch Nebeneinkünfte sind Einkünfte, wie sie das Steuerrecht versteht (siehe Seite 10). Es geht hier immer um Einnahmen minus Werbungskosten oder Betriebsausgaben. Außerdem werden der Altersentlastungsbetrag und der Freibetrag für Einkünfte aus Land- und Forstwirtschaft berücksichtigt (siehe Seite 176). Hätte der Arbeitnehmer und Nebenerwerbsvermieter aus dem Beispiel oben im Jahr 2010 seinen 65. Geburtstag gefeiert und wäre Rentner geworden, stünde ihm ein Altersentlastungsbetrag von 32 Prozent seiner Mieteinkünfte von 500 Euro zu (siehe Seite 241). Das wären 160 Euro und somit blieben nur 340 Euro steuerpflichtige Mieteinkünfte übrig (500 minus 160). Weil die Nebeneinkünfte damit unterhalb von 410 Euro liegen würden, blieben sie komplett steuerfrei und eine Steuererklärung könnte sich der Arbeitnehmer auch sparen. Das ist sicher kein alltäglicher Fall, er zeigt aber, dass auch eher geringe Entlastungen spürbare Steuerersparnisse bringen können.

Bei Zins & Co. gelten die Steuerfreiheit bis 410 Euro und der Härteausgleich für Arbeitnehmer ebenfalls. Dadurch bleiben für Arbeitnehmer bis zu 1211 Euro steuerfrei (801 Euro Sparerpauschbetrag plus 410 Euro). Das funktioniert aber nur für Kapitaleinkünfte, die nicht mit der Abgeltungsteuer besteuert werden. Arbeitnehmer können diese Möglichkeit nutzen, wenn sie die Günstigerprüfung beantragen (siehe ab Seite 155). Das gilt auch für den Härteausgleich für Kapitalerträge bis 1 621 Euro (801 Euro Sparerpauschbetrag plus 820 Euro Obergrenze beim Härteausgleich).

 TIPP

Arbeitnehmer, die bis zu 410 Euro Kapitaleinkünfte oberhalb des Sparerpauschbetrags haben, sollten eine Günstigerprüfung beantragen. Wie das funktioniert, steht ab Seite 155.

Mini-, Midi-, Maxijobs

Wenn Arbeitnehmer nebenbei in einem Minijob arbeiten, können sie sich bis zu 400 Euro im Monat abgabenfrei hinzuverdienen. In der Regel zahlt der Arbeitgeber pauschal sämtliche Abgaben: 2 Prozent Lohnsteuer, 15 Prozent Rentenversicherung, 13 Prozent Krankenversicherung und 0,74 Prozent weitere Beiträge und Umlagen. Zusammen sind dies 30,74 Prozent. Minijobs in Privathaushalten erfordern weniger Abgaben. Neben 2 Prozent Lohnsteuer sind für die Rentenversicherung statt 15 nur 5 Prozent zu zahlen und für die Krankenversicherung statt 13 ebenfalls nur 5 Prozent. Mit weiteren Umlagen von 2,34 Prozent sind das insgesamt 14,34 Prozent Abgaben.

Minijobs

Manche Arbeitnehmer sind ausschließlich in einem oder in mehreren Minijobs beschäftigt. Egal wie viele es sind, zusammengerechnet darf der Arbeitsverdienst aus allen Minijobs 400 Euro im Monat nicht überschreiten. Kommt mehr zusammen, ist die Abgabenfreiheit für den Arbeitnehmer in der Regel dahin.

Bei sozialversicherungspflichtig angestellten Arbeitnehmern ist das anders. Sie dürfen neben ihrem Hauptjob in nur einem für sie abgabenfreien Minijob arbeiten. Jeder weitere Minijob ist nicht mehr begünstigt. Verdient sich beispielsweise eine angestellte Altenpflegerin mit zwei Putzjobs für 400 Euro und für 200 Euro etwas hinzu, kann der erste Putzjob für sie abgabenfrei bleiben. Die 200 Euro aus dem zweiten Minijob werden dem Altenpflegerinnengehalt zugeschlagen und sind im Prinzip wie dieses steuer- und beitragspflichtig.

Noch etwas anders läuft es bei nicht pflichtversicherten Menschen, zum Beispiel bei Beamten. Hier werden nebenbei verdiente Minilöhne unabhängig von ihrer Anzahl immer zusammengerechnet. Liegt der Arbeitsverdienst insgesamt unter 400 Euro, bleibt er abgabenfrei. Wenn die Minilöhne, wie im Beispiel, zusammen

400 Euro übersteigen, werden sie steuer- und abgabepflichtig, eine Unterscheidung nach (begünstigtem) Minijob 1 und (nicht begünstigtem) Minijob 2 findet nicht statt.

Die pauschalen Versicherungsbeiträge, die der Arbeitgeber für den Minijob abführt, bleiben für den Versicherungsschutz der Arbeitnehmer im Prinzip wirkungslos. Das können Arbeitnehmer ändern, wenn sie den Pauschalbeitrag des Arbeitgebers zur Rentenversicherung (15 Prozent) aus eigener Tasche um 4,9 Prozent aufstocken. Sie erreichen so den vollen Beitragssatz in der gesetzlichen Rentenversicherung (19,9 Prozent) und damit höhere Rentenansprüche und einen vollwertigen Schutz bei Erwerbsminderung. Das gelingt mit dem überschaubaren Betrag von 19,60 Euro im Monat (4,9 Prozent von 400).

Begünstigte Extras

Die 400-Euro-Grenze darf grundsätzlich nicht überschritten werden, ein Cent mehr Lohn verringert oder vernichtet den Abgabenvorteil. Trotzdem ist mit 400 Euro im Monat das Ende der Fahnenstange noch nicht erreicht. Menschen mit Minijob können nämlich, genau wie andere Arbeitnehmer auch, steuerfreie Arbeitgeberleistungen erhalten. Die zählen bei der Berechnung der 400-Euro-Grenze nicht mit. Das sind beispielsweise Kinderbetreuungskosten für Vorschulkinder in unbegrenzter Höhe, Benzingutscheine oder andere Sachzuwendungen bis 44 Euro monatlich. Pauschal versteuerte Fahrtkostenzuschüsse, bestimmte Altersvorsorgeleistungen, Erholungsbeihilfen, Weiterbildungszuschüsse und andere Arbeitgeberleistungen (siehe Gehalts-Extras ab Seite 192) sind für Minijobs ebenfalls nutzbar, auch wenn sie zusätzlich zur 400-Euro-Grenze gezahlt werden. Die Abgabenfreiheit des Arbeitnehmers bringt das nicht in Gefahr. Arbeitnehmer und Arbeitgeber sollten gemeinsam überlegen, was hier machbar und sinnvoll ist. Besonders in Familienbetrieben und bei mitarbeitenden Angehörigen mit Minijobs gibt es mit Sicherheit Möglichkeiten den Minilohn abgabenfrei aufzubessern.

Midijob

Wenn Arbeitnehmer mit versicherungspflichtigem Hauptjob zusätzlich einen Minijob haben, endet ihre Abgabenfreiheit für die Nebentätigkeit genau bei 400 Euro. Bringt der Minijob auch nur einen Cent mehr, wird der gesamte Zusatzlohn in der Regel voll steuerpflichtig und auch die Sozialversicherung schlägt zu. Anders sieht das bei Arbeitnehmern aus, die keinen Hauptjob haben, sondern nur einen (oder mehrere) Minijobs. Für sie gibt es eine Übergangsregelung, eine sogenannte „Gleitzone".

Bei einem Monatsgehalt zwischen 400,01 und 800,00 Euro unterliegt der Arbeitslohn dem normalen Lohnsteuerabzug. Es ist ein sogenannter Midijob. Der Arbeitgeber zahlt seinen Beitragsteil zur Renten-, Kranken-, Pflege- und Arbeitslosenversicherung ohne Abstriche ein. Das sind derzeit knapp 20 Prozent. Der Sozialversicherungsbeitrag (SV-Beitrag) des Arbeitnehmers wird nach einer ziemlich komplizierten Formel errechnet (siehe Tabelle Seite 238).

Bei einem Monatsverdienst von beispielsweise 500 Euro übernimmt der Arbeitgeber 98,63 Euro SV-Beitrag. Dank Gleitzone zahlt der Arbeitnehmer rund 73 Euro SV-Beitrag. Ohne diese Übergangsregelung wären es rund 103 Euro. Für den Arbeitnehmer bedeutet das unter dem Strich etwa 40 Euro Entlastung. Die schmilzt aber, je mehr sich der Lohn der 800-Euro-Grenze annähert und dort endet der Vorteil ganz. An dieser Stelle schließt sich an den Midijob ein ganz normal steuer- und versicherungspflichtiger „Maxijob" an.

Besonders ungünstig läuft es für Arbeitnehmer mit Midijob in der Lohnsteuerklasse V. Hier baut sich nicht nur die SV-Belastung schrittweise auf, sondern es kommt auch Lohnsteuer hinzu, die in den anderen Steuerklassen bei dieser Einkommenshöhe noch keine Rolle spielt. Menschen in Steuerklasse V sollten deshalb überlegen, ob sie sich überhaupt auf einen Midijob einlassen. Bis zu einer Lohnhöhe von rund 530 Euro fahren sie ungeachtet der Erleichterung durch die Gleitzone mit einem Minijob für 400 Euro besser als mit einem Midijob (siehe Seite 258).

Lohnersatz

Wenn Arbeitnehmer nichts verdienen, weil sie krank oder arbeitslos sind, weil der Betrieb pleite ist oder weil sie ein Baby betreuen, erhalten sie anstelle von Lohn in der Regel eine sogenannte Lohnersatzleistung. Die ist zwar steuerfrei, kann sich steuerlich aber trotzdem auswirken. Die erste und überschaubare Auswirkung: Arbeitnehmer, die zusätzlich zum Arbeitslohn Lohnersatzleistungen von über 410 Euro im Jahr erhalten haben, müssen eine Steuererklärung abgeben. Die 410-Euro-Grenze gilt übrigens für Alleinstehende und Ehepaare. Sie verdoppelt sich für verheiratete Menschen also nicht. Jeder hat für sich eine eigene, auch nicht auf den Ehepartner übertragbare 410-Euro-Grenze.

Die zweite Auswirkung: Lohnersatzleistungen können die Steuerbelastung erhöhen, obwohl sie steuerfrei sind. Um diesen Widerspruch zu benennen war ein ganz besonderer Begriff erforderlich. Er lautet „Progressionsvorbehalt" und ist eine echte Stilblüte deutscher Steuerlyrik. Aus sich heraus erklärt er gar nichts, aber was er im Zusammenhang mit Lohnersatz bedeutet, lässt sich kurz beschreiben: Zum zu versteuernden Einkommen wird eine im Jahresverlauf bezogene Lohnersatzleistung hinzugezählt. Das Finanzamt ermittelt den Steuersatz auf die Summe. Das ist der sogenannte „besondere Steuersatz". Danach ziehen die Beamten die Lohnersatzleistung vom zu versteuernden Einkommen wieder ab und wenden den besonderen Steuersatz auf das zu versteuernde Einkommen an. Das Ergebnis ist in der Regel eine höhere Steuerbelastung als vorher.

Die Höhe der Lohnersatzleistungen hängt auch von der Lohnsteuerklasse ab. Viele Lohnersatzleistungen werden auf der Grundlage des Nettoeinkommens berechnet und damit in Abhängigkeit von der Lohnsteuerklasse. Arbeitnehmerehepaare können über den Wechsel der Steuerklassenkombination Einfluss auf die Höhe von Lohnersatzleistungen nehmen. Wie das funktioniert, steht wird ab Seite 206 beschrieben.

Zum Beispiel Chiara C. Die alleinstehende und kinderlose Arbeitnehmerin hatte 2011 nach allen Abzügen
22 000 Euro zu versteuerndes Einkommen. Zusätzlich erhielt sie 3 000 Euro Kurzarbeitergeld von der
Bundesagentur für Arbeit. Die steuerfreie Lohnersatzleistung erhöhte Chiaras Steuerbelastung um rund 364 Euro, wie
die folgende vereinfachte Rechnung zeigt.

zu versteuerndes Jahreseinkommen (ohne Kurzarbeitergeld)	**22 000**
Einkommensteuer (Durchschnittssteuersatz: 14,7682 Prozent)	3 249
Chiaras zu versteuerndes Jahreseinkommen mit Kurzarbeitergeld (22 000 plus 3 000)	25 000
Einkommensteuer (Durchschnittssteuersatz: 16,4240 Prozent)	4 106
22 000 Euro zu versteuern mit dem besonderen Steuersatz von 16,4240 Prozent	3 613
Mehrbelastung (3 613 minus 3 249) (alle Angaben in Euro)	**364**

Lohnersatz ist aber nicht gleich Lohnersatz. Es gibt erstens Leis-
tungen, die den Progressionsvorbehalt auslösen und zweitens
Leistungen, bei denen er keine Rolle spielt.
Zur ersten Gruppe gehören zum Beispiel

- Arbeitslosengeld (ALG I),
- Elterngeld,
- Insolvenzgeld,
- Krankengeld von Arbeitnehmern, die in der gesetzlichen
  Versicherung freiwillig oder pflichtversichert sind,
- Kurzarbeitergeld,
- Mutterschaftsgeld,
- Zuschuss zum Mutterschaftsgeld,
- Verletztengeld,
- Winterausfallgeld.

Alle Lohnersatzleistungen, die dem Progressionsvorbehalt unterliegen, sind in § 32b Absatz 1 des Einkommensteuergesetzes
benannt.

Was dort nicht steht, bleibt frei vom Progressionsvorbehalt und
gehört zur zweiten Gruppe, zum Beispiel

■ Arbeitslosengeld II,
■ Ein-Euro-Jobs,
■ Erziehungsgeld,
■ Krankengeld einer privaten Krankenversicherung,
■ Sozialhilfe,
■ Wohngeld,
■ Zuschuss und Überbrückungsgeld für Existenzgründer.

Trauschein mit Steuereffekt

Ehepaaren gönnt der Fiskus ein paar Extravorteile. In der Öffent-
lichkeit wird darüber kontrovers diskutiert, ob zu Recht oder zu
Unrecht. Der wirksamste Vorteil ist wohl ein spezieller Steuertarif.
Der heißt „Splittingtarif" und bringt Ehepaaren im Vergleich zu zusammenlebenden nicht verheirateten Menschen in der Regel einen
Steuernachlass. Der fällt umso höher aus, je unterschiedlicher die
steuerpflichtigen Einkünfte beider Partner sind.

Splitting-Vorteil

Hat beispielsweise ein Ehepaar zusammen ein zu versteuerndes
Einkommen von 50 000 Euro, werden dafür 8 212 Euro Einkommensteuer fällig, wenn das Ehepaar eine gemeinsame Steuererklärung abgibt. Das heißt in der Steuersprache „Zusammenveranlagung". Wie sich das Einkommen auf beide verteilt, spielt
keine Rolle.

Gibt aber jeder von ihnen eine eigene Steuererklärung ab („getrennte Veranlagung"), wird das Ehepaar im Prinzip wie zwei Alleinstehende besteuert und da zeigen sich die Unterschiede. Verdient
einer alles und der andere nichts, würde bei einer getrennten Steuererklärung 12 847 Euro an Einkommensteuer fällig, also 4 635 Euro
mehr als bei einer Zusammenveranlagung. Hätten beide ein gleiches zu versteuerndes Einkommen von 25 000 Euro, zahlte jeder
bei einer getrennten Veranlagung 4 106 Euro Einkommensteuer. Es
wäre in diesem Fall zunächst egal, ob man gemeinsam oder getrennt seine Steuererklärung macht.

Ehepaare haben – im Unterschied zu alleinstehenden zusammenlebenden Menschen sowie zu eingetragenen Lebenspartnerschaf-
ten – ein Wahlrecht, ob sie eine gemeinsame Steuererklärung abgeben möchten oder zwei getrennte. Das Beispiel oben ist ein klarer
Fall für Zusammenveranlagung, weil unter dem Strich rund ein
Drittel weniger Steuern steht. Andere Fälle sind weniger eindeutig.
Wenn beispielsweise das Einkommen einigermaßen gleich verteilt

ist und es kommen nennenswerte Einnahmen hinzu, die dem Progressionsvorbehalt unterliegen (siehe Seite 203) oder Verluste eines Partners, Abfindungen oder Nebeneinkünfte bis 410 Euro pro Jahr (siehe Seite 197), hilft nur genaues Rechnen – und das sollte am besten ein Steuerprofi übernehmen (siehe Seite 213).

 TIPP

Der Splittingtarif steht nur zusammenlebenden Ehepaaren zu. Wenn aber getrennt lebende Ehepartner einen Versöhnungsversuch unternehmen und für kurze Zeit wieder zusammenleben, drückt das Finanzamt für das betreffende Jahr ein Auge zu. Egal wie der Versuch endete, gilt der Splittingtarif.

Steuerklassenwahl

Was Lohnsteuerklassen sind und wie sie funktionieren, finden Sie ab Seite 14. Ehepaare dürfen zwischen mehreren Kombinationen wählen. So entscheiden sie mit darüber, wie viel Lohnsteuer im Jahresverlauf an das Finanzamt geht. Dabei ist die Kombination

IV/IV in der Regel die richtige Wahl, wenn beide Partner etwa gleich viel verdienen. Liegen die Löhne weit auseinander, sorgt die Kombination III/V für den geringsten laufenden Steuerabzug. Der Partner mit dem höheren Lohn nimmt Klasse III, wenn er mindestens 60 Prozent des „Gesamtlohns" beider Partner hat, lautet eine Daumenregel. Unter www.test.de/Steuerratgeber-Extra, Stichwort „Steuerklassenwahl", finden Sie eine Tabelle zur optimalen Lohnsteuerklassenwahl für Ehepaare. Dort können Sie ablesen, bei welchem Einkommensverhältnis Ehepaare mit der Kombination III/V am besten fahren, und wann die Kombination IV/IV günstiger für sie ist (siehe Seite 15 und 231).

Besteuerung per Faktor

Arbeitnehmerehepaare haben seit 2010 noch eine dritte Kombinationsmöglichkeit. Die läuft unter dem Begriff „Faktorverfahren". Es verringert die hohe Steuerbelastung in der Klasse V etwas zulasten der besonders günstigen Klasse III. Bisher entschieden sich rund vier Millionen Ehepaare für die Steuerklassenklassenkombination III/V. In der Steuerklasse V beträgt der Anteil der Frauen etwa 93 Prozent. Mit dem Faktor wird unter anderem erreicht, dass für beide Ehegatten mindestens die persönlichen Entlastungsfaktoren, bereits während des laufenden Lohnsteuerabzugs berücksichtigt werden, etwa der Grundfreibetrag oder der Arbeitnehmerpauschbetrag. Mit der Steuerklassenkombination III/V kann es zu Steuernachzahlungen kommen, die bei großen Lohnunterschieden ansteigen. Wer höhere Nachzahlungen vermeiden will, kann das über die Wahl der Steuerklassenkombination IV/IV mit Faktor erreichen. Bei dieser Kombination entspricht der Lohnsteuerabzug annähernd der tatsächlich zu zahlenden Einkommensteuer. Das Finanzamt ermittelt dafür einen Faktor aus den jeweiligen Arbeitslöhnen der Ehepartner, indem es die Lohnsteuerbelastung in den Steuerklassen IV/IV mit der voraussichtlich zu zahlenden Einkommensteuer ins Verhältnis setzt. Der so ermittelte Faktor wird dem Arbeitgeber mitgeteilt. Der zieht die Lohnsteuer zunächst auf der Grundlage der Steuerklasse IV ab und multipliziert die Steuer danach mit einem Faktor der kleiner als eins ist. So wird erreicht, dass die bisher hohe Lohnsteuerbelastung in der Lohnsteuerklasse V des gering verdienenden Partners deutlich sinkt. An der Gesamtbelastung des Ehepaars ändert sich nichts.

 TIPP

Auf der Internetseite www.bundesfinanzministerium.de klicken Sie in der linken Spalte „Interaktiver Abgabenrechner" an, danach „Zu dem interaktiven Abgabenrechner". Dort klicken Sie „Faktorverfahren 2011" an und können ermitteln, wie sich der Faktor bei Ihrer Lohnsteuerklassenwahl auswirkt.

Wenn Ehegatten die Steuerklasse IV/IV mit Faktor wählen, müssen sie mit einem gemeinsamen Antrag beim Finanzamt auch die voraussichtlichen Jahresarbeitslöhne aus ihrem Hauptarbeitsverhältnis angeben. Arbeitslöhne aus weiteren Jobs, die nach Steuerklasse VI besteuert werden, bleiben bei der Faktor-Berechnung unberücksichtigt. Ehepaare können den Faktor einmal im Jahr spätestens bis zum 30. November beim zuständigen Finanzamt eintragen lassen und bis zu diesem Termin den Faktor auch einmal im Kalenderjahr ändern lassen. Die Abgabe einer Steuererklärung ist beim Faktorverfahren Pflicht.

 TIPP

Arbeitnehmer, die das Faktorverfahren beantragen, sollten bedenken, dass der Arbeitgeber Rückschluss ziehen kann, wie viel ihr Ehepartner ungefähr verdient. Dieses Wissen kann sich auch negativ auswirken, wenn der Arbeitgeber über Entlassungen entscheiden muss und dabei der nunmehr bekannte Verdienst des Ehepartners die Entscheidung beeinflusst.

Spielräume bei Lohnersatz

Mit der Wahl der Lohnsteuerklasse können Arbeitnehmerehepaare die Höhe von Lohnersatzleistungen beeinflussen. Die Klasse III führt zur höchstmöglichen Lohnersatzleistung, die Klasse V zur geringsten. Wenn ein Ehepartner mit Lohnersatzleistung rechnet, sollte er möglichst nicht in Klasse V bleiben, sondern zügig in Klasse III oder IV wechseln. Verdient beispielsweise eine verheiratete werdende Mutter 2 500 Euro brutto in der Steuerklasse V, zahlt ihr „Vater Staat" in der Babypause monatlich rund 819 Euro Elterngeld. Wechselt sie in die Steuerklasse III, bekommt sie 332 Euro mehr: 1 151 Euro.

Eine einmal bezogene höhere Lohnersatzleistung bleibt dem Ehepaar in jedem Fall netto erhalten. Die höhere Steuerbelastung durch den Steuerklassen-Kombinationswechsel lässt sich später per Steuererklärung zurückholen. Ehepaare sollten aber auch eine andere Folge bedenken: Wechselt der mehr verdienende Partner in eine ungünstigere Steuerklasse, erhöht sich seine Lohnsteuer sofort und das kann zu plötzlicher Ebbe in der Haushaltskasse führen. Die Steuerrückerstattung vom Finanzamt kommt erst nach einem Jahr oder später. Rechnen Sie das vorher durch. Der Lohnsteuerrechner auf der Internetseite des Bundesfinanzministeriums hilft dabei: www.abgabenrechner.de.

Steuerklassenwechsler sollten mit behördlichem Argwohn rechnen. Beim Elterngeld hat sich das inzwischen erledigt, seitdem das Bundessozialgericht den Wechsel aus der Klasse V in die Klasse III oder IV als legale Gestaltungsmöglichkeit bewertet, auch wenn der Wechsel „nur" das Ziel hatte, mehr Elterngeld zu bekommen. Die Arbeitsverwaltung stellt sich weiter quer. Erfolgt der Wechsel eines Ehegatten in eine günstigere Steuerklasse im Jahr der Arbeitslosigkeit, prüft das Amt, ob der Wechsel „zweckmäßig" war. Zweckmäßig ist im Amtsverständnis ein Verhältnis der Arbeitslöhne der Ehepartner, wie es die Finanzverwaltung in ihren Tabellen (siehe Seite 15) ausgerechnet hat. Verdient beispielsweise ein Ehepartner 3 000 Euro und der andere 1 500 Euro und haben sie bisher die Kombination III/V, lehnt das Amt einen Wechsel in Kombinationen

IV/IV und V/III als „unzweckmäßig" ab. Es berechnet das Arbeitslosengeld so, als hätte es keinen Wechsel gegeben. Das Amt hält
sich dabei an die Lohnsteuerklassenkombination, die am 1. Januar
des Jahres galt. Hätte das Arbeitnehmerehepaar bereits vorher die
Kombination gewechselt, hätte das Amt mitspielen müssen. Wenn
Ehepaare die Kombination wechseln wollen, weil ein Partner absehbar Lohnersatz beziehen wird, sollten sie das möglichst bis Silvester des Vorjahres tun.

Arbeitnehmerinnen, die sich per Steuerklassenwechsel mehr
Mutterschaftsgeld vom Arbeitgeber holen wollen, brauchen dazu
in der Regel sein Einverständnis. Verweigert er das, haben sie vor
Gericht schlechte Karten.

Tod des Ehepartners

Ist ein Ehepartner 2011 verstorben, sind die steuerlichen Folgen
wahrscheinlich der geringste Kummer. Der überlebende Partner
sollte dennoch auf ein paar Dinge achten. Im Jahr 2011 und im
Jahr 2012 steht ihm weiterhin der Splittingtarif zu. Im Prinzip werden 2011 die **Zeilen 1 bis 19** des Mantelbogens (siehe Seite 39)
genau so ausgefüllt, als würde der verstorbene Partner noch leben.
Handelt es sich beim überlebenden Partner um den Ehemann,
kann der in **Zeile 13** das Feld „Verwitwet seit dem" mit dem Sterbedatum der Ehefrau ausfüllen. Achtung: Ist der Ehemann verstorben, besteht diese Möglichkeit 2011 für die Ehefrau nicht. Sie
kann aber auf Seite 4 des Mantelbogens in **Zeile 109** neben ihrer
(alleinigen) Unterschrift im Feld für den verstorbenen Ehepartner
vermerken: „verstorben am…", und das Sterbedatum einfügen.
So steht auch ihr der Splittingtarif zur Verfügung.

Im Folgejahr (2012) füllt der überlebende Partner die **Zeilen 7 bis 13** mit den eigenen Daten aus, fügt in **Zeile 13** ein, seit wann er verwitwet ist und kreuzt in **Zeile 19** „Zusammenveranlagung" an. Die Daten des verstorbenen Partners sind dann nicht mehr erforderlich.

Für die Besteuerung von Hinterbliebenenbezügen, beispielsweise Witwenrenten oder Werkspensionen, gelten die steuerlichen Bedingungen, die für den verstorbenen Partner galten. Wurde etwa der verstorbene Ehemann vor 2006 Rentner, ist eine erstmals 2011 gezahlte Witwenrente zu 50 Prozent steuerpflichtig, nicht zu 62 Prozent, wie das ein Rentenbeginn 2011 eigentlich vorschreiben würde (siehe Seite 239). Gleiches gilt für den Versorgungsfreibetrag und den Zuschlag zum Versorgungsfreibetrag für Pensionäre, die sich jeweils nach dem Jahr des Pensionsbeginns des verstorbenen Partners richten (siehe Seite 242).

Freibeträge und andere Steuervergünstigungen, die als Jahresbeträge gewährt werden, können im Todesjahr vom überlebenden Partner noch doppelt genutzt werden. Das betrifft beispielsweise den Sparerpauschbetrag von 1 602 Euro (für Ehepaare) oder den Altersentlastungsbetrag, wenn die entsprechenden Einkünfte und das Alter bei beiden vorliegen (siehe Seite 76). Für das Folgejahr 2012 stehen solche Vergünstigungen nicht mehr zur Verfügung.

Mit dem Tod des Ehepartners können größere Steuerprobleme auftauchen, die die Einkommensteuer und darüber hinaus die Erbschaftsteuer betreffen. Wer damit nicht klarkommt, sollte sich (eventuell nur einmalige) Hilfe vom Profi holen und sich dazu das folgende Kapitel ansehen.

Hilfe vom Profi

Die große Mehrheit der Arbeitnehmer kommt ohne Steuerberatung aus. Wer nur Lohn und kaum andere Einkünfte hat, kann seine Probleme mit dem Finanzamt in der Regel selbst klären. Das spricht natürlich nicht dagegen, eine (erste) Steuererklärung vom Profi machen zu lassen. Dann weiß man noch besser, wie es geht und kann auf dieser Grundlage den Dialog mit dem Finanzamt allein weiterführen.

Es gibt aber Fälle, bei denen geht ohne den Fachmann nichts oder alles schief. Dann kann aus der Einsparung des Beraterhonorars ein Verlustgeschäft werden, zum Beispiel bei Selbstanzeigen, Vermögensübertragungen innerhalb der Familie, bei Grundstücksverkäufen, Verlusten oder unübersichtlichen Nebeneinkünften. Manchmal ist ein Steuerprofi auch für eher alltägliche Sachen empfehlenswert, etwa im Bereich der Kinderbetreuungskosten, der Förderung von Kindern über 18, bei haushaltsnahen Dienstleistungen, Behinderung oder bei den Vorsorgeaufwendungen. Dieser Ratgeber weist an den entsprechenden Stellen darauf hin, ob professionelle steuerliche Hilfe empfehlenswert, ratsam oder unbedingt geboten ist. Umfragen belegen, dass etwa die Hälfte der Befragten gelegentlich oder ständig Rat bei Steuerprofis sucht, sei es beim Steuerberater, beim Lohnsteuerhilfeverein oder sei es eine einfache Nachfrage beim Finanzamt.

Rundum-Service durch Steuerberater

Die rund 88 000 Steuerberater in Deutschland dürfen bei allen Steuerfragen helfen. Welcher Berater zum Ratsuchenden und zu dessen Problem passt, ist nur individuell zu klären, ein paar Tipps und Überlegungen können aber weiterhelfen. Die große Mehrheit der Beratungssuchenden vertrauen den Empfehlungen von Verwandten, Bekannten und Kollegen. Dieser Weg führt zum Ziel, wenn sich der Berater mit den anstehenden Problemen auskennt und „die Chemie" zwischen ihm und dem Ratsuchenden stimmt.

TIPP

Auch mit Hilfe des Telefonbuchs lassen sich erste Kontakte mit einem Berater in der näheren Umgebung herstellen. Inzwischen sind die Steuerberater mit ihrem Profil im Internet vertreten, zum Beispiel im Suchdienst der Bundessteuerberaterkammer unter www.bstbk.de und über den Deutschen Steuerberater- verband unter www.dstv.de. Dort gibt es auch Hinweise auf Fachgebiete und Spezialkenntnisse der Berater. Die aufgeführ- ten Qualifikationen beruhen aber ausschließlich auf Selbstein- schätzungen der Berater.

Telefon-Hotlines zur Steuerberatung sind bequem und billig. Unab- hängige Überprüfungen, auch durch die Stiftung Warentest, haben aber gezeigt, dass Anrufer oft nicht optimal beraten wurden. Dann war es am Ende doch kein Schnäppchen. Eine Beratung per Telefon ist auch deshalb nicht zu empfehlen, weil schon akustisch manches verloren gehen kann. Außerdem ermöglicht nur ein persönlicher Kontakt eine umfassende Kommunikation, und die ist notwendig, um ein paar wichtige Fragen zu beantworten (siehe Seite 215).

TIPP

Bereiten Sie sich auf das erste Gespräch mit dem Steuerberater gut vor. Notieren Sie vorher Fragen und Probleme in Stichpunkten.

Seit 2006 dürfen „private Steuerberatungskosten" nicht mehr als Sonderausgaben abgesetzt werden. „Privat" bezieht sich auf alles, was im Mantelbogen steht, zum Beispiel Sonderausgaben, außer- gewöhnliche Belastungen, haushaltsnahe Dienstleistungen (siehe ab Seite 44) oder auch auf die Anlage Kind (siehe Seite 129). Geben Sie diese Kosten aber trotzdem an und zwar auf einem Extra-Blatt, das sie dem Mantelbogen beifügen. Beratungskosten, die mit Arbeitseinkünften (Anlage N) oder mit anderen Einkünften zusammenhängen, sind weiterhin voll absetzbar. Achten Sie darauf, dass der Steuerberater sein Honorar entsprechend aufschlüsselt. Der Bundesfinanzhof muss über das Abzugsverbot für private Steuerberatungskosten entscheiden. Die Steuerbescheide sind in diesem Punkt vorläufig und ein Einspruch ist nicht erforderlich. Sollte der Vorläufigkeitsvermerk im Bescheid allerdings fehlen, müssen Sie Einspruch einlegen (siehe Seite 223).

CHECKLISTE **Was macht einen guten Berater aus?**

Ob Sie eine passende Beratung gefunden haben, wissen Sie, wenn Sie die folgenden Fragen ohne wenn und aber mit „Ja" beantworten:

   Können Sie zum Berater ein uneingeschränktes Vertrauensverhältnis aufbauen?
   Versetzt sich der Berater in Ihre steuerliche Situation und sind seine Vorschläge für Sie akzeptabel?
   Kann er Steuerprobleme verständlich erklären und will er das auch, wenn Sie nachfragen?
   Ist der Berater für Sie leicht erreichbar und nimmt er sich genügend Zeit für das Gespräch?
   Sind die Beratungskosten angemessen und nachvollziehbar?

Einige Berater nehmen für den Erstkontakt gar kein Honorar. Das sollte aber vorab telefonisch geklärt werden. Ansonsten richten sich die Kosten nach der Höhe der Einkünfte und nach dem Aufwand des Beraters. Der hat im Rahmen seiner Gebührenordnung erheblichen Entscheidungsspielraum. Wer zum Beispiel seine Unterlagen und Belege nicht im Schuhkarton mitbringt, sondern thematisch und zeitlich geordnet übergibt, spart dem Steuerberater Aufwand und zahlt in der Regel weniger Honorar.

Lohnsteuerhilfevereine

Arbeitnehmer und Beamte, Rentner und Pensionäre können sich auch von einem Lohnsteuerhilfeverein beraten lassen. Die Vereine kümmern sich aber nur um ihre Mitglieder. Der jährliche Mitgliedsbeitrag ist in der Regel nach der Einkommenshöhe gestaffelt. Im Schnitt sind das zwischen 50 und 200 Euro im Jahr. Das ist dann gewissermaßen der jährliche Gesamtpreis der Beratung. Die Vereine erledigen bei der Einkommensteuer für ihre Mitglieder alles, was auch ein Steuerberater macht.

Allerdings haben Lohnsteuerhilfevereine nur eine begrenzte Beratungsbefugnis. Freiberufler, Gewerbetreibende und Landwirte dürfen sie nicht beraten. Es gibt aber Ausnahmen von der Beschränkung: Wer freiberuflich in einem Ehrenamt nur steuerfreie Einnahmen erhält, kann trotzdem vom Lohnsteuerhilfeverein beraten werden (siehe Seite 170). Auch wenn ein Arbeitnehmer eine Haushaltshilfe beschäftigt, darf er sich trotz seiner „Arbeitgeberfunktion" vom Lohnsteuerhilfeverein beraten lassen. Auf einigen Gebieten funktioniert die Begrenzung der Beratungsbefugnis der Vereine über die Höhe der Einnahmen. Wer Mieteinnahmen und private Veräußerungsgewinne bis insgesamt 13 000 / 26 000 Euro (Alleinstehende / Ehepaare) kassiert hat, darf vom Lohnsteuerhilfeverein beraten werden. Wer mehr hat, muss bei einem Steuerberater Hilfe suchen. Bei Zinsen und anderen Kapitalerträgen dürfen Vereine auch oberhalb der genannten Höhe beraten, die Kapitalerträge mit der Abgeltungsteuer besteuert werden.

 TIPP

Beratungsstellen in der Nähe finden Sie im Telefonbuch unter dem Stichwort „Lohnsteuerhilfe" und im Internet zum Beispiel unter www.beratungsstellensuche.de.

Elektronische Erklärung

Ausgerechnet die angeblich „diebische Elster" setzt die Finanzverwaltung als Namenspatin für die elektronische Steuererklärung
ein. Mag der Vogel manchem auch wie das „Wappentier" des Fiskus vorkommen: Es ist bequem, sich von Elster durch das Internet
tragen zu lassen. Die Finanzverwaltung bietet dazu ein kostenloses
Programm mit dem Namen „ElsterFormular". Es sind vor allem
zwei Pluspunkte, die aus Sicht der Nutzer für die elektronische
Steuererklärung sprechen. Zum einen geben die Programme Hilfe-
stellung beim Ausfüllen der Formulare. Sie prüfen eingegebene
Daten und weisen auf offensichtliche Eintragungsfehler hin.

Zum anderen rechnen sie die voraussichtliche Steuerzahlung beziehungsweise Steuererstattung aus. Damit wissen Sie im Voraus,
woran Sie sind. Wenn Sie zahlen müssen, können Sie die Abgabe
der Steuererklärung per Elster etwas verzögern und Ihr Geld noch
eine Weile behalten. Wenn Sie vom Finanzamt eine Erstattung zu
erwarten haben, geben Sie gleich ab. Verwaltung und Bürger profitieren außerdem davon, dass Elster Fehler vermeidet, die bei der
manuellen Übertragung von Daten aus dem Steuerformular in das
Bearbeitungssystem des Finanzamts entstehen können. Das Els-
ter-Programm gibt es nicht nur beim Finanzamt, es ist auch in die
kommerziellen Computerprogramme zum Ausfüllen einer Steuererklärung integriert.

 TIPP

Elektronische Steuererklärungen bearbeitet das Finanzamt in
der Regel schneller als per Hand ausgefüllte. Arbeitnehmer, die
ja in den meisten Fällen eine Steuererstattung erhalten, bekommen ihr Geld so schneller zurück.

Die Anforderungen, die das Programm „ElsterFormular" an techni-
sche Voraussetzungen und Computerkenntnisse stellt, sind über-

schaubar. Das Programm läuft unter allen gängigen Betriebssyste-
men. Auch Menschen, die im Umgang mit Computer und Internet
wenig geübt sind, schaffen es in der Regel, ihre Steuererklärung
auf elektronischem Weg anzufertigen und abzugeben.

Unter www. elsterformular.de gibt es viele Erläuterungen. Von
dort kann das Programm auch heruntergeladen werden. Mit einem
DSL-Anschluss dauert es einige Minuten, mit einem ISDN-Anschluss
rund eine Stunde. Zweckmäßiger ist es dann, sich eine kostenlose
CD vom Finanzamt zu besorgen. Die gibt es für die Steuererklärung
2011 voraussichtlich ab Ende Januar 2012. Die Aktualisierung per
Internet funktioniert in der Regel zügig.

Mit persönlicher Unterschrift

Die Möglichkeit der elektronischen Steuererklärung gibt es schon
seit 1999. Dabei wird die Steuererklärung am eigenen Computer
ausgefüllt und anschließend mit einem Tastendruck übers Internet
verschlüsselt an das Finanzamt geschickt. Danach wird nur noch
eine Kurzversion der Steuererklärung ausgedruckt. Die muss mit
der Hand unterschrieben, per Post verschickt oder persönlich beim
Finanzamt abgegeben werden. Ihr sollten auch gleich die gesetzlich vorgeschriebenen Bescheinigungen beigelegt werden, wie das
Finanzamt sie zum Beispiel für Spenden, Kapitalerträge, Gewinner-
mittlungen oder als Behinderungsnachweis fordert. Braucht das
Amt weitere Nachweise, wird es sich mit Sicherheit selbst bei
Ihnen melden. Bewahren Sie alle Belege auf, um sie auf Verlangen
nachträglich vorlegen zu können.

Mit elektronischer Unterschrift

Computernutzer können die eigenhändig unterschriebene Kurz-
erklärung durch ein digitales Zertifikat ersetzen. Dafür müssen Sie
sich im Internet über www.elsteronline.de (dann weiter zu Elster-
Online-Portal) mit Ihren persönlichen Daten und der Steuernummer
registrieren lassen. Über weitere Zwischenschritte erhalten Sie ein

persönliches Zertifikat, das Sie gegenüber ihrem Finanzamt eindeutig identifizieren kann.

Die Registrierung ist freiwillig. Sie stellt aber etwas höhere Anforderungen an die Leistungsfähigkeit des Computers (ab Windows 2000) und an die Geschwindigkeit des Internetzugangs (DSL- oder ISDN-Anschluss sind erforderlich).

Es gibt drei verschiedene Arten der Registrierung, die sich vor allem in ihrem Sicherheitsgrad unterscheiden. Bei „Elster-Basis" erhält der Nutzer nach der Registrierung kostenlos ein Zertifikat in Form einer Datei. Die kann er auf Festplatte, CD-ROM oder Memory-Stick speichern. „Elster-Spezial" und „Elster-Plus" machen zusätzliche Anschaffungskosten erforderlich (rund 40 Euro für einen speziellen USB-Elster-Stick, beziehungsweise 50 bis 250 Euro für eine Signaturkarte bei Elster-Plus). Für die meisten Arbeitnehmer reicht die Software „Elster-Basis" völlig aus. Sie sollten Ihr persönliches Zertifikat auf eine CD brennen oder anderweitig extern ablegen, damit Sie bei einem Computerproblem, etwa einem Festplattendefekt, nicht die ganze Prozedur wiederholen müssen. Obwohl jetzt auch die Unterschrift elektronisch funktioniert, will das Finanzamt bestimmte Belege weiterhin in Papierform sehen, zum Beispiel Steuerbescheinigungen oder Spendennachweise. Die Originale schicken Sie dem Finanzamt mit einem kleinen Anschreiben per Post zu oder geben es beim Pförtner Ihres Finanzamtes ab. Das Finanzamt akzeptiert in der Regel gesetzlich vorgeschriebene Belege nicht, wenn sie lediglich eingescannt und als Datei verschickt wurden.

 TIPP

Ihr Zugang zum Steuerportal ist elektronisch verschlüsselt, um Zugriff durch Fremde zu verhindern. Achten Sie darauf, dass auf Ihrem PC ein Virenscanner und eine Firewall installiert sind.

Der Steuerbescheid

Die amtliche Antwort auf die Steuererklärung ist der Steuerbescheid. Wenn der im Briefkasten liegt, läuft die Uhr. Arbeitnehmer haben einen Monat Zeit, um sich gegen falsche oder ungerechte Bescheide zu wehren. Das ist inzwischen eine ziemlich erfolgreiche „Massenveranstaltung" geworden: 2009 gab es über fünf Millionen Einsprüche, über zwei Drittel davon gingen zugunsten der Bürger aus.

Entspricht der Bescheid nicht den vorausberechneten Erwartungen, ist das Amt in der Regel von den Angaben in der Steuererklärung abgewichen. Dann sollten die Einzelpositionen von Steuererklärung und Steuerbescheid verglichen werden, etwa mit Blick auf die steuerpflichtigen Einnahmen, die abzugsfähigen Ausgaben, die (Nicht-)Berücksichtigung zustehender Freibeträge oder anderer Vergünstigungen. Das Finanzamt muss Abweichungen darlegen und das geschieht im Bescheid unter der Überschrift „Erläuterungen". Findet sich dort nichts oder nichts Nachvollziehbares, ist das ein guter Grund, gegen den Steuerbescheid vorzugehen

Einspruch einlegen

Der Einspruch ist das wichtigste Abwehrinstrument gegen falsche Bescheide, kostenlos und relativ einfach zu handhaben. Er funktioniert nur schriftlich, in der Regel per Brief oder Postkarte, aber auch per Fax oder durch eine vom Finanzamt zu Protokoll genommene mündliche Erklärung.

Um die Einspruchsfrist von einem Monat zu wahren, kann ein Einspruch erstmal ohne Begründung bleiben, die sollte aber zügig nachgereicht werden. Die Einspruchsfrist kann nicht verlängert werden. Nur in Ausnahmefällen kann mit einem „Antrag auf Wiedereinsetzung in den vorigen Stand" ein Fristversäumnis abgeschmettert werden. Das Finanzamt spielt mit, wenn die Frist schuldlos versäumt wurde, aber die Unschuld wird hier hart geprüft. Wer maximal sechs Wochen in Urlaub gefahren ist, kommt gerade noch davon. Ein längerer Urlaub erfordert, dass der Nachbar (oder wer auch immer) sich um die Amtspost kümmert. Plötzliche schwere Erkrankung wird als Begründung akzeptiert, chronische Erkrankung oder Schwangerschaft nicht und hohe Arbeitsbelastung schon gar nicht.

Mit dem Einspruch ist der gesamte Steuerfall wieder offen. Der Bürger kann jetzt noch neue Einwände vorbringen. Das Finanzamt kann das aber auch schlimmstenfalls mehr Steuern als vorher verlangen. Das heißt tatsächlich „Verböserung", wird im Duden als „Scherzwort" bezeichnet, ist hier aber ganz ernst gemeint. Zum Glück muss das Finanzamt seine „Verböserungsabsicht" ankündigen. Wird der Einspruch danach zurückgenommen, bleibt es beim alten Steuerbescheid.

Trotz Einspruch muss fällige Steuer fristgemäß gezahlt werden. Das lässt sich nur mit Hilfe eines „Antrags auf Aussetzung der Vollziehung" vermeiden und der sollte zweckmäßigerweise gleich mit im Einspruch stehen. Er kann aber auch getrennt nachgereicht werden. Für eine Entscheidung hat das Finanzamt einen relativ weiten Ermessensspielraum, einen Rechtsanspruch auf Zahlungsaufschub gibt es nicht.

Einspruch unnötig

Das Finanzamt erteilt den Bescheid in wichtigen Streitpunkten von sich aus vorläufig. Das passiert meist, wenn Gerichte die Verfassungsmäßigkeit geltender Gesetze und Regeln noch prüfen müssen. Zu Redaktionsschluss betraf das beispielsweise den noch von der großen Koalition verbotenen Abzug von Steuerberatungskosten als Sonderausgaben Das Bundesfinanzministerium (BMF) informiert in unregelmäßigen Abständen über die aktuelle Vorläufigkeitsliste (siehe Infokasten Seite 223).

Einspruch einfach

Viele Einsprüche funktionieren mit besonders geringem Aufwand. Läuft in einer vergleichbaren Sache ein Verfahren beim Europäischen

Gerichtshof (EuGH), beim Bundesverfassungsgericht (BVerfG) oder bei einem obersten Bundesgericht (etwa beim Bundesfinanzhof), muss das Finanzamt den Einspruch bis zu einer Gerichtsentscheidung akzeptieren und das Verfahren in diesem Punkt ruhen lassen. Der Bürger hängt sich also ohne eigenes Kostenrisiko und mit wenig Aufwand an ein laufendes Gerichtsverfahren (siehe Infokasten Seite 224).

Entscheidet ein „einfaches" Landesfinanzgericht einen Fall, muss die Verwaltung darauf nicht reagieren. Dennoch sollten Arbeitnehmer im Einspruch auf solche Entscheidungen hinweisen (wie auch auf bei Landesfinanzgerichten anhängige Verfahren).

Änderungsanträge

Neben dem Einspruch gibt es weitere Instrumente, um sich gegen einen Steuerbescheid zu wehren. Ein „Antrag auf schlichte Änderung", der sich ausschließlich gegen einen oder mehrere bestimmte Punkte des Steuerbescheids richtet, muss auch innerhalb der Frist von einem Monat gestellt werden. Das Finanzamt darf nur in den genannten Punkten Änderungen vornehmen. Eine „Verböserung" ist weitgehend ausgeschlossen. Allerdings gibt es keine Aussetzung der Vollziehung, und nach einem Monat lässt sich auch nichts anderes mehr zum eigenen Vorteil ändern.

Ein „Änderungsantrag wegen offenbarer Unrichtigkeiten" dient dazu, Schreib-, Rechen- und Übertragungsfehler, Zahlendreher und ähnliche Fehler zu tilgen, die dem Amt unterlaufen sind. Dieser Antrag kann auch nach der Einspruchsfrist von einem Monat berücksichtigt werden und zwar solange, bis die Verjährungsfrist endet. Die Verjährungsfrist, auch „Festsetzungsfrist" genannt, beträgt vier Jahre. Sie beginnt in der Regel zum Ende des Jahres, das der Abgabe der Steuererklärung folgt. Wurde zum Beispiel 2011 die Steuererklärung des Jahres 2010 abgegeben, endet die Verjährungsfrist im Normalfall am 31. Dezember 2015 um Mitternacht.

Danach geht in Sachen Änderung nichts mehr. Ein „Änderungsantrag wegen nachträglich bekanntgewordener Tatsachen" kann ebenfalls bis zum Ende der Festsetzungsfrist gestellt werden.

Finanzgericht

Hat das Finanzamt Einsprüche und Änderungsanträge abgelehnt, bleibt nur noch der Gang zum Finanzgericht. Spätestens jetzt ist aber Schluss mit gratis. Die Klage, die übrigens spätestens einen Monat nach amtlicher Ablehnung des Einspruchs beim zuständigen Finanzgericht eingehen muss, löst zunächst 220 Euro Voraus-

INFO **Vorläufig noch offen**

In einigen Punkten bleiben Steuerbescheide vorläufig offen. Ein Einspruch ist nicht erforderlich. Die jeweils aktuelle Liste finden Sie unter www.bundefinanzministerium.de. Auf der Startseite oben „BMF-Schreiben" anklicken und in das Suchfeld „Vorläufige Steuerfestsetzung" eingeben. Die Vorläufigkeitsliste umfasste zu Redaktionsschluss folgende elf Streitpunkte[*]:

- Die beschränkte Abziehbarkeit von Kinderbetreuungskosten.
- Die Nichtabziehbarkeit von Steuerberatungskosten als Sonderausgaben seit 2006.
- Die beschränkte Abziehbarkeit von Beiträgen zur Renten- und Krankenversicherung sowie anderer Vorsorgeaufwendungen 2005 bis 2009.
- Die Nichtabziehbarkeit von Beiträgen zu Rentenversicherungen als Werbungskosten ab 2005.
- Die Besteuerung gesetzlicher Renten und gleichgestellter Versorgungsbezüge ab 2005.
- Die Höhe des Kinder- und Betreuungsfreibetrags (derzeit zusammen 7 008 Euro pro Kind).
- Die Höhe des Grundfreibetrags (derzeit 8 004 Euro).
- Die Höhe des Bedarfsfreibetrags (derzeit 924 Euro).

[*] BMF-Schreiben vom 16. Mai 2011, Az. IV A 3 – S 0338/07/10010.

zahlung auf die Gerichtskosten aus. Das ist aber nicht das einzige Kostenrisiko. Grundsätzlich kann jeder ohne Anwalt oder Steuerberater vor ein Finanzgericht ziehen. Es ist aber meist nicht ratsam, und so sollte auch das Honorar für die Helfer bedacht werden.

Natürlich geht es nicht nur um die Kosten, die Sache selbst sollte aussichts- und ertragreich sein. Das kann ein Steuerberater bezie-

INFO Gibt es für Sie „Mitfahrgelegenheiten"?

Die volle Übersicht anhängiger Verfahren bietet der Bundesfinanzhof unter www.bundesfinanzhof.de. In der linken Spalte klicken Sie „Anhängige Verfahren" an, danach „Anhängige Revisionsverfahren online", bei „mehr" öffnet sich eine Eingabemaske. Hier können Sie unter „Text" ein passendes Stichwort, zum Beispiel „Kinderbetreuung" eingeben.
Ein Klick auf „suchen" öffnet die gewünschte Liste. Hier finden Sie auch die bereits beim Europäischen Gerichtshof und beim Bundesverfassungsgericht anhängigen Verfahren zum jeweiligen Sachgebiet.

- **Arbeitsweg** Welche Strecke ist für den Arbeitsweg anzusetzen: Die kürzeste Strecke oder eine längere, aber schnellere Straßenverbindung? (Az. VI R 46/10)
- **Arbeitszimmer I** Gibt es den vollen Kostenabzug, wenn das Arbeitszimmer außerhalb des Wohnbereichs im Obergeschoss eines selbstgenutzten Zweifamilienhauses liegt? (Az. VIII R 7/10)
- **Arbeitszimmer II** Ist die Aufteilung der Kosten eines häuslichen Arbeitszimmers, das beruflich und privat genutzt wird, möglich? (Az. X R 32/11)
- **Erstattungszinsen** Sind Erstattungszinsen, die das Finanzamt auf Steuerrückzahlungen zahlt, steuerpflichtig? (Az. VIII R 36/10, VIII R 1/11)

hungsweise Lohnsteuerhilfeverein in der Regel besser beurteilen als ein steuerlicher Laie.

Generell stehen die Chancen vor Finanzgerichten aber nicht schlecht: 2008 waren die Kläger in fast 40 Prozent der Fälle erfolgreich. Der Bundesfinanzhof vermeldet immerhin knapp 20 Prozent Bürgersiege.

- **Kindergeld** Gilt ein Kind, das „Hartz IV" bezieht, bereits damit als arbeitssuchend gemeldet? (Az. III R 10/10)
- **Lebenspartnerschaft** Steht der günstige Steuertarif für Ehepaare auch eingetragenen Lebenspartnern zu? (Az. 2 BvR 1981/06 und III R 36/10)
- **Betreuungsfreibetrag** Ist es verfassungsgemäß, dass der Elternteil, bei dem das Kind gemeldet ist, ohne Zustimmung des anderen den vollen **Betreuungsfrei**betrag erhält? (Az. III R 42/07)
- **Versorgungsfreibetrag** Ist die Abschmelzung des Versorgungsfreibetrags für Beamte durch das Alterseinkünftegesetz verfassungsgemäß? (Az. VI R 83/10)
- **Altersgrenze bei Kindern** Ist die Absenkung der Altersgrenze auf 25 Jahre für die Berücksichtigung von erwachsenen Kindern verfassungsgemäß? (Az. 2 BvR 2875/10)
- **Entlastungsbetrag für Alleinerziehende** Besteht eine Haushaltsgemeinschaft mit einem volljährigem Sohn, der weder einen tatsächlichen noch einen finanziellen Beitrag zur Haushalts- und Lebensführung geleistet hat? (Az. III R 26/10)
- **Auswärtstätigkeit** Ist bei Auswärtstätigkeit die bisherige Höhe von pauschal 30 Cent pro per Pkw gefahrenen Kilometer verfassungsgemäß? (Az. 2 BvR 1008/11)

Blick nach vorn

Das Steuervereinfachungsgesetz 2011 bringt über 40 kleinere und größere Veränderungen. Die meisten treten 2012 in Kraft, einige rückwirkend ab 2011. Bundestag und Bundesrat stimmten dem Gesetz nach langen Auseinandersetzungen am 23. September 2011 zu. Die Zustimmung des Bundesrates wurde erst erreicht, nachdem die Bundesregierung auf die Möglichkeit der Abgabe der Steuererklärung alle zwei Jahre verzichtet hatte. Die für Arbeitnehmer wichtigsten Änderungen finden Sie hier.

Arbeitnehmerpauschbetrag

Von 920 auf 1 000 Euro steigt der Arbeitnehmerpauschbetrag 2011. Aus technischen Gründen erfolgt die Entlastung um 80 Euro erst mit der Lohnabrechnung im Dezember 2011. Ab 2012 berücksichtigt der Arbeitgeber beim laufenden Lohnsteuerabzug monatlich 6,67 Euro mehr Werbungskosten als bisher. Unter dem Strich zahlen Arbeitnehmer dadurch etwa ein bis drei Euro weniger Steuern im Monat. Arbeitnehmer, die Werbungskosten oberhalb der neuen Pauschale geltend machen, haben von dieser Entlastung gar nichts.

Eine Steuervereinfachung ist das für niemanden, denn Arbeitnehmer müssen weiterhin alle Belege sammeln. Sie können ja nicht wissen, ob die neue 1 000er Pauschale am Jahresende für sie ausreicht oder ob sie höhere Werbungskosten nachweisen müssen. In politischen Wahlprogrammen macht sich die vierstellige Zahl natürlich besser.

Die Einigung auf das Steuervereinfachungsgesetz erfolgte erst kurz vor Redaktionsschluss dieses Ratgebers. Er berücksichtigt den neuen Arbeitnehmerpauschbetrag von 1 000 Euro in allen Berechnungen, die die jährliche Einkommensteuer betreffen. Für den laufenden Lohnsteuerabzug wurde mit den bis einschließlich November 2011 geltenden 920 Euro gerechnet.

Einkommen erwachsener Kinder

Für Kinder über 18 gibt es weiter Kindergeld, wenn sie bestimmte Voraussetzungen erfüllen, beispielsweise wenn sie noch in Ausbildung sind (siehe Seite 132). Eine weitere Voraussetzung ist bisher, dass die Kinder selbst nicht zu viel verdienen dürfen. Die Einkommensgrenze wird ab 2012 gestrichen. Das bedeutet für viele Eltern erwachsener Kinder, dass ihnen die Kinderförderung wieder zusteht. Für Kinder in einer Erstausbildung besteht keine Einschränkung mehr. Nach einer Erstausbildung werden Kinder weiter gefördert, wenn sie nicht länger als 20 Wochenstunden erwerbstätig sind. Für die meisten Eltern entfällt damit die nervige Nachweisführung über das Einkommen der Sprösslinge gegenüber der Familienkasse und auf der Anlage Kind.

Kinderbetreuungskosten

Kinderbetreuungskosten bis maximal 4 000 Euro müssen Eltern bisher in unterschiedlicher Weise geltend machen. Erwerbstätige Eltern setzen sie wie Werbungskosten oder Betriebsausgaben auf die Steuererklärung. Alle anderen Eltern machen Sonderausgaben geltend und müssen dabei bisher verschiedene Einschränkungen hinnehmen (siehe Seite 143). Ab 2012 können alle Eltern Kinderbetreuungskosten ohne die bisherigen Einschränkungen als Sonderausgaben absetzen.

Entfernungspauschale

Für die Fahrt zwischen Wohnung und Betrieb können Arbeitnehmer pauschal 0,30 Euro pro Entfernungskilometer als Werbungskosten absetzen oder die tatsächlichen Kosten mit öffentlichen Verkehrsmitteln (siehe Seite 93). Das Finanzamt gewährt bisher die für den Arbeitnehmer günstigere Variante auf Grundlage einer arbeitstäglichen Abrechnung. Es berücksichtigte dabei auch „Mischvarianten" genau, wenn etwa ein Arbeitnehmer mal mit dem Auto fährt, mal mit öffentlichen Verkehrsmitteln, oder wenn er einen Teil der Strecke mit dem Auto und einen anderen Teil mit dem Zug zurücklegte. Ab 2012 gilt nur noch der Jahresvergleich, die taggenaue Abrechnung und Verteilung auf unterschiedliche Verkehrsmittel entfällt. Das vereinfacht die Abrechnung. Es kann aber zu weniger absetzbaren Kosten führen.

Zins & Co.

Zinsen und andere Kapitaleinkünfte unterliegen in der Regel der Abgeltungsteuer und sind damit im Prinzip steuerlich „erledigt" (siehe Seite 55). Ausnahmen bestätigen auch diese Regel, denn bei der Berechnung der zumutbaren Belastung, bei der Berechnung des Spendenvolumens oder beim Ausbildungsfreibetrag spielen Kapitaleinkünfte weiter eine Rolle. Das wird sich ab 2012 ändern. Kapitaleinkünfte bleiben dann bei der Berechnung dieser Größen unberücksichtigt. Das wirkt sich unterschiedlich aus. Bei der zumutbaren Belastung ist es zum Beispiel günstig, denn die Berechnungsgrundlage sinkt, wenn Zins & Co. dann nicht mehr dazugehören. Damit kann auch die Höhe der zumutbaren Belastung sinken. Bei Spenden ist es umgekehrt, denn das abzugsfähige Spendenvolumen geht zurück, wenn Kapitaleinkünfte nicht mehr berücksichtigt werden. Für die Höhe der Einkünfte und Bezüge erwachsener Kinder ist diese Änderung folgenlos, denn die wird ab 2012 grundsätzlich keine Rolle mehr für den Kindergeldanspruch spielen (siehe Seite 227).

Vermietung an Angehörige

Wer verbilligt an Angehörige vermietet, muss bisher vor allem zwei Grenzen beachten. Zahlt der Angehörige weniger als 56 Prozent der ortsüblichen Miete, darf der Vermieter seine Werbungskosten nur in entsprechender Höhe geltend machen. Die halbe Miete bedeutet also, dass nur 50 Prozent der Werbungskosten absetzbar sind. Zwischen 56 und 75 Prozent der ortsüblichen Miete wird eine

langfristige Überschussprognose fällig. Wenn die positiv ausfällt, darf der Vermieter alle Werbungskosten absetzen, bei negativem Ausgang nur entsprechend anteilig. Beträgt die gezahlte Miete mindesten 75 Prozent der ortsüblichen Miete, sind alle Werbungskosten absetzbar (siehe auch Seite 177). Diese unübersichtliche Konstruktion wird ab 2012 vereinfacht. Die Überschussprognose entfällt ganz. Bei mindestens zwei Drittel der ortsüblichen Miete (66 Prozent), sind alle Werbungskosten absetzbar. Weniger Miete bringt prozentual entsprechend weniger abzugsfähige Kosten.

Lohnsteuerklassen

Ab 2012 gibt es keine Lohnsteuerkarte mehr, die Steuerklassen bleiben uns aber erhalten. Arbeitnehmer teilen dem Arbeitgeber nur noch Steueridentifikationsnummer und Geburtsdatum mit. Der Arbeitgeber kann damit alle notwendigen Daten wie Steuerklasse, Freibeträge, Kirchensteuer, Kinderfreibeträge bei der Finanzverwaltung abfragen. Diese Änderung hat mit dem Steuervereinfachungsgesetz 2011 nichts zu tun, wirkt sich aber ab 2012 aus.

Tabellen und Formulare

In diesem Abschnitt finden Sie 14 hilfreiche Tabellen und acht ausgefüllte Musterformulare (siehe ab Seite 247):

Lohnsteuerklassen

Die insgesamt sechs Lohnsteuerklassen unterscheiden sich vor allem dadurch, welche Pauschalen und Freibeträge sie beim laufenden Lohnsteuerabzug berücksichtigen. So haben etwa alleinerziehende Arbeitnehmer Anspruch auf einen Entlastungsbetrag von 1 308 Euro (siehe Seite 139). Der ist in die Lohnsteuerklasse II eingearbeitet und Alleinerziehende zahlen dadurch im Jahresverlauf etwas weniger Lohnsteuer als Singles ohne Kinder mit Lohnsteuerklasse I. Der Arbeitgeber zieht außerdem in jeder Lohnsteuerklasse individuell unterschiedliche Beiträge zur Kranken-, Pflege- und Rentenversicherung ab (siehe Seite 75). Klasse VI gilt für ein zweites und jedes weitere Arbeitsverhältnis und berücksichtigt nur eine Vorsorgepauschale.

Freibeträge, Pauschalen*	Euro in Lohnsteuerklassen				
	I	II	III	IV	V
Grundfreibetrag	8 004	8 004	16 008	8 004	0
Arbeitnehmerpauschbetrag**	920	920	920	920	920
Sonderausgabenpauschbetrag	36	36	36	36	36
Entlastungsbetrag für Alleinerziehende	0	1 308	0	0	0
Vorsorgepauschale 2011	44 Prozent des Arbeitnehmeranteils zur gesetzlichen Rentenversicherung, plus Beiträge zur Kranken- und Pflegeversicherung in den Steuerklassen I bis VI.				

* Kinderfreibeträge spielen bei der Berechnung der laufenden Lohnsteuer keine Rolle, sie wirken sich nur auf die Berechnung von Solidaritätszuschlag und Kirchensteuer aus.
** Bis November 2011 sind 920 Euro die Berechnungsbasis, ab Dezember 1 000 Euro.

Nettolohnvergleich

Die Höhe des monatlichen Nettolohnes richtet sich bei Arbeitnehmern auch nach der Lohnsteuerklasse.

Bruttolohn im Monat in Euro	Nettolohn in Euro*					
	Lohnsteuerklassen**					
	I	II	III	IV	V	VI
1 000	778	791	791	778	680	653
1 500	1 078	1 109	1 187	1 078	889	858
2 000	1 350	1 384	1 543	1 350	1 115	1 084
2 500	1 617	1 655	1 847	1 617	1 336	1 301
3 000	1 874	1 915	2 122	1 874	1 540	1 505
3 500	2 120	2 164	2 402	2 120	1 744	1 709
4 000	2 372	2 420	2 696	2 372	1 964	1 929
4 500	2 624	2 675	2 999	2 624	2 195	2 159
5 000	2 863	2 917	3 295	2 863	2 426	2 390
5 500	3 094	3 149	3 584	3 094	2 657	2 621
6 000	3 372	3 427	3 916	3 372	2 935	2 900
6 500	3 651	3 706	4 241	3 651	3 213	3 178
7 000	3 929	3 984	4 559	3 929	3 492	3 457
7 500	4 208	4 263	4 870	4 208	3 770	3 735
8 000	4 486	4 541	5 173	4 486	4 049	4 014

* Berechnung für 2011 ohne Kirchensteuer und ohne Kinderfreibeträge. Berücksichtigt wurden die Beitragsbemessungsgrenzen für die alten Bundesländer und der erhöhte Pflegeversicherungssatz für Kinderlose; Arbeitnehmerpauschbetrag 920 Euro bis einschließlich November 2011.
** Der Nettolohn in der „Unterklasse" IV + Faktor ist von einem Faktor abhängig, den das Finanzamt individuell auf der Grundlage der Löhne beider Ehepartner ermittelt. Der Nettolohn ist deshalb nicht einheitlich darstellbar wie in den anderen Steuerklassen. Mit Hilfe von www.abgabenrechner.de lässt er sich berechnen (siehe Seite 208).

Behindertenpauschbetrag

Mit einem Behinderungsgrad von mindestens 50 besteht Anspruch auf den Behindertenpauschbetrag. Es gibt ihn ausnahmsweise auch für einen Behinderungsgrad ab 25 bis 45, wenn die Behinderung durch eine Berufskrankheit ausgelöst wurde, bei dauernder Einbuße der körperlichen Beweglichkeit oder wenn wegen Behinderung ein gesetzlicher Anspruch auf Rente besteht. Blinde und hilflose Menschen, die ständig fremde Hilfe brauchen, erhalten unabhängig vom Grad der Behinderung einen Pauschbetrag von 3 700 Euro (siehe Seite 53).

Grad der Behinderung	Jährlicher Pauschbetrag in Euro
von 25 und 30	310
von 35 und 40	430
von 45 und 50	570
von 55 und 60	720
von 65 und 70	890
von 75 und 80	1 060
von 85 und 90	1 230
von 95 und 100	1 420

Zumutbare Belastung

Bevor das Finanzamt Krankheitskosten berücksichtigt, verlangt es eine Eigenbeteiligung des Arbeitnehmers. Die nennt sich „zumutbare Belastung". Nur Ausgaben, die darüber hinausgehen, senken die Steuerlast (siehe Seite 58). Ob und in welcher Höhe der eigene Geldbeutel geschont werden kann, richtet sich nach den Einkünften, Familienstand und Familiengröße. Berechnungsgrundlage ist der „Gesamtbetrag der Einkünfte" (Begriff siehe Seite 12).

Beispiel: Hat eine Familie mit zwei Kindern 40 000 Euro Einkünfte (Spalte ganz links, 2. Zeile), muss sie 3 Prozent ihrer Einkünfte als zumutbare Belastung selbst tragen, bevor das Finanzamt hilft (2. Zeile, 4. Spalte von links). Das sind 1 200 Euro (3 Prozent von 40 000). Das Finanzamt beteiligt sich in diesem Fall erst ab 1 201 Euro Krankheitskosten.

Einkünfte in Euro	ohne Kinder		mit Kindern*	
	Alleinstehende	Ehepaare	1 bis 2	3 und mehr
bis 15 340	5 %	4 %	2 %	1 %
15 341 bis 51 130	6 %	5 %	3 %	1 %
mehr als 51 130	7 %	6 %	4 %	2 %

* Gilt für Alleinstehende und Ehepaare. Hier zählen nur Kinder, für die den Eltern Kindergeld oder der Kinderfreibetrag zusteht (siehe Seite 129).

Altersvorsorgeaufwand

Zum Altersvorsorgeaufwand gehören Beiträge zur gesetzlichen Rentenversicherung, zu Versorgungswerken und zu Rürup-Renten (siehe Seite 75). Sie können mit einem festgelegten Prozentsatz als Sonderausgaben abgezogen werden. Der steigt um zwei Prozent pro Jahr.

Jahr	abzugsfähiger Altersvorsorgeaufwand		
	in Prozent	bis Euro	
		alleinstehend	verheiratet
2010	70	14 000	28 000
2011	72	14 400	28 800
2012	74	14 800	29 600

Beispiel: Ein lediger Arbeitnehmer, der 2011 beispielsweise 50 000 Euro brutto verdient hat, zahlt 4 975 Euro in seine gesetzliche Rentenversicherung und 2 400 Euro in eine Rürup-Versicherung ein. Er kann davon 3 917 Euro als Sonderausgaben abziehen.

Arbeitnehmeranteil zur RV (9,95 Prozent von 50 000)	**4 975**
plus Arbeitgeberanteil zur RV (9,95 Prozent von 50 000)	+ 4 975
plus Rürup-Beiträge des Arbeitnehmers	+ 2 400
Summe	**12 350**
abzugsfähiger Betrag 2011 (72 Prozent von 12 350)	8 892
minus Arbeitgeberanteil zur RV	− 4 975
als Sonderausgaben des Arbeitnehmers abzugsfähig (8 892 minus 4 975) (alle Angaben in Euro)	3 917

Zusätzliche Werbungskosten

Werbungskosten oberhalb des Arbeitnehmerpauschbetrags bringen zusätzliche Steuerersparnis.

Beispiel: Für seine Fahrten zwischen Wohnung und Betrieb errechnet ein alleinstehender kinderloser Arbeitnehmer eine Entfernungspauschale von 1 800 Euro (siehe Seite 93). Die Fahrten zur Arbeit
bringen nach Abzug des Arbeitnehmerpauschbetrags 800 Euro
zusätzliche Werbungskosten (1 800 minus 1 000). Damit kann ein
Alleinstehender mit einem zu versteuernden Einkommen von
20 000 Euro (linke Spalte) 215 Euro Einkommensteuern sparen
(6. Spalte von links).

zu versteu-erndes Einkommen in Euro	zusätzliche Werbungskosten in Euro							
	300	500	600	700	800	1 000	1 500	2 000
	Einkommensteuerersparnis in Euro							
10 000	52	86	102	119	135	167	244	315
12 000	63	105	125	145	165	204	299	390
14 000	72	120	144	168	192	238	352	460
16 000	75	125	150	175	200	249	372	494
18 000	78	130	156	182	207	259	386	512
20 000	81	135	161	188	**215**	268	400	530
30 000	94	157	188	220	251	313	468	621
40 000	108	180	216	252	287	359	536	713
50 000	122	203	244	284	324	405	606	805
60 000	126	210	252	294	336	420	630	840
70 000	126	210	252	294	336	420	630	840
80 000	126	210	252	294	336	420	630	840
90 000	126	210	252	294	336	420	630	840
100 000	126	210	252	294	336	420	630	840

Reinigungskosten für Berufskleidung

Wenn Arbeitnehmer Berufskleidung in der häuslichen Waschmaschine waschen, können sie für den Werbungskostenabzug
Richtwerte der Verbraucherzentrale verwenden (Stand 12/2002,
aber weiterhin anwendbar). Die unterscheiden sich je nach
Wäscheart und Haushaltsgröße.

Beispiel: Ein Kilo Buntwäsche (linke Spalte) im Einpersonenhaushalt
schlägt mit 76 Cent zu Buche (2. Spalte von links). Mit Kondens-
trocknung (55 Cent) und Bügeln (7 Cent) kommen 1,38 Euro zusammen (76 plus 55 plus 7).

Wäsche-/Pflegeart	Haushaltsgröße nach Personen			
	1	2	3	4 und mehr
	in Euro pro Kilogramm Wäsche			
Kochwäsche 95 Grad	0,77	0,50	0,43	0,37
Buntwäsche 60 Grad	0,76	0,48	0,41	0,35
Fein- und Pflegeleichtwäsche	0,88	0,60	0,53	0,47
Trocknung (Kondenstrockner)	0,55	0,34	0,29	0,24
Trocknung (Ablufttrockner)	0,41	0,26	0,23	0,19
Bügeln	0,07	0,05	0,05	0,05

Midijobs

Wer zwischen 400 und 800 Euro im Monat verdient, hat einen sogenannten Midijob. Hier gelten spezielle Regeln für den Abzug von Lohnsteuer und Versicherungsbeiträgen (siehe ab Seite 200). Der Arbeitgeber zahlt seinen Sozialversicherungsbeitrag in vollem Umfang. Die Abgabenbelastung des Arbeitnehmers schlägt nicht sofort voll zu, sondern steigt in Stufen.

Beispiel: Wenn ein Arbeitnehmer mit Lohnsteuerklasse I monatlich 600 Euro verdient (1. Spalte von links), zahlt er selbst insgesamt 104 Euro an Beiträgen zur Renten-, Kranken-, Pflege- und Arbeitslosenversicherung (2. Spalte von links). Von Steuer und Solidaritätszuschlag bleibt er verschont (3. Spalte). Als Nettolohn kommen 496 Euro bei ihm an (5. Spalte).

Bruttolohn im Monat in Euro	Sozialversiche-rungs-Beitrag des Arbeitneh-mers in Euro	Lohnsteuer und Solizuschlag in Euro		Nettolohn in Euro	
		Lohnsteuerklasse		Lohnsteuerklasse	
		I, II, III, IV	V	I, II, III, IV	V
400,01	42	0	36	358	323
430	51	0	39	379	340
450	58	0	42	393	351
480	67	0	45	413	368
500	73	0	47	427	380
550	89	0	53	461	408
600	104	0	59	496	437
650	120	0	65	530	465
700	136	0	71	564	494
750	151	0	77	599	522
800	167	0	83	633	550

Besteuerung gesetzlicher Renten

Die gesetzliche Rente ist für viele Arbeitnehmer das wichtigste Alterseinkommen. Allerdings müssen sie einen Teil davon versteuern, und der steigt schrittweise mit jedem neuen Rentner-Jahrgang. Arbeitnehmer, die 2012 in Rente gehen (linke Spalte), müssen 64 Prozent ihrer Rente mit dem Finanzamt teilen (2. Spalte von links). Wer 2040 in Rente geht, muss 100 Prozent versteuern. Der einmal ermittelte steuerfreie Eurobetrag der Rente bleibt als Freibetrag lebenslang erhalten (siehe Seite 171).

Jahr des Rentenbeginns	Steuerpflichtiger Anteil in Prozent	Jahr des Rentenbeginns	Steuerpflichtiger Anteil in Prozent
2005	50	2023	83
2006	52	2024	84
2007	54	2025	85
2008	56	2026	86
2009	58	2027	87
2010	60	2028	88
2011	62	2029	89
2012	64	2030	90
2013	66	2031	91
2014	68	2032	92
2015	70	2033	93
2016	72	2034	94
2017	74	2035	95
2018	76	2036	96
2019	78	2037	97
2020	80	2038	98
2021	81	2039	99
2022	82	2040	100

Besteuerung privater Renten

Privatrenten sind teilweise steuerpflichtig. Der steuerpflichtige Teil, Ertragsanteil genannt, richtet sich nach dem Lebensjahr bei Rentenbeginn. Wer mit 60 Jahren (linke Spalte) erstmals Leistungen aus einer privaten Rentenversicherung erhält, muss 22 Prozent versteuern (2. Spalte von links), bei Rentenbeginn mit 65 sind es 18 (siehe Seite 174). Das ist ein Tabellenauszug. Er betrifft weder die voll steuerpflichtigen Riester-Renten, noch die Rürup-Rente, die wie eine gesetzliche Rente besteuert wird.

Lebensalter bei Rentenbeginn	Steuerpflichtiger Rentenanteil in Prozent	Lebensalter bei Rentenbeginn	Steuerpflichtiger Rentenanteil in Prozent
51	29	66	18
52	29	67	17
53	28	68	16
54	27	69	15
55	26	70	15
56	26	71	14
57	25	72	13
58	24	73	13
59	23	74	12
60	22	75	11
61	22	76	10
62	21	77	10
63	20	78	9
64	19	79	9
65	18	80	8

Altersentlastungsbetrag

Der Altersentlastungsbetrag steht allen zu, die mindestens 65 Jahre alt sind. Wer diesen Freibetrag für das Jahr 2011 nutzen will, muss vor dem 2. Januar 1947 geboren sein. Allerdings schmilzt der Altersentlastungsbetrag von Jahr zu Jahr für jeden, der 65 wird.

Beispiel: Wer 2011 (Spalte links außen) seinen 65. Geburtstag feiert, erhält 30,4 Prozent (2. Spalte von links), maximal 1 444 Euro (3. Spalte von links). Die einmal mit dem 65. Geburtstag „erworbene" Höhe des Altersentlastungsbetrags bleibt lebenslang erhalten.

Achtung: Den Altersentlastungsbetrag gibt es nicht für Einkünfte aus Renten und Pensionen, sondern für alle anderen Einkünfte, etwa Kapital-, Miet-, Lohneinkünfte oder gewerbliche Einkünfte (siehe Seite 176).

Jahr	Prozent	bis Euro	Jahr	Prozent	bis Euro
2005	40,0	1 900	2020	16,0	760
2006	38,4	1 824	2021	15,2	722
2007	36,8	1 748	2022	14,4	684
2008	35,2	1 672	2023	13,6	646
2009	33,6	1 596	2024	12,8	608
2010	32,0	1 520	2025	12,0	570
2011	30,4	1 444	2026	11,2	532
2012	28,8	1 368	2027	10,4	494
2013	27,2	1 292	2028	9,6	456
2014	25,6	1 216	2029	8,8	418
2015	24,0	1 140	2030	8,0	380
2016	22,4	1 064	2031	7,2	342
2017	20,8	988	2032	6,4	304
2018	19,2	912	2033	5,6	266
2019	17,6	836	2040	0	0

Versorgungsfreibetrag mit Zuschlag

Beamten- und Werkspensionäre können von ihren Pensionen neben der Werbungskostenpauschale von 102 Euro einen Versorgungs- freibetrag und einen Zuschlag abziehen. Wie hoch Freibetrag und Zuschlag ausfallen, richtet sich danach, wann die Versorgungs- bezüge zum ersten Mal ausgezahlt wurden.

Beispiel: Wer 2011 (Spalte links außen) erstmals eine Beamten- oder Betriebspension bezogen hat, erhält einen Versorgungsfrei- betrag von 30,4 Prozent (2. Spalte von links), höchstens 2 280 Euro (3. Spalte) und einen Zuschlag von 684 Euro (4. Spalte). Beide Abzugsbeträge bleiben unverändert, solange der Pensionär seine Pension erhält. Neupensionäre späterer Jahre müssen höhere Abschläge hinnehmen, weil die Freibeträge Jahr für Jahr sinken, bis sie bis 2040 ganz verschwinden.

Jahr	Versorgungsfreibetrag		Zuschlag zum Versor- gungsfreibetrag in Euro
	in Prozent	bis Euro	
2005	40,0	3 000	900
2006	38,4	2 880	864
2007	36,8	2 760	828
2008	35,2	2 640	792
2009	33,6	2 520	756
2010	32,0	2 400	720
2011	30,4	2 280	684
2012	28,8	2 160	648
2013	27,2	2 040	612
2014	25,6	1 920	576
2015	24,0	1 800	540
2016	22,4	1 680	504
2017	20,8	1 560	468

Jahr	Versorgungsfreibetrag		Zuschlag zum Versor-
	in Prozent	bis Euro	gungsfreibetrag in Euro
2018	19,2	1 440	432
2019	17,6	1 320	396
2020	16,0	1 200	360
2021	15,2	1 140	342
2022	14,4	1 080	324
2023	13,6	1 020	306
2024	12,8	960	288
2025	12,0	900	270
2026	11,2	840	252
2027	10,4	780	234
2028	9,6	720	216
2029	8,8	660	198
2030	8,0	600	180
2031	7,2	540	162
2032	6,4	480	144
2033	5,6	420	126
2034	4,8	360	108
2035	4,0	300	90
2036	3,2	240	72
2037	2,4	180	54
2038	1,6	120	36
2039	0,8	60	18
2040	0	0	0

Der Weg zum Einkommen

Arbeitnehmer können mit Hilfe dieser etwas vereinfachten Berechnung die Schritte zum zu versteuernden Einkommen und den Inhalt ihres Steuerbescheids besser nachvollziehen.

In Zeile 1 bis 8 werden die Einkünfte ermittelt. Das ist beim Lohn überschaubar (siehe Seite 10). In Zeile 4 gehören alle weiteren steuerpflichtigen Einkünfte zusammengenommen, zum Beispiel aus einer selbstständigen Nebentätigkeit, Vermietung oder einer Rente. Tragen Sie hier bitte nur Werte ein, von denen Sie bereits Werbungskosten, Betriebsausgaben, Pauschalen und Freibeträge abgezogen haben. Zinsen und andere Kapitalerträge tauchen hier nur noch auf, wenn sie nicht der Abgeltungsteuer unterlegen haben, beziehungsweise wenn sie nicht der Abgeltungsteuer unterliegen sollen.

In einem zweiten Schritt (Zeile 9 bis 12) werden Aufwendungen und Kosten abgezogen, die Sie in Form von Sonderausgaben und außergewöhnlichen Belastungen hatten. So ermitteln Sie das Einkommen (Zeile 13). Davon ziehen Eltern die Kinderfreibeträge ab, wenn die für sie günstiger sind als das Kindergeld (siehe Seite 129). Für alle andern entspricht das Einkommen auch ohne diesen Schritt dem zu versteuernden Einkommen (Zeile 15). Wie viel Einkommensteuer darauf fällig wird, finden Sie unter www.test.de/Steuerratgeber-Extra, Stichwort „Einkommensteuertabelle" oder www.abgabenrechner.de, dann „Berechnung der Einkommensteuer" anklicken.

Die so ermittelte Einkommensteuer ist aber häufig noch nicht das Ende der Rechnerei. Das Finanzamt zieht davon gegebenenfalls Steuerermäßigungen ab, die sich aus Parteispenden oder aus Dienstleistungen rund um den Haushalt ergeben (siehe Mantelbogen Seite 51 und 63), ebenso bereits gezahlte Steuer, vor allem die laut Lohnsteuerbescheinigung vom Arbeitgeber abgeführte Lohnsteuer. Hinzugezählt werden eventuell erhaltenes Kindergeld und erhaltene Riester-Zulagen, wenn Kinderfreibeträge beziehungsweise der Sonderausgabenabzug für die Riesterrente mehr

Steuerentlastung brachten (siehe Seite 138 und 148). Auch der
Solidaritätszuschlag (5,5 Prozent der Einkommensteuer und gegebenenfalls 8 oder 9 Prozent Kirchensteuer kommen hinzu. Arbeitnehmerehepaare, die eine gemeinsame Steuererklärung abgeben,
rechnen bis Zeile 8 jeder für sich und danach gemeinsam weiter.

Zeile	Ermittlung der Einkünfte	Euro
1	Jahresbruttolohn laut Lohnsteuerbescheinigung	
2	minus Werbungskosten (tatsächliche oder 1 000 Euro)	–
3	minus Kinderbetreuungskosten (siehe Seite 143)	–
4	plus alle weiteren steuerpflichtigen Einkünfte (etwa aus ge-werblicher und freiberuflicher Tätigkeit, Renten, Pensionen, Vermietung, Land- und Forstwirtschaft, siehe Seite 10)	+
5	Summe der Einkünfte	=
6	minus Altersentlastungsbetrag (bis 40 % der begünstigten Einkünfte, bis 1 900 Euro, siehe Seite 241)	–
7	minus Entlastungsbetrag für Alleinerziehende (bis 1 308 Euro, siehe Seite 139)	–
8	**Gesamtbetrag der Einkünfte**	=
9	minus Verlustabzug (siehe Seite 72)	–
10	minus Versicherungsbeiträge (siehe Seite 75)	–
11	minus weitere Sonderausgaben (siehe Seite 44) mindestens 36 Euro pro Person	–
12	minus außergewöhnliche Belastungen (siehe ab Seite 53)	
13	**Einkommen**	=
14	minus Kinderfreibeträge (sofern sie mehr Entlastung als Kindergeld bringen, siehe Seite 138)	–
15	**Zu versteuerndes Einkommen**	

Steuersätze

Der Durchschnittssteuersatz ist der Steuersatz, den der Fiskus im Schnitt vom ersten bis zum letzten Euro des zu versteuernden Einkommens nimmt. Der Grenzsteuersatz zeigt an, wie viel Steuer für den letzten Euro des zu versteuernden Einkommens fällig wird.

Beispiel: Ein alleinstehender kinderloser Arbeitnehmer mit einem zu versteuerndem Einkommen von 20 000 Euro zahlt 2 701 Euro Einkommensteuer. Das sind im Durchschnitt für jeden Euro 13,5 Cent Steuer, für den letzten Euro 27 Cent.

Zu versteuerndes Einkommen in Euro	Grenzsteuersatz	Durchschnittssteuersatz	Grenzsteuersatz	Durchschnittssteuersatz
	alleinstehend		verheiratet	
8 004	0,0 %	0,0 %	0,0 %	0,0 %
9 000	15,8 %	1,6 %	0,0 %	0,0 %
10 000	17,6 %	3,1 %	0,0 %	0,0 %
12 000	21,3 %	5,9 %	0,0 %	0,0 %
14 000	24,2 %	8,3 %	0,0 %	0,0 %
16 000	25,1 %	10,4 %	0,0 %	0,0 %
18 000	26,0 %	12,1 %	15,8 %	1,6 %
20 000	27,0 %	13,5 %	17,6 %	3,2 %
30 000	31,5 %	18,8 %	24,7 %	9,4 %
40 000	36,1 %	22,5 %	27,0 %	13,5 %
50 000	40,7 %	25,7 %	29,2 %	16,4 %
60 000	42,0 %	28,4 %	31,5 %	18,8 %
70 000	42,0 %	30,3 %	33,8 %	20,7 %
80 000	42,0 %	31,8 %	36,1 %	22,5 %
90 000	42,0 %	32,9 %	38,4 %	24,2 %

Musterformulare

Hier finden Sie die für Arbeitnehmer wichtigsten Formulare, die wir an Hand von zwei Beispielfällen ausgefüllt haben.

Als Musterfall einer „Vereinfachten Steuererklärung für Arbeitnehmer" dient die alleinstehende und kinderlose Angestellte Sonja Schneller (35). Sie hat neben ihrem Gehalt (2 800 Euro Monatsbrutto) keine steuerpflichtigen Einnahmen. Ihr reicht die vereinfachte Steuererklärung und eine Anlage Vorsorgeaufwand. Die ist hier nicht abgebildet, als Orientierung kann aber die Anlage Vorsorgeaufwand von Familie Fleissberg dienen (siehe Seite 254).

Bei der Musterfamilie Fleissberg handelt es sich um ein Ehepaar mit zwei Kindern. Die Eltern Franziska (47) und Felix Fleissberg (50) sind beide Arbeitnehmer und verdienen 2 500 Euro beziehungsweise 3 500 Euro brutto im Monat. Vater Felix kassierte 350 Euro Zinsen oberhalb des Sparerpauschbetrags und beantragt die Günstigerprüfung. Neben Lohn und Zinsen hat die Familie keine steuerpflichtigen Einnahmen.

Tochter Fiona ist 27 Jahre alt, studiert, und wohnt noch zu Hause. Die Eltern bekommen für Fiona kein Kindergeld mehr, weil sie älter als 25 ist. Sie unterstützen sie aber mit 400 Euro Unterhalt im Monat und zahlen ihre Beiträge zur studentischen Kranken- und Pflegeversicherung. Fiona arbeitet nebenbei für 200 Euro im Monat als Kellnerin.

Tochter Fanny (19) lernt Bürokauffrau. Sie bekommt eine Ausbildungsvergütung von 450 Euro im Monat. Für sie erhalten die Eltern Kindergeld.

Familie Fleissberg braucht neben dem Mantelbogen eine Anlage Vorsorgeaufwand, zwei Anlagen N für beide Eltern, eine Anlage Kind für Tochter Fanny, eine Anlage Unterhalt für die Unterstützung von Tochter Fiona, zwei Anlagen KAP und eine Anlage AV für die Riester-Förderung. Die Anlagen sind in dieser Reihenfolge hier abgebildet (mit Ausnahme der Anlagen N und KAP für Mutter Franziska).

1	☒ **Vereinfachte Einkommensteuer-erklärung für Arbeitnehmer**	**Antrag auf Festsetzung der Arbeitnehmer-Sparzulage**	Eingangsstempel

2	**Steuernummer**	*8 1 / 2 1 6 / 2 0 2 4 2*

3 **Identifikationsnummer (IdNr.)** — Steuerpflichtige Person (stpfl. Person), bei Ehegatten: **Ehemann**   **Ehefrau**

5 1 0 1 5 2 0 2 5 3 0

An das Finanzamt

4 *B E R L I N – N E U K Ö L L N*

Bei **Wohnsitzwechsel:** bisheriges Finanzamt

5

Allgemeine Angaben

6 Telefonische Rückfragen tagsüber unter Nr. *0 3 0 / 4 7 1 1 0 8 1 5*

Steuerpflichtige Person (stpfl. Person), nur bei zusammen veranlagten Ehegatten: **Ehemann**
Name

7 *S C H N E L L E R*   Geburtsdatum *0 1 0 4 1 9 7 6*

Vorname

8 *S O N J A*

Straße und Hausnummer (derzeitige Anschrift)

Religionsschlüssel:
Evangelisch = EV
Römisch-Katholisch = RK
nicht kirchensteuerpflichtig = VD

9 *K U R Z W E G 7 7*

Postleitzahl   Wohnort

10 *1 2 3 5 1   B E R L I N*   Religion *E V*

Ausgeübter Beruf

11 *A N G E S T E L L T E*

Verheiratet seit dem	Verwitwet seit dem	Geschieden seit dem	Dauernd getrennt lebend seit dem
12			

Nur bei zusammen veranlagten Ehegatten: **Ehefrau**
Name

13   Geburtsdatum

Vorname

14

Straße und Hausnummer (falls von Zeile 9 abweichend)

Religionsschlüssel:
Evangelisch = EV
Römisch-Katholisch = RK
nicht kirchensteuerpflichtig = VD

15

Postleitzahl   Wohnort (falls von Zeile 10 abweichend)

16   Religion

Ausgeübter Beruf

17

Bankverbindung (entweder Kontonummer / Bankleitzahl oder IBAN / BIC) – Bitte stets angeben –

Kontonummer   Bankleitzahl

18 *1 2 3 4 5 6 7 8 9 1*   *1 0 0 1 2 3 3 3*

IBAN

19

BIC

20

Geldinstitut (Zweigstelle) und Ort

21 *S P R I N T   B A N K   B E R L I N*

22 ☒ **Kontoinhaber** — **lt. Zeile 7 und 8**   lt. Zeile 13 und 14   oder: Name (im Fall der Abtretung bitte amtlichen Abtretungsvordruck beifügen)

Vorsorgeaufwendungen | Angaben zu Kindern

23 ☒ Für Angaben zu Vorsorgeaufwendungen ist die **Anlage Vorsorgeaufwand** beigefügt. | Für Angaben zu Altersvorsorgebeiträgen ist die **Anlage AV** beigefügt. | lt. **Anlage(n) Kind**   Anzahl

Einkünfte aus nichtselbständiger Arbeit

eTIN lt. Lohnsteuerbescheinigung **stpfl. Person / Ehemann**, sofern vorhanden | eTIN lt. Lohnsteuerbescheinigung **Ehefrau**, sofern vorhanden | **47** **48**

24 *Y N L L S N J A 7 6 D 0 1 Y*

Lohn- / Entgeltersatzleistungen
(z. B. Arbeitslosengeld, Insolvenzgeld lt. Bescheinigung lt. Bescheinigung der Agentur für Arbeit; Elterngeld lt. Nachweis; Krankengeld und Mutterschaftsgeld lt. Leistungsnachweis)

stpfl. Person / Ehemann EUR | Ehefrau EUR

25

Angaben über Zeiten und Gründe der Nichtbeschäftigung (Bitte Nachweise beifügen.)

26

27 Beigefügte Bescheinigung(en) vermögenswirksamer Leistungen (**Anlage VL**)   stpfl. Person / Ehemann   Ehefrau

Werbungskosten stpfl. Person / Ehemann 87

Wege zwischen Wohnung und regelmäßiger Arbeitsstätte (Entfernungspauschale)
Regelmäßige Arbeitsstätte in (PLZ, Ort und Straße)

	Arbeitstage je Woche	Urlaubs- und Krankheitstage
31 EXPRESSLOGISTIK GmbH, TEMPORING 99, 16540 H. NEUENDORF	5	25

	Arbeitsstätte aufgesucht an		einfache Entfernung		davon mit eigenem oder zur Nutzung überlassenem Pkw zurückgelegt		davon mit Sammelbeförderung des Arbeitgebers zurückgelegt		davon mit öffentl. Verkehrsmitteln, Motorrad, Fahrrad o. Ä., als Fußgänger, als Mitfahrer einer Fahrgemeinschaft zurückgelegt		Behinderungsgrad mind. 70 oder mind. 50 und Merkzeichen „G"
32	40	2 2 0 Tagen	41	3 5 km	68	3 5 km	78	km		km	36 1 = Ja EUR

33 Aufwendungen für Fahrten mit öffentlichen Verkehrsmitteln – ohne Flug- und Fährkosten –
(Bitte stets die Zeile 32 ausfüllen.) 27 ,

34 Aufwendungen für Arbeitsmittel, Bewerbungskosten, Fortbildungskosten, Kontoführungsgebühren, Reisekosten bei Auswärtstätigkeiten, Flug- und Fährkosten, Beiträge zu Berufsverbänden – soweit nicht steuerfrei ersetzt – 53 **7 5 0 ,—**

Werbungskosten Ehefrau 88

Wege zwischen Wohnung und regelmäßiger Arbeitsstätte (Entfernungspauschale)
Regelmäßige Arbeitsstätte in (PLZ, Ort und Straße)

	Arbeitstage je Woche	Urlaubs- und Krankheitstage
35		

	Arbeitsstätte aufgesucht an		einfache Entfernung		davon mit eigenem oder zur Nutzung überlassenem Pkw zurückgelegt		davon mit Sammelbeförderung des Arbeitgebers zurückgelegt		davon mit öffentl. Verkehrsmitteln, Motorrad, Fahrrad o. Ä., als Fußgänger, als Mitfahrer einer Fahrgemeinschaft zurückgelegt		Behinderungsgrad mind. 70 oder mind. 50 und Merkzeichen „G"
36	40	Tagen	41	km	68	km	78	km		km	36 1 = Ja EUR

37 Aufwendungen für Fahrten mit öffentlichen Verkehrsmitteln – ohne Flug- und Fährkosten –
(Bitte stets die Zeile 36 ausfüllen.) 27 ,

38 Aufwendungen für Arbeitsmittel, Bewerbungskosten, Fortbildungskosten, Kontoführungsgebühren, Reisekosten bei Auswärtstätigkeiten, Flug- und Fährkosten, Beiträge zu Berufsverbänden – soweit nicht steuerfrei ersetzt – 53 ,

Sonderausgaben 52

		EUR 2011 gezahlt		EUR 2011 erstattet
39	**Kirchensteuer** (soweit diese nicht als Zuschlag zur Abgeltungsteuer gezahlt wurde)	103 ,—	104	,
40	**Spenden und Mitgliedsbeiträge** zur Förderung steuerbegünstigter Zwecke (lt. beigefügten Bestätigungen)	109 **1 5 0 ,—**		

Außergewöhnliche Belastungen 53

		Grad der Behinderung		blind / ständig hilflos			Grad der Behinderung		blind / ständig hilflos	
41	stpfl. Person / Ehemann	56 20		1 = Ja		Ehefrau	57 21		1 = Ja	

Ehescheidungskosten, Fahrtkosten behinderter Menschen, Krankheitskosten, Kurkosten, Pflegekosten

Art der Belastung		Aufwendungen EUR			Erhaltene / Anspruch auf zu erwartende Versicherungsleistungen, Beihilfen, Unterstützungen usw. EUR
42 KRANKHEITSKOSTEN		63 **5 4 0 ,—**	64		,—

43 Für die – wegen Abzugs der zumutbaren Belastung – nicht abziehbaren Pflegeleistungen wird die Steuerermäßigung für haushaltsnahe Dienstleistungen beantragt. Die in Zeile 42 enthaltenen Aufwendungen für haushaltsnahe Pflegeleistungen betragen

	Aufwendungen (abzüglich Erstattungen) EUR
	77 ,

Für den Abzug der außergewöhnlichen Belastungen lt. Zeile 42:

44 Die gesamten Kapitalerträge betragen nicht mehr als 801 €, bei Zusammenveranlagung nicht mehr als 1.602 €. 75 **1** 1 = Ja

Haushaltsnahe Dienstleistungen und Handwerkerleistungen 18

Steuerermäßigung bei Aufwendungen für

		Aufwendungen (abzüglich Erstattungen) EUR
	– haushaltsnahe Dienstleistungen, Hilfe im Haushalt	
45	HAUSWART, TREPPENREINIGUNG (s. ANLAGE)	210 **2 1 0 ,—**
46	– Pflege- und Betreuungsleistungen im Haushalt; in Heimunterbringungskosten enthaltene Aufwendungen für Dienstleistungen, die denen einer Haushaltshilfe vergleichbar sind (soweit nicht bereits in Zeile 42 berücksichtigt)	213 ,
47	– Handwerkerleistungen für Renovierungs-, Erhaltungs- und Modernisierungsmaßnahmen (ohne öffentlich geförderte Maßnahmen, für die zinsverbillige Darlehen oder steuerfreie Zuschüsse in Anspruch genommen werden) MALERARBEITEN (s. ANLAGE)	214 **4 3 0 ,—**

48 **Nur bei Alleinstehenden und Eintragungen in den Zeilen 45 bis 47:** Es bestand ganzjährig ein gemeinsamer Haushalt mit einer anderen alleinstehenden Person

Name, Vorname, Geburtsdatum

Unterschrift

Die mit der Steuererklärung / dem Antrag angeforderten Daten werden aufgrund der §§ 149 ff. der Abgabenordnung und der §§ 25, 46 des Einkommensteuergesetzes sowie § 14 Abs. 4 des Vermögensbildungsgesetzes erhoben. Ich versichere, **keine weiteren inländischen oder ausländischen Einkünfte** bezogen zu haben.

Bei der Anfertigung dieser Steuererklärung hat mitgewirkt:

Empfangsvollmacht ist erteilt.

49 15.3.2012 *S. Schneller*
Datum, Unterschrift(en)
Steuererklärungen sind eigenhändig – bei Ehegatten von beiden – zu unterschreiben.

1	☒ Einkommensteuererklärung ☒ **Antrag auf Festsetzung der Arbeitnehmer-Sparzulage**
2	**Erklärung zur Festsetzung der Kirchensteuer auf Kapitalerträge** **Erklärung zur Feststellung des verbleibenden Verlustvortrags**

Eingangsstempel

3 Steuernummer *1 2 / 3 4 5 / 6 7 8 9 1 0*

4 Identifikationsnummer (IdNr.)

Steuerpflichtige Person (stpfl. Person), bei Ehegatten: **Ehemann** *1 3 5 7 9 1 1 1 3 1 5*

Ehefrau *2 4 6 8 1 0 1 2 1 4 1*

An das Finanzamt

5 *B E R L I N – M I T T E / T I E R G A R T E N*

Bei **Wohnsitzwechsel**: bisheriges Finanzamt

6

Allgemeine Angaben

7 **Steuerpflichtige Person** (stpfl. Person), bei Ehegatten: **Ehemann**

Telefonische Rückfragen tagsüber unter Nr. *0 3 0 / 1 1 2 2 3 3 4 4*

Name

8 *F L E I S S B E R G*

Geburtsdatum *1 1 1 1 1 9 6 1*

Vorname

9 *F E L I X*

Religionsschlüssel:
Evangelisch = EV
Römisch-Katholisch = RK
nicht kirchensteuerpflichtig = VD
Weitere siehe Anleitung

Straße und Hausnummer (derzeitige Anschrift)

10 *B R U N N E N A L L E E   7*

Postleitzahl   Wohnort

11 *1 0 1 1 7   B E R L I N*

Religion *V D*

Ausgeübter Beruf

12 *A N G E S T E L L T E R*

Verheiratet seit dem	Verwitwet seit dem	Geschieden seit dem	Dauernd getrennt lebend seit dem
13 *0 1 . 0 8 . 1 9 8 1*			

bei Ehegatten: **Ehefrau**

Name

14 *F L E I S S B E R G*

Geburtsdatum *3 0 0 5 1 9 6 3*

Vorname

15 *F R A N Z I S K A*

Religionsschlüssel:
Evangelisch = EV
Römisch-Katholisch = RK
nicht kirchensteuerpflichtig = VD
Weitere siehe Anleitung

Straße und Hausnummer (falls von Zeile 10 abweichend)

16

Postleitzahl   Wohnort (falls von Zeile 11 abweichend)

17

Religion *E V*

Ausgeübter Beruf

18 *A N G E S T E L L T E*

Nur von Ehegatten auszufüllen

19 ☒ Zusammen-veranlagung   Getrennte Veranlagung   ☒ Besondere Veranlagung für das Jahr der Eheschließung   Wir haben Güter-gemeinschaft vereinbart

Bankverbindung (entweder Kontonummer / Bankleitzahl oder IBAN / BIC) – Bitte stets angeben –

Kontonummer

20 *0 8 0 8 1 5 4 7 1 1*

Bankleitzahl *1 0 0 1 2 3 4 5*

IBAN

21

BIC

22

Geldinstitut (Zweigstelle) und Ort

23 *A R B E I T S B A N K   B E R L I N*

24 ☒ **Kontoinhaber** lt. Zeile 8 und 9   lt. Zeile 14 und 15   oder:

Name (im Fall der Abtretung bitte amtlichen Abtretungsvordruck beifügen)

Der Steuerbescheid soll nicht mir / uns zugesandt werden, sondern:

Name

25

Vorname

26

Straße und Hausnummer oder Postfach

27

Postleitzahl   Wohnort

28

	Einkünfte im Kalenderjahr 2011 aus folgenden Einkunftsarten:			
31	Land- und Forstwirtschaft	lt. **Anlage L**		
32	Gewerbebetrieb	lt. **Anlage G**	für steuerpflichtige Person (bei Ehegatten: Ehemann)	lt. **Anlage G** für Ehefrau
33	Selbständige Arbeit	lt. **Anlage S**	für steuerpflichtige Person (bei Ehegatten: Ehemann)	lt. **Anlage S** für Ehefrau
34	Nichtselbständige Arbeit	✕ lt. **Anlage N**	für steuerpflichtige Person (bei Ehegatten: Ehemann)	✕ lt. **Anlage N** für Ehefrau
35	Kapitalvermögen	✕ lt. **Anlage KAP**	für steuerpflichtige Person (bei Ehegatten: Ehemann)	✕ lt. **Anlage KAP** für Ehefrau
36	Vermietung und Verpachtung	lt. **Anlage(n) V**	Anzahl	
37	Sonstige Einkünfte	Renten lt. **Anlage R**	für steuerpflichtige Person (bei Ehegatten: Ehemann)	Renten lt. **Anlage R** für Ehefrau
38		lt. **Anlage SO**		

Angaben zu Kindern / Ausländische Einkünfte und Steuern / Förderung des Wohneigentums

39	✕ lt. **Anlage(n) Kind** 0 1 Anzahl		lt. **Anlage(n) AUS** Anzahl	lt. **Anlage(n) FW**	Anzahl

Sonderausgaben
52

40	✕ Für Angaben zu Vorsorgeaufwendungen ist die **Anlage Vorsorgeaufwand** beigefügt.		✕ Für Angaben zu Altersvorsorgebeiträgen ist die **Anlage AV** beigefügt.	

Gezahlte Versorgungsleistungen

		abziehbar		tatsächlich gezahlt EUR
41	Renten _Rechtsgrund, Datum des Vertrags_	102 %	101	, —
42	Dauernde Lasten _Rechtsgrund, Datum des Vertrags_		100	, —
43	**Ausgleichszahlungen** im Rahmen des schuldrechtlichen Versorgungsausgleichs _Rechtsgrund, Datum der erstmaligen Zahlung_		121	, —
44	**Unterhaltsleistungen** an den geschiedenen / dauernd getrennt lebenden Ehegatten lt. **Anlage U** 117 _IdNr. des geschiedenen / dauernd getrennt lebenden Ehegatten_		116	, —
45	In Zeile 44 enthaltene Beiträge (abzgl. Erstattungen und Zuschüsse) zur Basis-Kranken- und gesetzlichen Pflegeversicherung 118	, —	Davon entfallen auf Kranken-versicherungsbeiträge mit Anspruch auf Krankengeld 119	, —
46	**Kirchensteuer** (soweit diese nicht als Zuschlag zur Abgeltung-steuer gezahlt wurde) 103	2011 gezahlt _2 8 2,—_ 104	2011 erstattet _1 2,—_	

Aufwendungen für die eigene **Berufsausbildung der stpfl. Person / des Ehemannes**
Bezeichnung der Ausbildung, Art und Höhe der Aufwendungen

47		200	, —

Aufwendungen für die eigene **Berufsausbildung der Ehefrau**
Bezeichnung der Ausbildung, Art und Höhe der Aufwendungen

48		201	, —

Spenden und Mitgliedsbeiträge (ohne Beträge in den Zeilen 53 bis 56)

		lt. beigef. Bestätigungen EUR		lt. Nachweis Betriebsfinanzamt EUR
49	– zur Förderung steuerbegünstigter Zwecke	123 _1 5 0,—_	124	, —
50	in Zeile 49 enthaltene Zuwendungen an Empfänger im EU- / EWR-Ausland	125	, — 126	, —
51	– an politische Parteien (§§ 34g, 10b EStG)	127	, — 128	, —
52	– an unabhäng. Wählervereinigungen (§ 34g EStG)	129	, — 130	, —

Spenden in den Vermögensstock einer Stiftung

		stpfl. Person / Ehemann EUR		Ehefrau EUR
53	in 2011 geleistete Spenden (lt. beigefügten Bestätigungen / lt. Nachweis Betriebsfinanzamt)	208	, — 209	, —
54	in Zeile 53 enthaltene Spenden an Empfänger im EU- / EWR-Ausland	218	, — 219	, —
55	Von den Spenden in Zeile 53 sollen in 2011 berücksichtigt werden	212	, — 213	, —
56	2011 zu berücksichtigende Spenden aus Vorjahren in den Vermögensstock einer Stiftung, die bisher noch nicht berücksichtigt wurden	214	, — 215	, —

		stpfl. Person / Ehegatten	
57	Für die Berechnung des Spendenhöchstbetrags für Spenden und Beiträge in Zeile 49 wird die Einbeziehung der Kapitalerträge beantragt. Höhe der Kapitalerträge	115	, —

Außergewöhnliche Belastungen 53

Behinderte Menschen und Hinterbliebene

		Ausweis / Rentenbescheid / Bescheinigung ausgestellt am	gültig von	bis	unbefristet gültig	Grad der Behinderung	Nachweis ist bei- hat bereits gefügt. vorgelegen.
61	stpfl. Person / Ehemann		12	14	18 1 = Ja	56	
62		hinterblieben 16 1 = Ja	blind / stän- dig hilflos 20 1 = Ja	geh- u. steh- behindert 22 1 = Ja			

		Ausweis / Rentenbescheid / Bescheinigung ausgestellt am	gültig von	bis	unbefristet gültig	Grad der Behinderung	Nachweis ist bei- hat bereits gefügt. vorgelegen.
63	Ehefrau		13	15	19 1 = Ja	57	
64		hinterblieben 17 1 = Ja	blind / stän- dig hilflos 21 1 = Ja	geh- u. steh- behindert 23 1 = Ja			

			Nachweis der Hilflosigkeit ist beigefügt. hat bereits vorgelegen.
65	**Pflege-Pauschbetrag** wegen **unentgeltlicher** persönlicher Pflege einer ständig hilflosen Person in ihrer oder in meiner Wohnung im Inland		
66	Name, Anschrift und Verwandtschaftsverhältnis der hilflosen Person(en)	Name anderer Pflegeperson(en)	

Unterhalt für bedürftige Personen

		Anzahl
67	Für die geleisteten Aufwendungen wird ein Abzug lt. **Anlage Unterhalt** geltend gemacht. Beigefügte **Anlage(n) Unterhalt**	0 1

Andere außergewöhnliche Belastungen
(z. B. Ehescheidungskosten, Fahrtkosten behinderter Menschen, Krankheitskosten, Kurkosten, Pflegekosten)

	Art der Belastung	Aufwendungen EUR	Erhaltene / Anspruch auf zu erwartende Versicherungsleistungen, Beihilfen, Unter- stützungen; Wert des Nachlasses usw. EUR
68	KRANKHEITSKOSTEN	6 2 0,—	,
69	+	,— +	,
70	Summe der Zeilen 68 und 69 63	6 2 0,— 64	,

		Aufwendungen (abzüglich Erstattungen) EUR
71	Für die – wegen Abzugs der zumutbaren Belastung – nicht abziehbaren Pflegeleistungen wird die Steuerermäßigung für haushaltsnahe Dienstleistungen beantragt. Die in den Zeilen 68 und 69 enthaltenen Aufwendungen für haushaltsnahe Pflegeleistungen betragen 77	,

Für den Abzug der außergewöhnlichen Belastungen lt. Zeile 70 sind die Kapitalerträge anzugeben.

		stpfl. Person / Ehegatten
72	Die gesamten Kapitalerträge betragen nicht mehr als 801 €, bei Zusammenveranlagung nicht mehr als 1.602 €. 75	1 = Ja
73	Höhe der Kapitalerträge (nur anzugeben, wenn die Kapitalerträge 801 € / 1.602 € übersteigen) 76	1 9 5 2,

Haushaltsnahe Beschäftigungsverhältnisse, Dienstleistungen und Handwerkerleistungen 18

Steuerermäßigung bei Aufwendungen für

			Aufwendungen (abzüglich Erstattungen) EUR
74	– geringfügige Beschäftigungen im Privathaushalt – sog. Minijobs – Art der Tätigkeit	202	,
75	– sozialversicherungspflichtige Beschäftigungen im Privathaushalt Art der Tätigkeit	207	,
76	– haushaltsnahe Dienstleistungen, Hilfe im Haushalt Art der Aufwendungen TREPPENREINIGUNG, GARTENPFLEGE	210	2 4 0,
77	– Pflege- und Betreuungsleistungen im Haushalt, in Heimunterbringungskosten enthaltene Aufwendungen für Dienstleistungen, die denen einer Haushaltshilfe vergleichbar sind (soweit nicht bereits in den Zeilen 68 und 69 berücksichtigt) Art der Aufwendungen	213	,
78	– Handwerkerleistungen für Renovierungs-, Erhaltungs- und Modernisierungsmaßnahmen (ohne öffentlich geförderte Maßnahmen, für die zinsverbilligte Darlehen oder steuerfreie Zuschüsse in Anspruch genommen werden) Art der Aufwendungen REPARATUR WASCHMASCHINE	214	3 2 0,
79	**Nur bei Alleinstehenden und Eintragungen in den Zeilen 74 bis 78:** Es bestand ganzjährig ein gemeinsamer Haushalt mit einer anderen alleinstehenden Person Name, Vorname, Geburtsdatum		

Steuerermäßigung bei Belastung mit Erbschaftsteuer

80	Ich beantrage eine Steuerermäßigung, weil in dieser Steuererklärung Einkünfte erklärt worden sind, die als Erwerb von Todes wegen ab 2009 der Erbschaftsteuer unterlegen haben (Erläuterungen bitte auf besonderem Blatt).

Sonstige Angaben und Anträge

91 Gesellschaften / Gemeinschaften / ähnliche Modelle i. S. d. § 2b EStG (Erläuterungen auf besonderem Blatt)

		stpfl. Person / Ehemann	Ehefrau
92	Es wurde ein verbleibender Verlustvortrag nach § 10d EStG / Spendenvortrag nach § 10b EStG zum 31.12.2010 festgestellt für		

Antrag auf Beschränkung des Verlustrücktrags nach 2010

		EUR	EUR
93	Von den nicht ausgeglichenen negativen Einkünften 2011 soll folgender Gesamtbetrag nach 2010 zurückgetragen werden	,	,

		stpfl. Person / Ehemann EUR	Ehefrau EUR	18
94	**Einkommensersatzleistungen,** die dem Progressionsvorbehalt unterliegen, z. B. Krankengeld, Elterngeld, Mutterschaftsgeld (soweit nicht in Zeile 26 bis 28 der Anlage N eingetragen) lt. beigefügten Bescheinigungen	120 , —	121 , —	

Nur bei getrennter Veranlagung von Ehegatten:

95	Laut beigefügtem gemeinsamen Antrag ist die Steuerermäßigung lt. den Zeilen 74 bis 78 in einem anderen Verhältnis als je zur Hälfte aufzuteilen. Der bei mir zu berücksichtigende Anteil beträgt	%
96	Laut beigefügtem gemeinsamen Antrag sind die Sonderausgaben (siehe Zeile 61 bis 76 der Anlage Kind) und die außergewöhnlichen Belastungen (siehe Seite 3, Anlage Unterhalt sowie die Zeilen 48 und 49 der Anlage Kind) in einem anderen Verhältnis als je zur Hälfte des bei einer Zusammenveranlagung in Betracht kommenden Betrages aufzuteilen. Der bei mir zu berücksichtigende Anteil beträgt	%

Nur bei zeitweiser unbeschränkter Steuerpflicht im Kalenderjahr 2011:

		vom	bis
97	Wohnsitz oder gewöhnlicher Aufenthalt im Inland	stpfl. Person / Ehemann	
98		Ehefrau	

		EUR	
99	Ausländische Einkünfte, die außerhalb der in den Zeilen 97 und / oder 98 genannten Zeiträume bezogen wurden und nicht der deutschen Einkommensteuer unterlegen haben (Bitte Nachweise über die Art und Höhe dieser Einkünfte beifügen.)	122	, —
100	In Zeile 99 enthaltene außerordentliche Einkünfte i. S. d. §§ 34, 34b EStG	177	, —

Nur bei Personen ohne Wohnsitz oder gewöhnlichen Aufenthalt im Inland, die beantragen, als unbeschränkt steuerpflichtig behandelt zu werden:

101	Ich beantrage, für die Anwendung personen- und familienbezogener Steuervergünstigungen als unbeschränkt steuerpflichtig behandelt zu werden.
102	Die „Bescheinigung EU / EWR" ist beigefügt. Die „Bescheinigung außerhalb EU / EWR" ist beigefügt.

		EUR	
103	Summe der nicht der deutschen Einkommensteuer unterliegenden Einkünfte (ggf. „0")	124	, —
104	In Zeile 103 enthaltene außerordentliche Einkünfte i. S. d. §§ 34, 34b EStG	177	, —

Nur bei im EU- / EWR-Ausland lebenden Ehegatten:

105	Ich beantrage als Staatsangehöriger eines EU- / EWR-Staates die Anwendung familienbezogener Steuervergünstigungen. Nachweis ist beigefügt (z. B. „Bescheinigung EU / EWR").
	Die nicht der deutschen Besteuerung unterliegenden Einkünfte beider Ehegatten sind in Zeile 103 enthalten.

Nur bei Angehörigen des deutschen öffentlichen Dienstes ohne Wohnsitz oder gewöhnlichen Aufenthalt im Inland, die im dienstlichen Auftrag außerhalb der EU oder des EWR tätig sind:

106	Ich beantrage die Anwendung familienbezogener Steuervergünstigungen. Die „Bescheinigung EU / EWR" ist beigefügt.

Weiterer Wohnsitz in Belgien (abweichend von den Zeilen 10 und 11) bei Einkünften aus nichtselbständiger Arbeit und Renten

107

		stpfl. Person / Ehemann	Ehefrau
108	Unterhalten Sie auf Dauer angelegte Geschäftsbeziehungen zu Finanzinstituten im Ausland?	116 2 1 = Ja 2 = Nein	117 2 1 = Ja 2 = Nein

Unterschrift

Die mit der Steuererklärung / dem Antrag angeforderten Daten werden aufgrund der §§ 149 ff. der Abgabenordnung, der §§ 25, 46, 10d Abs. 4 und 51a Abs. 2d des Einkommensteuergesetzes sowie § 14 Abs. 4 des Vermögensbildungsgesetzes erhoben.

Bei der Anfertigung dieser Steuererklärung hat mitgewirkt:

15.3.2012

Felix Fleissberg   *Franziska Fleissberg*

109 Datum, Unterschrift(en)
Steuererklärungen sind eigenhändig – bei Ehegatten von beiden – zu unterschreiben.

	Name					
1	*F L E I S S B E R G*				**Anlage**	
2	Vorname *F E L I X*				**Vorsorgeaufwand**	

3 Steuernummer *1 2 / 3 4 5 / 6 7 8 9 1 0*

Angaben zu Vorsorgeaufwendungen

Beiträge zur Altersvorsorge

			stpfl. Person / Ehemann EUR		Ehefrau EUR	52
	Beiträge					
4	– lt. Nr. 23 a/b der Lohnsteuerbescheinigung (Arbeitnehmeranteil)	300	*4 1 7 9,—*	400	*2 9 8 5,—*	
5	– zu landwirtschaftlichen Alterskassen sowie zu berufsständischen Versorgungseinrichtungen, die den gesetzlichen Rentenversicherungen vergleichbare Leistungen erbringen – ohne Beiträge, die in Zeile 4 geltend gemacht werden –	301	—	401	—	
6	– zu gesetzlichen Rentenversicherungen – ohne Beiträge, die in Zeile 4 geltend gemacht werden –	302	—	402	—	
7	– zu zertifizierten Basisrentenverträgen (sog. Rürup-Verträge) mit Laufzeitbeginn nach dem 31.12.2004 – ohne Altersvorsorgebeiträge, die in der Anlage AV geltend gemacht werden –	303	—	403	—	
8	Arbeitgeberanteil lt. Nr. 22 a/b der Lohnsteuerbescheinigung	304	*4 1 7 9,—*	404	*2 9 8 5,—*	
9	Steuerfreie Arbeitgeberanteile an berufsständische Versorgungseinrichtungen, soweit nicht in Nr. 22 b der Lohnsteuerbescheinigung enthalten	305	—	405	—	
10	Arbeitgeberanteil zu gesetzlichen Rentenversicherungen im Rahmen einer pauschal besteuerten geringfügigen Beschäftigung (bitte Anleitung beachten)	306	—	406	—	

	Bei Zusammenveranlagung ist die Eintragung für jeden Ehegatten vorzunehmen: Haben Sie zu Ihrer Krankenversicherung oder Ihren Krankheitskosten Anspruch auf – steuerfreie Zuschüsse (z. B. Rentner aus der gesetzlichen Rentenversicherung) oder					
11	– steuerfreie Arbeitgeberbeiträge (z. B. sozialversicherungspfl. Arbeitnehmer) oder – steuerfreie Beihilfen (z. B. Beamte, Versorgungsempfänger)?	307	*1* 1 = Ja 2 = Nein	407	*1* 1 = Ja 2 = Nein	

Beiträge zur gesetzlichen Kranken- und Pflegeversicherung

12	Arbeitnehmerbeiträge zu Krankenversicherungen lt. Nr. 25 der Lohnsteuerbescheinigung	320	*3 4 4 4,—*	420	*2 4 6 0,—*	
13	Beiträge zu Krankenversicherungen, die als Zusatzbeitrag geleistet wurden	321	—	421	—	
14	In Zeile 12 enthaltene Beiträge, aus denen sich kein Anspruch auf Krankengeld ergibt	322	—	422	—	
15	Arbeitnehmerbeiträge zu sozialen Pflegeversicherungen lt. Nr. 26 der Lohnsteuerbescheinigung	323	*4 1 0,—*	423	*2 9 3,—*	
	Zu den Zeilen 12 bis 15:					
16	Von der Kranken- und / oder sozialen Pflegeversicherung erstattete Beiträge	324	—	424	—	
17	In Zeile 16 enthaltene Beiträge zur Krankenversicherung, aus denen sich kein Anspruch auf Krankengeld ergibt, und zur sozialen Pflegeversicherung	325	—	425	—	
18	Beiträge zu Krankenversicherungen – ohne Beiträge, die in Zeile 12 geltend gemacht werden – (z. B. bei Rentnern und freiwillig gesetzlich versicherten Selbstzahlern)	326	—	426	—	
19	Beiträge zu Krankenversicherungen, die als Zusatzbeitrag geleistet wurden	327	—	427	—	
20	In Zeile 18 enthaltene Beiträge zur Krankenversicherung, aus denen sich ein Anspruch auf Krankengeld ergibt	328	—	428	—	
21	Beiträge zu sozialen Pflegeversicherungen – ohne Beiträge, die in Zeile 15 geltend gemacht werden – (z. B. bei Rentnern und freiwillig gesetzlich versicherten Selbstzahlern)	329	—	429	—	
	Zu den Zeilen 18 bis 21:					
22	Von der Kranken- und / oder sozialen Pflegeversicherung erstattete Beiträge	330	—	430	—	
23	In Zeile 22 enthaltene Beiträge zur Krankenversicherung, aus denen sich ein Anspruch auf Krankengeld ergibt	331	—	431	—	
24	Zuschuss zu den Beiträgen lt. Zeile 18 und / oder 21 – ohne Beträge lt. Zeile 37 – (z. B. von der Deutschen Rentenversicherung)	332	—	432	—	
25	Beiträge zu einer ausländischen Krankenversicherung, die mit einer inländischen gesetzlichen Krankenversicherung vergleichbar ist	333	—	433	—	
26	In Zeile 25 enthaltene Beiträge zur Krankenversicherung, aus denen sich kein Anspruch auf Krankengeld ergibt	334	—	434	—	
27	Beiträge zu einer ausländischen sozialen Pflegeversicherung, die mit einer inländischen gesetzlichen Pflegeversicherung vergleichbar ist	335	—	435	—	
	Zu den Zeilen 25 bis 27:					
28	Von der ausländischen Kranken- und / oder sozialen Pflegeversicherung erstattete Beiträge	336	—	436	—	
29	In Zeile 28 enthaltene Beiträge zur Krankenversicherung, aus denen sich kein Anspruch auf Krankengeld ergibt, und zur sozialen Pflegeversicherung	337	—	437	—	
30	Über die Basisabsicherung hinausgehende Beiträge zu Krankenversicherungen (z. B. für Wahlleistungen, Zusatzversicherung) abzüglich erstatteter Beiträge	338	—	438	—	

Beiträge zur privaten Kranken- und Pflegeversicherung

– Füllen Sie die Zeilen 31 bis 36 und 40 bis 43 nur aus, wenn Sie der Datenübermittlung nicht widersprochen haben. –

		stpfl. Person / Ehemann EUR		Ehefrau EUR	
31	Beiträge zu Krankenversicherungen (nur Basisabsicherung, keine Wahlleistungen)	350	— ,	450	— ,
32	Beiträge zu Pflege-Pflichtversicherungen	351	— ,	451	— ,
33	**Zu den Zeilen 31 und 32:** Von der privaten Kranken- und / oder Pflege-Pflichtversicherung erstattete Beiträge	352	— ,	452	— ,
34	Zuschuss von dritter Seite zu den Beiträgen lt. Zeile 31 und / oder 32 (z. B. von der Deutschen Rentenversicherung)	353	— ,	453	— ,
35	Über die Basisabsicherung hinausgehende Beiträge zu Krankenversicherungen (z. B. für Wahlleistungen, Zusatzversicherung) abzüglich erstatteter Beiträge	354	— ,	454	— ,
36	Beiträge (abzüglich erstatteter Beiträge) zu zusätzlichen Pflegeversicherungen (ohne Pflege-Pflichtversicherung)	355	— ,	455	— ,

Steuerfreie Arbeitgeberzuschüsse

37	Steuerfreie Arbeitgeberzuschüsse zur Kranken- und Pflegeversicherung lt. Nr. 24 der Lohnsteuerbescheinigung	359	— ,	459	— ,

Als Versicherungsnehmer für andere Personen übernommene Kranken- und Pflegeversicherungsbeiträge

38	IdNr. der mitversicherten Person 600	„Andere Personen" sind z. B. Kinder, für die **kein** Anspruch auf Kindergeld / Kinderfreibetrag besteht (bei Anspruch auf Kindergeld / Kinderfreibetrag sind die Eintragungen in den Zeilen 31 bis 36 der Anlage Kind vorzunehmen), oder der / die eingetragene Lebenspartner/in.

39 — Name, Vorname, Geburtsdatum der mitversicherten Person

		stpfl. Person / Ehegatten EUR	
40	Beiträge (abzüglich steuerfreier Zuschüsse) zu privaten Krankenversicherungen (nur Basisabsicherung, keine Wahlleistungen)	601	— ,
41	Beiträge (abzüglich steuerfreier Zuschüsse) zu Pflege-Pflichtversicherungen	602	— ,
42	**Zu den Zeilen 40 bis 41:** Von der privaten Kranken- und / oder Pflege-Pflichtversicherung erstattete Beiträge	603	— ,
43	Beiträge (abzüglich erstatteter Beiträge) zu privaten Kranken- und / oder Pflegeversicherungen (ohne Basisabsicherung, z. B. für Wahlleistungen, Zusatzversicherung)	604	— ,

Weitere sonstige Vorsorgeaufwendungen

		stpfl. Person / Ehemann EUR		Ehefrau EUR	
44	Arbeitnehmerbeiträge zur Arbeitslosenversicherung lt. Nr. 27 der Lohnsteuerbescheinigung	370	*630,—*	470	*450,—*
45	Beiträge (abzüglich steuerfreier Zuschüsse und erstatteter Beiträge) zu – Kranken- und Pflegeversicherungen **(Gesamtbetrag)** (nur einzutragen, wenn Sie der Datenübermittlung widersprochen haben; Einträge zu zusätzlichen Pflegeversicherungen sind nur in Zeile 36 vorzunehmen)	371	— ,	471	— ,

		stpfl. Person / Ehegatten EUR	
46	– freiwilligen Versicherungen gegen Arbeitslosigkeit	500	— ,
47	– freiwilligen eigenständigen Erwerbs- und Berufsunfähigkeitsversicherungen	501	— ,
48	– Unfall- und Haftpflichtversicherungen sowie Risikoversicherungen, die nur für den Todesfall eine Leistung vorsehen	502	*520,—*
49	– Rentenversicherungen mit Kapitalwahlrecht und / oder Kapitallebensversicherungen mit einer Laufzeit von mindestens 12 Jahren sowie einem Laufzeitbeginn und der ersten Beitragszahlung vor dem 1.1.2005	503	— ,
50	– Rentenversicherungen ohne Kapitalwahlrecht mit Laufzeitbeginn und erster Beitragszahlung vor dem 1.1.2005 (auch steuerpflichtige Beiträge zu Versorgungs- und Pensionskassen) – ohne Altersvorsorgebeiträge, die in der Anlage AV geltend gemacht werden –	504	— ,

Ergänzende Angaben zu Vorsorgeaufwendungen

Es bestand 2011 keine gesetzliche Rentenversicherungspflicht aus dem aktiven Dienstverhältnis / aus der Tätigkeit

		stpfl. Person / Ehemann		Ehefrau	
51	– als Beamter / Beamtin	380	1 = Ja	480	1 = Ja
52	– als Vorstandmitglied / GmbH-Gesellschafter-Geschäftsführer/in	381	1 = Ja	481	1 = Ja
53	– als (z. B. Praktikant/in, Student/in im Praktikum) Bezeichnung	382	1 = Ja	482	1 = Ja
54	Aufgrund des genannten Dienstverhältnisses / der Tätigkeit bestand hingegen eine Anwartschaft auf Altersversorgung	383	1 = Ja 2 = Nein	483	1 = Ja 2 = Nein
55	Die Anwartschaft auf Altersversorgung wurde ganz oder teilweise ohne eigene Beitragsleistungen erworben (Bei Vorstandsmitgliedern / GmbH-Gesellschafter-Geschäftsführern: Falls nein, bitte geeignete Unterlagen beifügen.)	384	1 = Ja 2 = Nein	484	1 = Ja 2 = Nein

1	Name **FLEISSBERG**	**Anlage N**
2	Vorname **FELIX**	Jeder Ehegatte mit Einkünften aus nichtselbständiger Arbeit hat eine eigene Anlage N abzugeben.
3	**Steuernummer** 12 / 345 / 678910	X stpfl. Person / Ehemann ☐ Ehefrau

4 eTIN lt. Lohnsteuerbescheinigung(en), sofern vorhanden **FLSSFLX/61K11Y**   eTIN lt. weiterer Lohnsteuerbescheinigung(en), sofern vorhanden

Einkünfte aus nichtselbständiger Arbeit

4

	Angaben zum Arbeitslohn	Lohnsteuerbescheinigung(en) Steuerklasse 1 – 5		Lohnsteuerbescheinigung(en) Steuerklasse 6 oder einer Urlaubskasse	
		EUR	Ct	EUR	Ct
5	**Steuerklasse** 168 4				
6	Bruttoarbeitslohn 110	42000,—		111	,
7	Lohnsteuer 140	7420,29		141	,
8	Solidaritätszuschlag 150	344,04		151	,
9	Kirchensteuer des Arbeitnehmers 142		,	143	,
10	**Nur bei konfessionsverschiedener Ehe:** Kirchensteuer für den Ehegatten 144		,	145	,

		1. Versorgungsbezug		2. Versorgungsbezug	
11	**Steuerbegünstigte Versorgungsbezüge** (in Zeile 6 enthalten) 200		,	210	,
12	Bemessungsgrundlage für den Versorgungsfreibetrag lt. Nr. 29 der Lohnsteuerbescheinigung 201		,	211	,
13	Maßgebendes Kalenderjahr des Versorgungsbeginns lt. Nr. 30 der Lohnsteuerbescheinigung 206			216	
14	Bei unterjähriger Zahlung: Erster und letzter Monat, für den Versorgungsbezüge gezahlt wurden lt. Nr. 31 der Lohnsteuerbescheinigung	Monat 202 — 203 Monat		Monat 212 — 213 Monat	
15	Sterbegeld, Kapitalauszahlungen / Abfindungen und Nachzahlungen von Versorgungsbezügen lt. Nr. 32 der Lohnsteuerbescheinigung (in den Zeilen 6 und 11 enthalten) 204		,	214	,
16	Ermäßigt zu besteuernde Versorgungsbezüge für mehrere Jahre lt. Nr. 9 der Lohnsteuerbescheinigung 205		,	215	

		EUR	Ct
17	**Entschädigungen** (Bitte Vertragsunterlagen beifügen.) / **Arbeitslohn für mehrere Jahre** 166		,
18	Steuerabzugsbeträge zu den Zeilen 16 und 17 — Lohnsteuer 146	, — Solidaritätszuschlag 152	,
19	Kirchensteuer Arbeitnehmer 148	, — Kirchensteuer Ehegatte 149	,
20	Steuerpflichtiger Arbeitslohn, von dem kein Steuerabzug vorgenommen worden ist (soweit nicht in der Lohnsteuerbescheinigung enthalten) 115		,
21	Steuerfreier Arbeitslohn nach Doppelbesteuerungsabkommen / zwischenstaatlichen Übereinkommen (Übertrag aus den Zeilen 51, 70 und / oder 83 der ersten **Anlage N-AUS**) 139		,
22	Steuerfreier Arbeitslohn nach Auslandstätigkeitserlass (Übertrag aus Zeile 66 der ersten **Anlage N-AUS**) 136		,
23	Steuerfreie Einkünfte (Besondere Lohnbestandteile) nach Doppelbesteuerungsabkommen / zwischenstaatlichen Übereinkommen / Auslandstätigkeitserlass (Übertrag aus Zeile 80 der ersten **Anlage N-AUS**) 178		,
24	Beigefügte **Anlage(n) N-AUS**		Anzahl

	Grenzgänger nach (Beschäftigungsland)	Arbeitslohn in ausländischer Währung	Schweizerische Abzugsteuer in SFr
25	116	— 135 ,	,

		EUR	
26	Steuerfrei erhaltene Aufwandsentschädigungen / Einnahmen — aus der Tätigkeit als 118		,
27	**Kurzarbeitergeld, Zuschuss zum Mutterschaftsgeld, Verdienstausfallentschädigung nach dem Infektionsschutzgesetz, Aufstockungsbeträge nach dem Altersteilzeitgesetz, Altersteilzeitzuschläge nach Besoldungsgesetzen (lt. Nr. 15 der Lohnsteuerbescheinigung)** 119		,
28	**Insolvenzgeld** (lt. Bescheinigung der Agentur für Arbeit) 121		,
29	**Andere Lohn- / Entgeltersatzleistungen** (z. B. Arbeitslosengeld lt. Bescheinigung der Agentur für Arbeit, Elterngeld lt. Nachweis, Krankengeld, Mutterschaftsgeld lt. Leistungsnachweis und vergleichbare Leistungen aus einem EU- / EWR-Staat oder der Schweiz) 120		,
	Angaben über Zeiten und Gründe der Nichtbeschäftigung (Bitte Nachweise beifügen)		
30			

Werbungskosten — Wege zwischen Wohnung und regelmäßiger Arbeitsstätte (Entfernungspauschale)

8

31 Die Wege wurden ganz oder teilweise zurückgelegt mit einem eigenen oder zur Nutzung überlassenen ☒ privaten Kfz   Firmenwagen   Letztes amtl. Kennzeichen **B-FF 4711**

Regelmäßige Arbeitsstätte in (PLZ, Ort und Straße) – ggf. nach besonderer Aufstellung   Arbeitstage je Woche   Urlaubs- und Krankheitstage

32 MEDTECH GmbH, EINSTEINWEG 13, 15827 DAHLEWITZ   5   3 0

33

34

35

Arbeitsstätte lt. Zeile	aufgesucht an Tagen	einfache Entfernung	davon mit eigenem oder zur Nutzung überlassenem Pkw zurückgelegt	davon mit Sammelbeförderung des Arbeitgebers zurückgelegt	davon mit öffentl. Verkehrsmitteln, Motorrad, Fahrrad o. Ä., als Fußgänger, als Mitfahrer einer Fahrgemeinschaft zurückgelegt	Aufwendungen für Fahrten mit öffentlichen Verkehrsmitteln (ohne Flug- und Fährkosten) EUR	Behinderungsgrad mind. 70 oder mind. 50 und Merkzeichen „G"
36 32 40 2 2 0	41	3 2 km	68 3 2 km	78 km	km	27 — , 36	1 = Ja
37 43	44	km	69 km	79 km	km	28 — , 37	1 = Ja
38 46	47	km	70 km	80 km	km	29 — , 38	1 = Ja
39 65	66	km	71 km	81 km	km	30 — , 39	1 = Ja

40 Arbeitgeberleistungen lt. Nr. 17 und 18 der Lohnsteuerbescheinigung und von der Agentur für Arbeit gezahlte Fahrtkostenzuschüsse   steuerfrei ersetzt 73   EUR   pauschal besteuert 50   ,

Beiträge zu Berufsverbänden (Bezeichnung der Verbände)

41 GEWERKSCHAFTSBEITRAG   51   4 0 0 , —

Aufwendungen für Arbeitsmittel – soweit nicht steuerfrei ersetzt – (Art der Arbeitsmittel bitte einzeln angeben.)   EUR

42 FACHBÜCHER   1 8 5 , —

43 +   , — ▶ 52   1 8 5 , —

Aufwendungen für ein häusliches Arbeitszimmer

44 74   ,

Fortbildungskosten – soweit nicht steuerfrei ersetzt –

45 ENGLISCHKURS   88   4 5 0 , —

Weitere Werbungskosten – soweit nicht steuerfrei ersetzt – Flug- und Fährkosten bei Wegen zwischen Wohnung und regelmäßiger Arbeitsstätte

46 —

Sonstiges (z. B. Bewerbungskosten, Kontoführungsgebühren)

47 KONTOFÜHRUNG   +   1 6 , —

48 +   ,

49 +   , — ▶ 53   1 6 , —

Reisekosten bei beruflich veranlassten Auswärtstätigkeiten Fahrt- und Übernachtungskosten, Reisenebenkosten (ohne Fahrtkosten bei Firmenwagennutzung sowie Sammelbeförderung des Arbeitgebers)

50 MESSEBESUCHE (SIEHE ANLAGE)   83   1 6 5 0 , —

51 **Vom Arbeitgeber steuerfrei ersetzt** 84   1 3 0 0 , —

Pauschbeträge für Mehraufwendungen für Verpflegung Bei einer Auswärtstätigkeit im Inland:

52 Abwesenheit von mindestens 8 Std.   Zahl der Tage   × 6 € =   EUR   ,

53 Abwesenheit von mindestens 14 Std.   Zahl der Tage 6 × 12 € = +   7 2 , —

54 Abwesenheit von 24 Std.   Zahl der Tage 4 × 24 € = +   9 6 , —

55 Bei einer Auswärtstätigkeit im Ausland (Berechnung lt. beigefügtem Blatt):   +   , — ▶ 54   ,

56 **Vom Arbeitgeber steuerfrei ersetzt** 76   1 6 8 , —

Mehraufwendungen für doppelte Haushaltsführung

61 Der **doppelte Haushalt** wurde aus beruflichem Anlass begründet

Beschäftigungsort

62 Grund   am   und hat seitdem ununterbrochen bestanden   bis

2011

Eigener Hausstand am Lebensmittelpunkt

seit

63   Nein   Ja, in

Kosten der ersten Fahrt zum Beschäftigungsort und der letzten Fahrt zum eigenen Hausstand
(ohne Fahrtkosten bei Firmenwagennutzung sowie Sammelbeförderung des Arbeitgebers)

EUR

64   mit öffentlichen Verkehrsmitteln

Entfernung in km   EUR   Ct

65   mit privatem Kfz   ×   =   +

Fahrtkosten für Heimfahrten
(ohne Fahrtkosten bei Firmenwagennutzung sowie Sammelbeförderung des Arbeitgebers)
einfache Entfernung ohne Flugstrecken

km   Anzahl

66   ×   × 0,30 € =

67 Kosten für öffentliche Verkehrsmittel (ohne Flug- und Fährkosten)

68 Höherer Betrag aus den Zeilen 66 oder 67   +

Nur bei Behinderungsgrad von mindestens 70 oder mindestens 50 und Merkzeichen „G":
einfache Entfernung bei Benutzung des privaten Kfz

km   Anzahl

69   ×   × 0,60 € =

70 tatsächliche Kosten für private Kfz und öffentliche Verkehrsmittel (lt. Nachweis)

71 Höherer Betrag aus den Zeilen 69 oder 70   +

72 Flug- und Fährkosten für Heimfahrten (lt. Nachweis)   +

73 **Kosten der Unterkunft am Arbeitsort** (lt. Nachweis)   +

Verpflegungsmehraufwendungen
bei einer Abwesenheit

Zahl der Tage

74   von mindestens 8 Std.   × 6 € =   +

Zahl der Tage

75   von mindestens 14 Std.   × 12 € =   +

Zahl der Tage

76   von 24 Std.   × 24 € =   +

77   +

78   55

79   **Vom Arbeitgeber / von der Agentur für Arbeit steuerfrei ersetzt**   77

Angaben zum Antrag auf Festsetzung der Arbeitnehmer-Sparzulage

Anzahl

80 Beigefügte Bescheinigung(en) vermögenswirksamer Leistungen **(Anlage VL)** des Anlageinstituts / Unternehmens   0 1

1	Name *F L E I S S B E R G*	**Anlage Kind**
2	Vorname *F E L I X*	**Für jedes Kind bitte eine eigene Anlage Kind abgeben.**

| 3 | **Steuernummer** *12 / 345 / 678 910* | lfd. Nr. der Anlage *0 1* |

Angaben zum Kind   3

4 | **Identifikationsnummer** 01 *0 8 | 1 5 4 | 7 1 1 | 8 5 1*
Vorname   ggf. abweichender Familienname

5 *F A N N Y*

	Geburtsdatum	verheiratet seit dem	Anspruch auf Kindergeld oder vergleichbare Leistungen für 2011	EUR
6	16 *0 1 0 6 1 9 9 2*			15 *2 2 0 8 ,—*

7 | Anschrift
(bei Wohnort im Ausland bitte auch den Staat angeben) (Kz 14)
vom   bis   vom   bis

| 8 | Wohnort im Inland 00 *0 1 0 1   3 1 1 2* | Wohnort im Ausland |

Kindschaftsverhältnis zur stpfl. Person / Ehemann | Kindschaftsverhältnis zur Ehefrau

| 9 | 02 *1* | 1 = leibliches Kind / Adoptivkind | 2 = Pflegekind | 3 = Enkelkind / Stiefkind | 03 *1* | 1 = leibliches Kind / Adoptivkind | 2 = Pflegekind | 3 = Enkelkind / Stiefkind |

Kindschaftsverhältnis zu weiteren Personen

10 | Name, letztbekannte Anschrift und Geburtsdatum dieser Person(en), Art des Kindschaftsverhältnisses   vom   bis
04

11 | Der andere Elternteil lebte im Ausland   37

12 | Das Kindschaftsverhältnis zum anderen Elternteil ist durch dessen Tod erloschen am   06

Berücksichtigung eines volljährigen Kindes

		1. Ausbildungsabschnitt	2. Ausbildungsabschnitt
		vom bis	vom bis
13	Das Kind befand sich in Schul-, Hochschul- oder Berufsausbildung	*0 1 0 1 1 1 3 1 1 2 1 1*	
14	Bezeichnung der Schul-, Hochschul- oder Berufsausbildung	*AUSBILDUNG ZUR BÜROKAUFFRAU*	vom bis

15 | Das Kind konnte eine Berufsausbildung mangels Ausbildungsplatzes nicht beginnen oder fortsetzen

16 | Das Kind hat ein freiwilliges soziales oder ökologisches Jahr (Jugendfreiwilligen-dienstegesetz), einen europäischen / entwicklungspolitischen Freiwilligendienst, einen Freiwilligendienst aller Generationen (§ 2 Abs. 1a Siebtes Buch Sozialgesetz-buch), einen internationalen Jugendfreiwilligendienst oder einen anderen Dienst im Ausland (§ 14b Zivildienstgesetz) abgeleistet

17 | Das Kind befand sich in einer Übergangszeit von höchstens vier Monaten (z. B. zwischen zwei Ausbildungsabschnitten)

18 | Das Kind war ohne Beschäftigung und bei einer Agentur für Arbeit als arbeit-suchend gemeldet

19 | Das Kind war wegen einer vor Vollendung des 25. Lebensjahres eingetretenen Behinderung außerstande, sich selbst finanziell zu unterhalten

20 | Das Kind hat gesetzlichen Grundwehr- / Zivildienst oder einen davon befreienden Dienst geleistet

Einkünfte und Bezüge eines volljährigen Kindes

		Bruttoarbeitslohn EUR	darauf entfallende Werbungskosten EUR	Einkünfte aus Kapitalvermögen EUR	Renten EUR	darauf entfallende Werbungskosten EUR
21	im Kalenderjahr	*5 4 0 0*	*1 7 3 0*	*1 2 0*		
22	davon innerhalb des Berücksichti-gungszeitraums	*5 4 0 0*	*1 7 3 0*	*1 2 0*		
23	davon entfallen auf Zeiten aus-wärtiger Unter-bringung bei Be-rufsausbildung					

		Übrige Einkünfte EUR	Öffentliche Ausbildungshilfen EUR	Übrige Bezüge EUR	Kosten zu den Bezügen EUR	Sozialversicherungs- / Kranken- und Pflege-versicherungsbeiträge EUR	Besondere Ausbildungskosten EUR
24	im Kalenderjahr					*1 1 1 4*	
25	davon innerhalb des Berücksichti-gungszeitraums					*1 1 1 4*	
26	davon entfallen auf Zeiten aus-wärtiger Unter-bringung bei Be-rufsausbildung						

Kranken- und Pflegeversicherung   (Nicht in der Anlage Vorsorgeaufwand enthalten)

– Füllen Sie die Zeilen 31 bis 37 nur aus, wenn der Datenübermittlung nicht widersprochen wurde. –

Aufwendungen EUR

31	Beiträge zu Krankenversicherungen (einschließlich Zusatzbeiträge) des Kindes, die von mir / uns als Versicherungsnehmer oder vom Kind als Versicherungsnehmer geschuldet werden und von mir / uns getragen wurden (nur Basisabsicherung, keine Wahlleistungen)	58	,
32	In Zeile 31 enthaltene Beiträge, aus denen sich ein Anspruch auf Krankengeld ergibt	59	,
33	Beiträge zur sozialen Pflegeversicherung und / oder zur privaten Pflege-Pflichtversicherung	60	,
34	Von den Versicherungen lt. den Zeilen 31 bis 33 erstattete Beiträge	61	,
35	In Zeile 34 enthaltene Beiträge, aus denen sich ein Anspruch auf Krankengeld ergibt	62	,
36	Beiträge zu Kranken- und Pflegeversicherungen des Kindes, die von mir / uns als Versicherungsnehmer getragen wurden (ohne Basisabsicherung, z. B. für Wahlleistungen, Zusatzversicherung)	63	,

Nur bei getrennt veranlagten Eltern:

37	Das Kind war Versicherungsnehmer	65	1 = Ja, ganzjährig 2 = Ja, aber nicht ganzjährig 3 = Nein	Die vom Kind als Versicherungsnehmer geschuldeten und von mir oder dem anderen Elternteil getragenen eigenen Beiträge des Kindes zu Krankenversicherungen (nur Basisabsicherung, keine Wahlleistungen) und zur gesetzlichen Pflegeversicherung sind aufzuteilen. Der bei mir zu berücksichtigende Anteil beträgt	64 %

Übertragung des Kinderfreibetrags / des Freibetrags für den Betreuungs- und Erziehungs- oder Ausbildungsbedarf

38	Ich beantrage den vollen Kinderfreibetrag und den vollen Freibetrag für den Betreuungs- und Erziehungs- oder Ausbildungsbedarf, weil der andere Elternteil seine Unterhaltsverpflichtung nicht zu mindestens 75% erfüllt hat.	36	1 = Ja
39	Ich beantrage den vollen Freibetrag für den Betreuungs- und Erziehungs- oder Ausbildungsbedarf, weil das minderjährige Kind bei dem anderen Elternteil nicht gemeldet war.	39	1 = Ja
40	Der Übertragung des Kinderfreibetrags und des Freibetrags für den Betreuungs- und Erziehungs- oder Ausbildungsbedarf auf die Stief- / Großeltern wurde lt. **Anlage K** zugestimmt.	40	1 = Ja
41	Nur bei Stief- / Großeltern: Der Kinderfreibetrag und der Freibetrag für den Betreuungs- und Erziehungs- oder Ausbildungsbedarf sind lt. **Anlage K** zu übertragen.	41	1 = Ja

Entlastungsbetrag für Alleinerziehende

vom   bis

42	Das Kind war mit mir in der gemeinsamen Wohnung gemeldet	42
43	Für das Kind wurde mir Kindergeld ausgezahlt	44
44	Außer mir war(en) in der gemeinsamen Wohnung eine / mehrere volljährige Person(en) gemeldet, für die keine Anlage(n) Kind beigefügt ist / sind	46 1 = Ja 2 = Nein Falls ja 47
45	Es bestand eine Haushaltsgemeinschaft mit mindestens einer weiteren volljährigen Person, für die keine Anlage(n) Kind beigefügt ist / sind	49 1 = Ja 2 = Nein Falls ja 50

Name, Vorname (weitere Personen bitte auf besonderem Blatt angeben)

46

Verwandtschaftsverhältnis   Beschäftigung / Tätigkeit

47

Freibetrag zur Abgeltung eines Sonderbedarfs bei Berufsausbildung eines volljährigen Kindes (Kz 27)

vom   bis

48	Das Kind war auswärtig untergebracht Anschrift

49

50	**Nur bei geschiedenen oder dauernd getrennt lebenden Eltern oder bei Eltern eines nichtehelichen Kindes:** Laut beigefügtem gemeinsamen Antrag ist der Freibetrag zur Abgeltung eines Sonderbedarfs bei Berufsausbildung in einem anderen Verhältnis als je zur Hälfte aufzuteilen. Der bei mir zu berücksichtigende Anteil beträgt	%

Schulgeld

Gesamtaufwendungen der Eltern EUR

51	an eine Privatschule (Bezeichnung der Schule)	24	,

Nur bei nicht zusammen veranlagten Eltern:

52	Das von mir übernommene Schulgeld beträgt	56	,
53	Laut beigefügtem gemeinsamen Antrag ist für das Kind der Höchstbetrag für das Schulgeld in einem anderen Verhältnis als je zur Hälfte aufzuteilen. Der bei mir zu berücksichtigende Anteil beträgt	57	%

Übertragung des Behinderten- oder Hinterbliebenen-Pauschbetrags

	(Kz 26)		(Kz 55)			
54	Das Kind ist hinterblieben	behindert	blind / ständig hilflos	geh- und stehbehindert	Grad der Behinderung	25

	Ausweis / Rentenbescheid / Bescheinigung	von	bis	unbefristet gültig	Nachweis
55	ausgestellt am gültig				ist beigefügt. hat bereits vorgelegen.

56	**Nur bei geschiedenen oder dauernd getrennt lebenden Eltern oder bei Eltern eines nichtehelichen Kindes:** Laut beigefügtem gemeinsamen Antrag sind die für das Kind zu gewährenden Pauschbeträge für Behinderte / Hinterbliebene in einem anderen Verhältnis als je zur Hälfte aufzuteilen. Der bei mir zu berücksichtigende Anteil beträgt	28	%

Kinderbetreuungskosten

			vom	bis	Gesamtaufwendungen der Eltern EUR
Art der Dienstleistung, Name und Anschrift des Dienstleisters					

61   51   ,

Kinderbetreuungskosten als   Grund   Aufwendungen

62   (Pflege-) Vater   (Pflege-) Mutter   Erwerbstätigkeit   ,

63   Bei der Erwerbstätigkeit handelt es sich um eine geringfügige Beschäftigung oder um eine nicht sozialversicherungspflichtige nichtselbständige Tätigkeit.

64   Ausbildung   ,

65   Behinderung   ,

66   Krankheit   ,

67   Das Kind hat das 3., jedoch nicht das 6. Lebensjahr vollendet   ,

68   steuerfreier Ersatz (z. B. vom Arbeitgeber), Erstattungen   ,

Bei zusammenlebenden Eltern bitte auch die Zeilen 69 bis 76 ausfüllen.   vom   bis

69   Anderer Elternteil   Erwerbstätigkeit   ,

70   Bei der Erwerbstätigkeit handelt es sich um eine geringfügige Beschäftigung oder um eine nicht sozialversicherungspflichtige nichtselbständige Tätigkeit.

71   Ausbildung   ,

72   Behinderung   ,

73   Krankheit   ,

74   Das Kind hat das 3., jedoch nicht das 6. Lebensjahr vollendet   ,

75   Es liegen keine der genannten Gründe vor   ,

76   steuerfreier Ersatz (z. B. vom Arbeitgeber), Erstattungen   ,

Verteilung der Kinderbetreuungskosten bei Erwerbstätigkeit (im Fall des Zusammenlebens der Elternteile nur, wenn beide erwerbstätig sind) auf Einkünfte aus:

			Aufwendungen EUR	**davon** wie Betriebsausgaben abgezogen / wie Werbungskosten zu berücksichtigen EUR
77 (Pflege-) Vater	(Pflege-) Mutter			
78 Land- und Forstwirtschaft	Bezeichnung, Steuernummer und Betriebsfinanzamt		,	,
79 Gewerbebetrieb	Bezeichnung, Steuernummer und Betriebsfinanzamt		,	,
80 selbständiger Arbeit	Bezeichnung, Steuernummer und zuständiges Finanzamt		,	,
81 nichtselbständiger Arbeit			,	,
82 Anderer Elternteil				
83 Land- und Forstwirtschaft	Bezeichnung, Steuernummer und Betriebsfinanzamt		,	,
84 Gewerbebetrieb	Bezeichnung, Steuernummer und Betriebsfinanzamt		,	,
85 selbständiger Arbeit	Bezeichnung, Steuernummer und zuständiges Finanzamt		,	,
86 nichtselbständiger Arbeit			,	,

			vom	bis			vom	bis
87	Es bestand ein **gemeinsamer** Haushalt der Elternteile				Das Kind gehörte zu unserem Haushalt			
88	Es bestand **kein gemeinsamer** Haushalt der Elternteile				Das Kind gehörte zu meinem Haushalt			
89					Das Kind gehörte zum Haushalt des anderen Elternteils			

Nur bei geschiedenen oder dauernd getrennt lebenden Eltern oder bei Eltern eines nichtehelichen Kindes:

90   Laut beigefügtem gemeinsamen Antrag ist für das Kind der Höchstbetrag für die Kinderbetreuung in einem anderen Verhältnis als je zur Hälfte aufzuteilen. Der bei mir zu berücksichtigende Anteil beträgt   %

	Name	**Anlage Unterhalt**
1	F L E I S S B E R G	
	Vorname	**Für jeden unterstützten Haushalt bitte eine eigene Anlage Unterhalt abgeben.**
2	F E L I X	
3	Steuernummer 1 2 / 3 4 5 / 6 7 8 9 1 0 lfd. Nr. der Anlage 0 1	

Angaben zu Unterhaltsleistungen an bedürftige Personen

Haushalt, in dem die unterstützte(n) Person(en) lebte(n)   `53`

Anschrift dieses Haushaltes

4 BRUNNENALLEE 7, 10177 BERLIN

Wohnsitzstaat, wenn Ausland

5

Die Eintragungen in den Zeilen 6 bis 10 und 17 bis 26 sind nur in der ersten Anlage Unterhalt je Haushalt erforderlich.

		Anzahl
6	Anzahl der Personen, die in dem Haushalt lt. Zeile 4 lebten	0 4

Aufwendungen für den Unterhalt

		vom	bis	Gesamtaufwendungen EUR
7	Erster Unterstützungszeitraum, für den Unterhalt geleistet wurde, und Höhe der Aufwendungen (einschließlich Beträge lt. den Zeilen 11 bis 25) – Bitte Nachweise beifügen. –	0 1 0 1	3 1 1 2	8 0 0 4 ,
8	Zeitpunkt der ersten Unterhaltsleistung für den ersten Unterstützungszeitraum im Kalenderjahr	0 1 0 1 2 0 1 1		
		vom	bis	Gesamtaufwendungen EUR
9	Zweiter Unterstützungszeitraum, für den Unterhalt geleistet wurde, und Höhe der Aufwendungen (einschließlich Beträge lt. den Zeilen 11 bis 25) – Bitte Nachweise beifügen. –			,
10	Zeitpunkt der ersten Unterhaltsleistung für den zweiten Unterstützungszeitraum im Kalenderjahr			

		Auf den ersten Unterstützungszeitraum entfallen EUR	Auf den zweiten Unterstützungszeitraum entfallen EUR
	Beiträge zu Basis-Kranken- und gesetzlichen Pflegeversicherungen, die von der / den unterstützten Person(en) als Versicherungsnehmer geschuldet und von mir getragen wurden. (Bitte Nachweise beifügen.)		
11	Basis-Kranken- und gesetzliche Pflegeversicherungsbeiträge (abzüglich steuerfreier Zuschüsse und erstatteter Beiträge) für die unterstützte Person lt. Zeile 32	9 1 3 , —	, —
12	in Zeile 11 enthaltene Beiträge, aus denen sich ein Anspruch auf Krankengeld ergibt	, —	, —
13	Basis-Kranken- und gesetzliche Pflegeversicherungsbeiträge (abzüglich steuerfreier Zuschüsse und erstatteter Beiträge) für die unterstützte Person lt. Zeile 62	, —	, —
14	In Zeile 13 enthaltene Beiträge, aus denen sich ein Anspruch auf Krankengeld ergibt	, —	, —
15	Basis-Kranken- und gesetzliche Pflegeversicherungsbeiträge (abzüglich steuerfreier Zuschüsse und erstatteter Beiträge) für die unterstützte Person lt. Zeile 92	, —	, —
16	In Zeile 15 enthaltene Beiträge, aus denen sich ein Anspruch auf Krankengeld ergibt	, —	, —

Unterhaltsleistungen an im Ausland lebende Personen

			EUR
17	Unterhaltszahlungen durch Bank- oder Postüberweisung (Bitte Nachweise beifügen.)		, —
18	Unterhaltszahlungen durch Übergabe von Bargeld (Bitte Abhebungsnachweise der Bank, Nachweise über die Durchführung der Reise und detaillierte Empfängerbestätigung der unterstützten Person beifügen.)		
		Einreisedatum	Übergabedatum
19	Mitgenommene Beträge		, —
20			, —
21	Unterhaltszahlungen im Rahmen von Familienheimfahrten zum Ehegatten (Die Durchführung der Reise ist nachzuweisen.)		
22			, —
23			, —
24			, —
25			, —
26	Nettomonatslohn der unterstützenden stpfl. Person		, —

Allgemeine Angaben zur unterstützten Person

Identifikationsnummer der unterstützten Person

31   lfd. Nr. *0 1*   *4 7 | 1 1 0 | 8 1 5 | 8 1 5*

Name, Vorname   Geburtsdatum   Sterbedatum

32   *FLEISSBERG, FIONA*   *0 1 0 4 1 9 8 4*   wenn 2011 verstorben

Beruf, Familienstand   Verwandtschaftsverhältnis zur unterstützenden Person

33   *STUDENTIN, LEDIG*   *LEIBLICHES KIND*

Bei Unterhaltsempfängern im Ausland:

34 Von der Heimatbehörde und der unterstützten Person bestätigte Unterhaltserklärung über die Bedürftigkeit ist beigefügt.   1 = Ja   2 = Nein

35 Name, Vorname des im selben Haushalt lebenden Ehegatten   Name, Vorname

                                               vom   bis

36 Die unterstützte Person lebte in meinem inländischen Haushalt.   *1*   1 = Ja   2 = Nein   **Falls ja** (wenn nicht ganzjährig)

37 Hatte jemand für diese Person Anspruch auf Kindergeld oder Freibeträge für Kinder?   *2*   1 = Ja   2 = Nein   **Falls ja** (wenn nicht ganzjährig)

38 Die unterstützte Person ist mein geschiedener / dauernd getrennt lebender Ehegatte (kein Abzug von Sonderausgaben nach § 10 Abs. 1 Nr. 1 EStG, keine Zusammenveranlagung).   *2*   1 = Ja   2 = Nein

39 Die unterstützte Person ist mein nicht dauernd getrennt lebender und nicht unbeschränkt einkommensteuerpflichtiger Ehegatte.   *2*   1 = Ja   2 = Nein

40 Die unterstützte Person ist als Kindesmutter / Kindesvater gesetzlich unterhaltsberechtigt.   *2*   1 = Ja   2 = Nein   **Falls ja** (wenn nicht ganzjährig)

41 Die unterstützte Person ist nach dem Lebenspartnerschaftsgesetz unterhaltsberechtigt.   *2*   1 = Ja   2 = Nein   **Falls ja** (wenn nicht ganzjährig)

42 Die unterstützte Person ist nicht unterhaltsberechtigt, jedoch wurden oder würden bei ihr wegen der Unterhaltszahlungen öffentliche Mittel gekürzt oder nicht gewährt. (Bitte Nachweis der Sozialbehörden, der Agentur für Arbeit oder schriftliche Versicherung der unterstützten Person beifügen.)   *2*   1 = Ja   2 = Nein   **Falls ja** (wenn nicht ganzjährig)

                          EUR

43 Gesamtwert des Vermögens der unterstützten Person   *2 5 0 0,—*

44 Zum Unterhalt der bedürftigen Person haben auch beigetragen (Name, Anschrift)

      vom   bis   EUR

45   Betrag   ,—

Einkünfte und Bezüge der unterstützten Person

Diese Person hatte

		Bruttoarbeitslohn	darauf entfallende Werbungskosten (ohne Werbungskosten zu Versorgungsbezügen)	Versorgungsbezüge – im Arbeitslohn enthalten –	Bemessungsgrundlage für den Versorgungs-freibetrag	Werbungskosten zu Versorgungs-bezügen
vom	bis	EUR	EUR	EUR	EUR	EUR
46 *0 1 0 1*	*3 1 1 2*	*2 4 0 0*	*8 2 0*			
47						

maßgebendes Kalenderjahr des Versorgungsbeginns				Renten	steuerpflichtiger Teil der Rente	Werbungskosten zu Renten
Jahr		vom	bis	EUR	EUR	EUR
48						
49						

		Einkünfte aus Kapitalvermögen				Übrige Einkünfte
vom	bis	EUR		vom	bis	EUR
50 *0 1 0 1*	*3 1 1 2*	*1 0 0*				
51						

		Sozialleistungen / übrige Bezüge				Kosten zu allen Bezügen
vom	bis	EUR		vom	bis	EUR
52						
53						

		Öffentliche Ausbildungshilfen	
vom	bis	EUR	
54			

Name		**Anlage KAP**
1	F L E I S S B E R G	
	Vorname	× zur Einkommensteuererklärung
2	F E L I X	zur Erklärung zur Festsetzung der Kirchensteuer auf Kapitalerträge
3	Steuernummer 12 / 345 / 678910 Bitte Steuerbescheinigung(en) im Original beifügen!	× stpfl. Person / Ehemann Ehefrau

Einkünfte aus Kapitalvermögen, Anrechnung von Steuern

54

Anträge

4	Ich beantrage die Günstigerprüfung für sämtliche Kapitalerträge. **(Bei Zusammenveranlagung: Die Anlage meines Ehegatten ist beigefügt.)**	01	1	1 = Ja
5	Ich beantrage eine Überprüfung des Steuereinbehalts für bestimmte Kapitalerträge.	02		1 = Ja

Erklärung zur Kirchensteuerpflicht

6	Ich bin kirchensteuerpflichtig und habe Kapitalerträge erzielt, von denen Kapitalertragsteuer aber keine Kirchensteuer einbehalten wurde.	03		1 = Ja

Kapitalerträge, die dem inländischen Steuerabzug unterlegen haben

			Beträge lt. Steuerbescheinigung(en) EUR		korrigierte Beträge (Erläuterungen auf besonderem Blatt) EUR
7	Kapitalerträge	10	1952,—	20	,
8	In Zeile 7 enthaltene Gewinne aus Kapitalerträgen i. S. d. § 20 Abs. 2 EStG	11	—	21	,
9	In Zeile 8 enthaltene Gewinne aus Aktienveräußerungen i. S. d. § 20 Abs. 2 Satz 1 Nr. 1 EStG	12	,	22	,
10	In Zeile 7 enthaltene Stillhalterprämien i. S. d. § 20 Abs. 1 Nr. 11 EStG	13		23	,
11	Ersatzbemessungsgrundlage i. S. d. § 43a Abs. 2 Satz 7, 10, 13 und 14 EStG (enthalten in Zeile 7)	14	,	24	,
12	Nicht ausgeglichene Verluste **ohne** Verluste aus der Veräußerung von Aktien	15	,	25	,
13	Nicht ausgeglichene Verluste aus der Veräußerung von Aktien i. S. d. § 20 Abs. 2 Satz 1 Nr. 1 EStG	16	,	26	,

Sparer-Pauschbetrag

14	In Anspruch genommener Sparer-Pauschbetrag, der auf die in den Zeilen 7 bis 13 erklärten Kapitalerträge entfällt (ggf. „0")	17	1602,—	
14a	**Bei Eintragungen in den Zeilen 7 bis 13, 15 bis 22 und 32 bis 47:** In Anspruch genommener Sparer-Pauschbetrag, der auf die in der Anlage KAP **nicht** erklärten Kapitalerträge entfällt (ggf. „0")	18	—	

Kapitalerträge, die nicht dem inländischen Steuerabzug unterlegen haben

15	Kapitalerträge (ohne Betrag in Zeile 21)	30		,
16	In Zeile 15 enthaltene Gewinne aus der Veräußerung von Kapitalanlagen i. S. d. § 20 Abs. 2 EStG	31		,
17	In Zeile 16 enthaltene Gewinne aus Aktienveräußerungen i. S. d. § 20 Abs. 2 Satz 1 Nr. 1 EStG	32		,
18	In Zeile 15 enthaltene Verluste **ohne** Verluste aus der Veräußerung von Aktien	35		,
19	In Zeile 15 enthaltene Verluste aus der Veräußerung von Aktien i. S. d. § 20 Abs. 2 Satz 1 Nr. 1 EStG	36		,
20	In Zeile 15 enthaltene Stillhalterprämien i. S. d. § 20 Abs. 1 Nr. 11 EStG	33		,
21	Zinsen, die vom Finanzamt für Steuererstattungen gezahlt wurden	60		,

Kapitalerträge, die der tariflichen Einkommensteuer unterliegen

(nicht in den Zeilen 7, 15, 32 und 39 enthalten)

22	Hinzurechnungsbetrag nach § 10 AStG	75		,
23	Laufende Einkünfte aus sonstigen Kapitalforderungen jeder Art, aus stiller Gesellschaft und partiarischen Darlehen	70		,
24	Gewinn aus der Veräußerung oder Einlösung von Kapitalanlagen lt. Zeile 23	71		,
25	Ich beantrage für die Einkünfte lt. Zeile 26 die Anwendung der tariflichen Einkommensteuer		1 = Ja	
26	Laufende Einkünfte aus einer unternehmerischen Beteiligung an einer Kapitalgesellschaft – **bitte Anleitung beachten** – Gesellschaft, Finanzamt und Steuernummer	72		,

Erträge aus Beteiligungen

	1. Beteiligung	2. Beteiligung
31	Gemeinschaft, Finanzamt und Steuernummer	Gemeinschaft, Finanzamt und Steuernummer

– mit inländischem Steuerabzug

				EUR	
32	Kapitalerträge	40			,
33	In Zeile 32 enthaltene Gewinne aus Kapitalerträgen i. S. d. § 20 Abs. 2 EStG	41			,
34	In Zeile 33 enthaltene Gewinne aus Aktienveräußerungen i. S. d. § 20 Abs. 2 Satz 1 Nr. 1 EStG	42			,
35	In Zeile 32 enthaltene Stillhalterprämien i. S. d. § 20 Abs. 1 Nr. 11 EStG	43			,
36	Ersatzbemessungsgrundlage i. S. d. § 43a Abs. 2 Satz 7, 10, 13 und 14 EStG (enthalten in Zeile 32)	44			,
37	Nicht ausgeglichene Verluste **ohne** Verluste aus der Veräußerung von Aktien	45			,
38	Nicht ausgeglichene Verluste aus der Veräußerung von Aktien i. S. d. § 20 Abs. 2 Satz 1 Nr. 1 EStG	46			,

– ohne inländischen Steuerabzug

				EUR	
39	Kapitalerträge (ohne Betrag in Zeile 45)	50			,
40	In Zeile 39 enthaltene Gewinne aus der Veräußerung von Kapitalanlagen i. S. d. § 20 Abs. 2 EStG	51			,
41	In Zeile 40 enthaltene Gewinne aus Aktienveräußerungen i. S. d. § 20 Abs. 2 Satz 1 Nr. 1 EStG	52			,
42	In Zeile 39 enthaltene Verluste **ohne** Verluste aus der Veräußerung von Aktien	55			,
43	In Zeile 39 enthaltene Verluste aus der Veräußerung von Aktien i. S. d. § 20 Abs. 2 Satz 1 Nr. 1 EStG	56			,
44	In Zeile 39 enthaltene Stillhalterprämien i. S. d. § 20 Abs. 1 Nr. 11 EStG	53			,
45	Gewinn aus der Veräußerung anteiliger Wirtschaftsgüter bei Veräußerung einer unmittelbaren oder mittelbaren Beteiligung an einer Personengesellschaft	61			,
46	In Zeile 45 enthaltene Gewinne / Verluste aus Aktienveräußerungen	62			,

– die der tariflichen Einkommensteuer unterliegen

47	Hinzurechnungsbetrag nach § 10 AStG	76			,
47a	Laufende Einkünfte aus sonstigen Kapitalforderungen jeder Art, aus stiller Gesellschaft und partiarischen Darlehen	73			,
48	Gewinn aus der Veräußerung oder Einlösung von Kapitalanlagen lt. Zeile 47a	74			,

Steuerabzugsbeträge zu Erträgen in den Zeilen 7 bis 20 und zu Beteiligungen in den Zeilen 31 bis 46

		lt. beigefügter Bescheinigung(en)			aus Beteiligungen	
		EUR		Ct	EUR	Ct
49	Kapitalertragsteuer	80	87,50	90		,
50	Solidaritätszuschlag	81	4,81	91		,
51	Kirchensteuer zur Kapitalertragsteuer	82	,	92		,
52	Angerechnete ausländische Steuern	83	,	93		,
53	Anrechenbare noch nicht angerechnete ausländische Steuern	84	,	94		,
54	Fiktive ausländische Quellensteuern (nicht in den Zeilen 52 und 53 enthalten)	85	,	95		,

Anzurechnende Steuern zu Erträgen in den Zeilen 23 bis 26, 47a und 48 und aus anderen Einkunftsarten

		EUR	Ct	EUR	Ct
55	Kapitalertragsteuer	86	,	96	,
56	Solidaritätszuschlag	87	,	97	,
57	Kirchensteuer zur Kapitalertragsteuer	88	,	98	,

Nach der Zinsinformationsverordnung (ZIV) anzurechnende Quellensteuern

58	Summe der anzurechnenden Quellensteuern nach der ZIV (lt. beigefügter Bescheinigung)	99		,

Verrechnung von Altverlusten

59	Ich beantrage die Verrechnung von Verlusten nach § 23 EStG nach der bis zum 31.12.2008 geltenden Rechtslage.	04	1 = Ja
60	Ich beantrage die Verrechnung von Verlusten nach § 22 Nr. 3 EStG nach der bis zum 31.12.2008 geltenden Rechtslage.	05	1 = Ja

Steuerstundungsmodelle

61	Einkünfte aus Gesellschaften / Gemeinschaften / ähnlichen Modellen i. S. d. § 15b EStG (Erläuterungen auf besonderem Blatt)	,

1	Name	*FLEISSBERG*	**Anlage AV**
2	Vorname	*FELIX*	
3	Steuernummer	*12 / 345 / 678910*	

Angaben zu Altersvorsorgebeiträgen (sog. Riester-Verträge)

Altersvorsorgebeiträge [39]

		stpfl. Person / Ehemann	Ehefrau
4	Sozialversicherungsnummer / Zulagenummer	107 *6 5 1 1 1 1 6 1 0 5 0 0*	307 *6 5 3 0 0 5 6 3 F 0 0 5*
5	Mitgliedsnummer der landwirtschaftlichen Alterskasse / Alterskasse für den Gartenbau	112 stpfl. Person / Ehemann	312 Ehefrau

6	**Für alle vom Anbieter übermittelten Altersvorsorgebeiträge wird ein zusätzlicher Sonderausgabenabzug geltend gemacht.**

		stpfl. Person / Ehemann	Ehefrau
7	Anzahl der Riester-Verträge, für die vom Anbieter Altersvorsorgebeiträge übermittelt werden	201 *0 1*	401 *0 1*
8	Zu den in Zeile 7 angegebenen Verträgen geleistete Altersvorsorgebeiträge (Beiträge und Tilgungsleistungen)	202 *1 5 2 6,—*	402 *8 6 1,—*
9	Haben sich die Vertragsdaten (Vertrags-, Zertifizierungs- oder Anbieternummer) eines in Zeile 7 angegebenen Vertrages gegenüber der Einkommensteuererklärung 2010 geändert?	203 *2* 1 = Ja 2 = Nein	403 *2* 1 = Ja 2 = Nein

– Bei Zusammenveranlagung: Bitte die Art der Begünstigung (unmittelbar / mittelbar) beider Ehegatten angeben. –

10	**Ich bin für das Jahr 2011 unmittelbar begünstigt.** (Bitte die Zeilen 11 bis 19 ausfüllen.)	106 *1* 1 = Ja	306 *1* 1 = Ja
		EUR	EUR
11	Beitragspflichtige Einnahmen i. S. d. deutschen gesetzlichen Rentenversicherung in **2010**	100 *4 2 0 0 0,—*	300 *3 0 0 0 0,—*
12	Inländische Besoldung, Amtsbezüge und Einnahmen beurlaubter Beamter in **2010** (Ein Eintrag ist nur erforderlich, wenn Sie die Einwilligung gegenüber der zuständigen Stelle abgegeben haben.)	101 — ,	301 — ,
13	Entgeltersatzleistungen oder sog. Arbeitslosengeld II in **2010**	104 — ,	304 — ,
14	Tatsächliches Entgelt in **2010**	102 — ,	302 — ,
15	Jahres-(brutto)betrag der Rente wegen voller Erwerbsminderung oder Erwerbsunfähigkeit in der deutschen gesetzlichen Rentenversicherung in **2010**	109 — ,	309 — ,
16	Inländische Versorgungsbezüge wegen Dienstunfähigkeit in **2010** (Ein Eintrag ist nur erforderlich, wenn Sie die Einwilligung gegenüber der zuständigen Stelle abgegeben haben.)	113 — ,	313 — ,
17	Einkünfte aus Land- und Forstwirtschaft in **2009**	103 — ,	303 — ,
18	Jahres-(brutto)betrag der Rente wegen voller Erwerbsminderung oder Erwerbsunfähigkeit nach dem Gesetz über die Alterssicherung der Landwirte in **2010**	111 — ,	311 — ,
19	Einnahmen aus einer Beschäftigung, die einer ausländischen gesetzlichen Rentenversicherungspflicht unterlag und / oder Jahres-(brutto)betrag der Rente wegen voller Erwerbsminderung oder Erwerbsunfähigkeit aus einer ausländischen gesetzlichen Rentenversicherung in **2010**	114 — ,	314 — ,
20	**Ich bin für das Jahr 2011 mittelbar begünstigt.** (Bei getrennter / besonderer Veranlagung: Die Angaben zu den Altersvorsorgebeiträgen werden bei der Einkommensteuerveranlagung des anderen Ehegatten berücksichtigt.)	106 2 = Ja	306 2 = Ja

Angaben zu Kindern

		Geboren vor dem 1.1.2008 Anzahl der Kinder	Geboren nach dem 31.12.2007 Anzahl der Kinder
	Nur bei miteinander verheirateten Eltern, die 2011 nicht dauernd getrennt gelebt haben: Anzahl der Kinder, für die uns für **2011** Kindergeld ausgezahlt worden ist und		
21	– die der Mutter zugeordnet werden	305 *0 1*	315
22	– für die die Kinderzulage von der Mutter auf den Vater übertragen wurde	105	115
	Bei allen anderen Kindergeldberechtigten: Anzahl der Kinder, für die für den ersten Anspruchszeitraum **2011** Kindergeld ausgezahlt worden ist (Diese Kinder dürfen nicht in den Zeilen 21 und 22 enthalten sein.)		
23	– an stpfl. Person / Ehemann	205	215
24	– an Ehefrau	405	415

REGISTER

IMPRESSUM

© 2011 Stiftung Warentest, Berlin

Stiftung Warentest
Lützowplatz 11–13
10785 Berlin
Tel. 0 30/26 31-0
Fax 0 30/26 31-25 25
www.test.de

Vorstand: Dr. jur. Werner Brinkmann
Weiteres Mitglied der Geschäftsleitung:
Hubertus Primus (Publikationen)

Programmleitung: Niclas Dewitz
Autor: Hans W. Fröhlich
Projektleitung/Lektorat: Heike Plank
Mitarbeit: Karin Geruhn, Veronika Schuster

Fachliche Beratung: Uwe Rauhöft
Fachliche Unterstützung: Ute Brandt
Korrektorat: Dr. Brigitte Schöning
Titelentwurf: Susann Unger, Berlin
Layout: Pauline Schimmelpenninck Büro für
Gestaltung, Berlin
Verlagsherstellung: Rita Brosius (Ltg.),
Susanne Beeh
Grafik und Satz: Oxana Rödel,
Anne-Katrin Körbi
Produktion: Vera Göring
Bildredaktion: Anne-Katrin Körbi
Bildnachweis – Titel: FusionPix/Corbis
Innenteil: thinkstock
Litho: tiff.any GmbH, Berlin
Druck: Grafisches Centrum Cuno GmbH & Co.
KG, Calbe

Einzelbestellung:
Stiftung Warentest
Tel. 0 180 5/00 24 67
Fax 0 180 5/00 24 68
(je 14 Cent pro Minute aus dem Festnetz,
maximal 42 Cent pro Minute aus dem Mobil-
funknetz)
www.test.de

ISBN: 978-3-86851-326-4